JN252245

原敬と陸羯南

——明治青年の思想形成と日本ナショナリズム

鈴木啓孝 著

東北大学出版会

Hara Takashi and Kuga Katsunan:

Thought Formation of Meiji Youth and Japanese Nationalism

SUZUKI Hirotaka

Tohoku University Press, Sendai
ISBN978-4-86163-253-2

本書は「第10回東北大学出版会若手研究者出版助成」（2013年）の
制度によって刊行されたものです。

はじめに　プロローグ――明治九年の出会い

二人の青年は、司法省法学校（現東京大学法学部）の第二期生として、明治九年（一八七六）九月の東京で出会った。

一人は陸奥盛岡南部藩で家老を出したこともある家の次男。一〇年前であれば歴とした上士であり、新しく知りあった同期生たちに対しても堂々とそう名乗ったはずである。だが、この時の彼はすでに自らの意志で分家独立しており、その属籍は「岩手県平民」というものに変わっていた。もう一人は陸奥弘前津軽藩の下士の家に誕生している。長男だったが、生家の跡取りが別の人物と定められていたことにより、自立と自活の術を求めて生まれ育った郷里を飛び出さざるをえなかった。しばらく仙台の学校に通った彼が上京したのはこの年の春。その属籍は「青森県士族」である。

南部藩と津軽藩。よく知られた仇敵の間柄である。出身階層にも違いがあった。いずれにせよ、つい一〇年ほど前までの社会的状況がそのまま継続していたとするならば、「南部」の家老の家に生まれた子と「津軽」の下士の家に生まれた子が、同じ学校の同期生として親しく交わることなどありえなかった、ということだけは確かである。だが、明治改元前後の激動を経て、彼ら二人を取り巻く状況は根本から変化し、明治九年の時点においてもなお揺れ動いていた。

そのような変化を促し、本来交わることがなかったはずの二人に相互交流の場を用意したのは、この法律学校を設立し、運営した明治新政府であり、その場で権力を行使していた官僚たちだったといえる。新政府とその官僚たちが全国各地域から選抜した司法省法学校第二期生は一〇四名。四名の華族子弟をのぞくそのほとんどが、一般公募に応じて入学試験を受け、倍率約一〇倍（一説には二〇倍ともいわれる）の難関を突破した秀才たちだった。彼らをこれからの日本にとって有用な法務官僚として育てることが新しい政府――しばしば単に「官」とよばれた――の意図である。もちろん、自らこの学校への入学を希望し、晴れてそれを許された新入生たちにとっても、中央政府の一員に加わるということは、その名誉意識を充たしてくれる望むべき道だったに違いない。

一方、明治九年の青年たちに対して強い影響力を行使できたのは、政府・官僚だけにとどまらなかった。すなわち、この時整備されつつあった新聞と雑誌に拠った知識人たち、そして彼らによってものされた言論も、広く当時の青年の心を捉え、深く揺さぶっていたのである。在野の言論人たち――「官」に相対する「民」の勢力――も、各自が信じるあるべき「日本」や「日本人」のビジョンを示し、しばしば反政府・反官僚の立場を明らかにした。彼らの活躍により、言論を武器として政府・官僚に対抗する生き方へのあこがれも、この時代、数多く生み出されつつあったのだ。

明治初年当時、二項対立的に把握されていた「官」と「民」それぞれの勢力の拡大は、この時代を生きた個々の青年にとっては無視することのできない、前代からひきついだ社会的状況だったと理解するべきであろう。このような状況のもとにあって、法学校入学の時点で、「南部」の家老の子は二〇歳、「津軽」の下士の子は一九歳に過ぎず、その将来がどのようなものになるのかは本人たちを含め誰にもわからなかった。

さて、法学校入学から二年五か月を経た明治一二年（一八七九）二月、彼ら二人は、ある校内事件に連座してこの学校を辞めさせられ、法務官僚となる道を断念するに至る。そしてその後しばらく、学歴の最終段階を同じくする仲間として、親しい関係を築きあげた。友人として交わりながら、二人は同世代の人間として、ある一面においては自分たちがまったく同じ認識を共有していることを確認しあっている。だが別の一面では、仮に友人だとしても他人と同じであってはならないという考えから、互いにまるで正反対の意見と立場を選択し、他の誰のものでもない、自分ならではの思想を体現する政治主体へと成長してゆく。

やがて、「南部」の家老の子は、第三代立憲政友会総裁兼第一九代内閣総理大臣として、大正年間に日本史上初の本格的政党内閣を出現させる。もう一方の「津軽」の下士の子は、日本新聞社社長兼主筆として、明治二〇年代に勃興した日本ナショナリズムを先導する。二人の青年はともに、近代日本を代表する人物として後世に名を残した。「南部」の家老の子と「津軽」の下士の子――すなわち、原敬《はらたかし》（安政三～大正一〇年〈一八五六～一九二一〉）と陸羯南《くがかつなん》（安政四～明治四〇年〈一八五七～一九〇七〉）である。

＊　＊

本書は、明治期の日本ナショナリズムを体現する二人の人物が交差した青年期にスポットをあて、その思想形成の過程を、原と陸、それぞれの立場に即して解析するものである。しかしその目的は、単に彼ら二人の思想を個別に明らかにし、彼らの評伝に新たな一ページをつけ加えるところにあるわけではない。本書の目的は、彼らの思想形成の過程をクロノロジカルに追跡し、整理することを通じて、明治中期以後確立する日本ナショナリズムの基礎構造について新たな理解を生み出すことにある。

凡例

一　本文及び註では、第二次世界大戦前の暦数について、原則的に元号年（西暦年）と双方を記載しているが、煩瑣になる場合は元号年のみを記すものとする。

二　主たる資料として、①原敬全集刊行会編『原敬全集』上・下巻、原敬全集刊行会、昭和四年（一九三六）、②原奎一郎編『原敬日記（新版）』全六巻、福村出版、一九六五～一九六七年（旧版の刊行は一九五〇年）、③原敬文書研究会編『原敬関係文書』全一〇巻別冊一巻、日本放送出版協会、一九八五年、④『陸羯南全集』全一〇巻、みすず書房、一九六八～一九八五年、⑤慶應義塾編『福沢諭吉全集』全二一巻、岩波書店、一九五八～一九七一年を用いる。上掲書からの引用については、各々、①『原全集〈上／下〉』頁数、②『原日記〈巻数〉』頁数、③『原文書〈巻数〉』頁数、④『陸全集〈巻数〉』頁数、⑤『福全集〈巻数〉』頁数のように略記して、註に示した。

三　引用資料中の送りがなは原文通りとし、旧字体は新字体に適宜あらためた。

四　引用資料中、句読点を私に施した箇所がある。

五　引用資料文が漢文の時は、本文には筆者による訓読文を載せ、原文は註に載せた。

六　引用資料中の……と〔　〕は、各々引用者による省略と挿入を示す。

七　引用資料文また本文の傍点・傍線は、特に断りがないものはすべて筆者による。

原敬と陸羯南——明治青年の思想形成と日本ナショナリズム　目次

序論

厳密な言い方をすると、単独の個人が思考する、というのは誤りである。正しくは、個人は彼以前に他人が考えてきている思考に加わる、といったほうがよい。すなわち、個人は、前代からひきついだ状況、それも前代の状況にふさわしい思考様式をおびた状況のなかに自分がいることに気がつく。そして、前代からひきついだこの反応様式を、もっと立派なものにしようと努力する。あるいは、現前の状況のなかの変移や変化から生じてきている新しい挑戦をもっと的確に処理するために、古い反応様式を他のものととりかえようと努める。したがって、個人はすべて、社会のなかで生育するという事実によって、前もって規定されているのである。しかも、それは二重の意味での規定である。すなわち、まず個人は、状況がすでに形成された状況であることを発見する。ついで彼は、その状況のなかでこれまた事前に形成された思考様式や行動様式を見いだすのである。

——Karl Mannheim ; *Ideology and Utopia* : Preliminary Approach to the Problem, 1936[1]

一　個人思想研究から民衆史研究・社会文化史研究へ

本書は、副題でも示しているように、明治初年の青年[2]が思想を形成してゆく過程を明らかにし、その観察結果から、明治二〇年代に確立することになる日本ナショナリズムの基礎構造についての新たな理解を生み出そうと試みるものである。つまり、その最終的な目的は新たな日本ナショナリズム論の提起にあるのだが、そのための方法として、原敬と陸羯南という個人の思想の解析をあえて選択したということになる。本書が、この目的のために、なぜこの方法をとるのかについては、若干の解説を要するだろう。

　そもそも個人思想の解析は、現在の近代日本思想史研究、中でも、近代日本ナショナリズムを対象とした研究の方法としては、決して主流ではない。近代日本思想史研究の方法として、かつてはあたりまえのものであった、個人思想の解析という方法論が厳しく批判されたのを確認するには、遠く一九六〇年代にまでさかのぼらなければならない。ここでその批判の典型例を振り返っておくことにしよう。

> 　明治文化史の叙述は、この講座の場合は、幕末からではなく、「文明開化」からはじめられている。そして、明六社の思想家達、とくに福沢諭吉のすぐれた研究家である広田昌希氏が、この第一章を、担当された。氏は、ここでは福沢諭吉や森有礼ら啓蒙主義者の虚偽意識に喰い下り、鋭い指摘を見せている。また「自由民権」の節では、植木枝盛・中江兆民・大井憲太郎らの「頂点思想家」の記述に多くのページをさかれている。個々の分析では教えられる所がまことに多い。しかし、日本文化史・近代篇の第一章としては、いささか見当違いな比重のおき方ではなかったろうか。
>
> 　この著書は日本知識人の文化史を意図したものではなく、日本国民の文化史をめざしたものではなかったのか。それならば、この第一章、明治維新から民権運動をへて憲法制定にいたる時期は、全日本近代史を通じて、最もはげしく国民が躍動し、下からの無限の可能性を提起した時ではなかったのか。それなのに広田氏の叙述に、そうした時代の鼓動が感じられないどころか、一般の日本人民の思想的・文化的な営みすら、数人の著名人と制度的記述の蔭にかくれて見られないのである。明治維新の激動を、

全国の町や村や浜べに住む日本の人民が、どんな驚きと感銘をもって受とめたか。それを通じて、どのような生活上・思想上・文化上の発展の過程をたどったのか。そのナマの記述がないどころか、その部分を追跡しようとする著者の構えすら見られないのである。(3)

以上、色川大吉の『明治精神史』からである。『講座日本文化史』に象徴される一九六〇年代当時の歴史叙述では、単線的進歩史観に基づく近代化の過程が描写されていた。それは「知識人―大衆」の図式に基づき、「大衆」の啓蒙にあたった「知識人」の理論を叙述したもの（色川のいう「「頂点思想家」の記述」）である。

だが、このような歴史叙述においては、確かに「一般の日本人民の思想的・文化的な営みすら、数人の著名人と制度的記述の陰にかくれて見られない」といえる。この現状を踏まえ、色川は「狭義の思想形象」（＝「純度の高い思想的結晶物」「集約された意識の高度に結晶された体系」）に対する「精神史」叙述の必要を提唱した。

精神史とはなにか。私はこれを狭義の思想史とは区別して考えている。……一言でいって、幕末の国学や洋学や、福沢諭吉らによってはじまる日本の近代思想は、狭義の「思想」の研究によってのみでは、その歴史的意義を正しくとらえることはできない。「思想」を形成させた基本要因としての「意識」（より客観的な表現としての「精神」）の根源からの把握が、とくにわが国のような場合には不可欠なのである。(4)

「狭義の思想史」に対する「精神史」、そして「頂点思想家」に対する「民衆」への着眼の提唱。それは「底辺の視座」からする新しい思想史研究への実験」と謳われたものであった。(5) 色川の提言の前提には、思想形成期の北村透谷を追って多摩地方を精力的に実地調査した自身による、それまでまったく無名だった豪農たちにまつわる史料の新たな発見があった。そうした史料をもとに、色川は、「底辺の民衆」たちを代弁して政府権力に抵抗した豪農たちから、「日本人民」の「思想」を形成させた基本要因としての「意識」、あるいは「精神」を描き出すことを試みた。その「実験」の成果は、著作『明治精神史』として結晶することになる。

以上確認した色川の着想は、安保闘争に象徴される一九六〇年代当時の時代状況において醸成されたものだった。であればこそ、それは同じ時代の息を吸った読者たち、つまり一九六〇年代の若手歴史研究者たちにも受容され、広汎な支持を獲得するに至る。(6) かくして、「頂点思想家」の思想ではない、「一般の日本人民の思想的・文化的な営み」の究明を目的とする研究、すなわち民衆史研究――それは体制に抵抗し反体制の立場を貫いた「民衆」への同情を多分にもっていた――の手法が、これ以後多くの歴史研究者たちに共有されることになるのである。

一九七〇年代以後は民衆史研究のさらなる深化が進み、各年代、各地域ごとの細かな実証が進められることになる。そこでは、「民衆」の中の差異・葛藤・矛盾・相剋という観点が不可欠なものになってゆく。(7) そして一九八〇年代に入ると、単に「民衆」の内なる差異や葛藤が注意されるのみでなく、「民」に相対した「官」の側の多面性や多様性に着眼した研究もあらわれ、「民」対「官」の単純な二元論的理解が克服されてくる。そこから、「民」及び「官」の内のさまざまなグループのさまざまな思惑が重なりあう中で、一つの政策が選択決定され、一つの思潮が形成されてゆく歴史のダイナミズムを描き出す研究書が著わされるようにもなった(8)。

その際、方法論として、民俗学や宗教学や社会学、メディア論やジェンダー論など隣接学問分野の見地が盛んに取り入れられ、当時社会に暮らした「一般の日本人民の思想的・文化的な営み」を広く横断的に捉えるための、さまざまな分析概念に拠ったテーマ史型の研究が主流を形成するに至る(9)。そこでは、同じ「日本人」とされる人々の中の地域差、性差、階層差に対する配慮が不可欠であり、地域史研究(各県、各市町村、東北、裏日本、蝦夷、琉球などを対象)、女性史研究、サバルタン研究(在日朝鮮・中国・台湾人、アイヌ人、被差別部落民、障害者などを対象)など多様な社会文化史研究が並び立つ結果を生んだ。

かくして思想史とは、主観的個人において実現するものなどではなく、そのような個人の主観が形成される原因となった過去の社会的風潮――かつて色川が定義した、「頂点思想家」の「思想」を形成させた基本要因としての「意識」あるいは「精神」――を指すものにシフトしてしまったようである。すでに、「一人の「頂点思想家」の論理がその時代の思想全体や社会風潮を代弁しているはずだ」という前提からの思想史研究がそのままに通用することはないだろう(10)。

二　近代日本ナショナリズム研究の傾向と本書の立場

このような認識は、一九九〇年代以後現在までの、近代日本ナショナリズムを対象とした研究の前提としても顕著なものである。ポスト冷戦の時代背景のもと、B・アンダーソンやE・J・ホブズボームら海外の社会史研究者によって主張された、「想像の共同体」あるいは「創られた伝統」としてのネイション理解[11]が日本人研究者にも広く受容され、応用されるようになる。そして、近代における「日本」ないし「日本人」というネイション[12]の作為の過程が、実にさまざまな社会文化史研究的な手法のもとに暴露された。こうした手法に拠ることではじめて明らかにされた問題や事実が多いことは確かである[13]。その結果、「日本」や「日本人」は近代における創作物にすぎない、「日本」や「日本人」の統合は虚構であるといった理解が、現在における日本ナショナリズム研究の前提に据えられるべき価値基準としてすっかり定着したようにみえる[14]。

ここで、「単一民族神話」や「日本人の境界」といったテーマを掲げて、近代日本ナショナリズム研究の分野で精力的な活動を続けている小熊英二の方法論に注目してみたい。小熊は、そのデビュー作において、「大日本帝国時代から戦後にかけて、「日本人」の支配的な自画像といわれる単一民族神話が、いつ、どのように発生したか」という研究主題を掲げた上で、その分析のための方法論として「社会学的アプローチと歴史学（思想史）的アプローチの併用」を提唱した[15]。そして、近代日本の知識人の言論、政治家の発言、官庁の内部文書、現場教員の意見、議会の審議録といった史料を「歴史学（思想史）的」に幅広く収集し、それらを根拠とした実証を積み重ねつつ、「社会学的」な叙述をなすのである。

小熊がいうように、「日本単一民族神話」に代表される日本ナショナリズムは、確かに、「不特定多数によって担われていた意識であって、個々の思想家や新聞社がつくったものではない[16]」だろう。そういった「日本人」の定義をめぐる言説は、仮にそれがある一人の人物によって主唱されたものだとしても、その人物によって自分と同じ「日本人」とみなされたり、また、「日本人」ではないとみなされた周囲の不特定多数を巻き込む社会思潮や社会運動としての特徴をもつ。そうである以上、個人の頭の中で生み出された論理や思考ですべてが完結してしまう純然たる理論体系ではない。ある言葉によって象徴される何らかの概念や雰囲気が社会一般に共有されている――もちろんこのような前提に基づいた思想史理解が否定されなければならない理由はないだろう。

だが、ここで博捜された史料群は、結局、後世の研究者自らが設定した「社会学的」な論理展開の必要に応じて再配置されることになる。例えば、近代日本における「日本人」論とは、ある地域に暮らす人々を「日本人」に包摂する同化主義と「日本人」への統合を排除する間接統治主義との「最悪の折衷形態の固定化」[17]であるといった、あらかじめ定められた結論を導くための材料に供される。ここでは、ある歴史上の人物によって語られたテキストの、しかもその断片の社会的意味が解読されるばかりである反面、その人物が、なぜ、どのような背景から、それを語らざるをえなかったのかという点が考慮されることはほとんどない。つまり、小熊のいう「社会学的アプローチと歴史学（思想史）的アプローチの併用」においては、ある歴史上の特定個人が「歴史学（思想史）的」に扱われることはないのだ。断片化した個々の史料が後世の研究者の恣意によって再編成される。それは、「往々にして観察者の主観に左右されがちな言説分析」[18]といえる。すなわち、「当時の政治的文脈を無視した議論に陥りかねない危険」があり、「分析しようとする側の嗜好と主観によって歴史の材料が恣意的に選択されざるを得ない危険に、無自覚であると言わざるを得ない」との批判は免れないように思われる。[19]

「歴史というのは現在の眼を通して、現在の問題に照らして過去を見るところに成り立つ」[20]という有名なテーマがある。すでに述べたように、民衆史研究は、安保闘争に象徴される反体制思想が一世を風靡していた一九六〇年代の問題関心に照らして過去をみたところに成り立ったものである。そのため、民衆史研究の影響下に発展してきた社会文化史研究においては、概して体制側への評価が低い傾向にあった。そのような視角からは、例えば、官僚であったり国家や政府の立場を代弁した体制イデオローグは、まさに「体制側の人間であった」という理由によって、あらかじめ否定的評価がくだされることになる。だが逆に、「体制によって抑圧された」「反体制の立場を貫いた」「マイノリティであった」というだけの理由で、無前提に肯定的評価を受ける場合も少なくなかった。他方、冷戦終結後、世界各地で噴出した民族問題を眼前にした一九九〇年代の時代認識において進められたナショナリズム研究では、ネイション――「国家」「国民」「民族」――の相対化が急務だったため、その脱構築が暗黙の前提とならざるをえない。むろんこの視角からならば、ネイションに対しては、それが虚構であるがゆえに消極的評価がくだされねばならないということがはじめから定まっている。したがって、その「捏造」に参画した個人は「官」「民」どちらの立場にあったにせよ、概して積極的な評価を受けることはない。

　しかし、このような歴史叙述においては、歴史上確かに実在した個人の思想的営みと、そのような営みを追認識することの意味が、無視されたまま放置されているように感じられてならない。

　くしくも、色川大吉が批判した『講座日本文化史』第七巻には、「E・Hカーによれば、ヨーロッパのナショナリズムはその背景に個人主義をもっているという。その説がナショナリズムを考えるさいの標準となるべきものであるかどうかはともかくとして、そこに指摘されているヨーロッパ・ナショナリズムの、すくなくとも重要な一面が、わが明治のナショナリズムにきわめて稀薄であることは否定できない事実であろう[21]」との評価が載る。ここでは、ヨーロッパの「個人主義」との比較という方法によって「明治のナショナリズム」には、それが「きわめて稀薄である」との結論が導き出されている。こうした方法については批判されて久しく、民衆史研究の発生以後、明治期の日本の社会的状況に即した個別の実証研究が着実に積み重ねられてきた。しかし、民衆史研究そして社会文化史研究の成果が実り豊かな時代となった現在、明治のナショナリズム及びそれを主張した人々についての「個人主義がきわめて稀薄である」という結論については、主要な問題とされてこなかった印象がある[22]。

かつて知識社会学を提唱したK・マンハイムにしたがえば[23]、「個人は、前代からひきついだ状況、それも前代の状況にふさわしい思考様式をおびた状況のなかに自分がいることに気がつ」くことで、「彼以前に他人が考えてきている思考に加わる」より他ない存在である。どのような個人も、彼が生きた時代の状況に規定を受けた周囲環境からの影響を免れることはできず、それによって制約された思考様式を備える。それから自由であることは難しい、というよりも不可能である。だが、そうであるからこそ、個人は、「前代からひきついだこの反応様式を、もっと立派なものにしようと努力」し、「現前の状況のなかの変移や変化から生じてきている新しい挑戦をもっと的確に処理するために、古い反応様式を他のものととりかえようと努める」存在ではなかったか。であれば、そのような個人の努力の過程こそ、まず再確認されなければならない思想史の対象ではなかったか。

つまり本書においては、「官」に対抗した「民」への同情であるとか、「ネイションの脱構築」であるといった結論ありきの政治的な立場からのアプローチや、ヨーロッパと比較して日本における正統的な「個人主義」の有無を問う方法を排する。同時に、ナショナリズム一般について何らかの定義づけを行うことはせず、そうした定義から考察を始めることもしない。あくまでも、日本ナショナリズム発生の現場である明治前半期の文脈を踏まえつつ、明治二〇年代にナショナリズムを主張することになる個人それ自体に即した分析を加え、彼が個を確立するまでの過程の把捉を試みる。

日本ナショナリズムの考察を目的とする本書の着想に照らしてここで留意すべきは、ネイションがすべてを論理に依存する、純然たる理論的存在ではないということだ。近代日本におけるナショナリズムが理論であったと同時に実践でもあった以上、それを主張したナショナリストは、理想を掲げて現実打破を主張した場面もあっただろうし、その反対に、現実の前に理想の追求を断念した場合もあったはずである。そういった理想と現実のはざまに生み落とされたのが日本ナショナリズムにまつわる言論であり、ナショナリストは、言論のみでなくその行動において、自己の思想を表現する場合があった。

したがって、ある人物によって著述された論説やある人物において実現した行動を出発点として、その意味を解析する研究方法と並んで必要となるのが、やがて著述される論説とやがて実現することになる行動を到達点として、なぜそれが生み出されたのかを考察する研究方法ということになる。別のいい方をすれば、ある個人において実現した政治的言論や行動の背後に存在していた事象に目を向けることで、あらためてその言論や行動をより内在的に理解できる場合がある、ということである。ナショナリズムという、きわめて広範な領域をもつ思想を把捉するにあたって、あえて個人の思想という限定された領域を凝視することの意義はまさにここにある。このような着想は、ある歴史上の人物の政治的言論や行動が当時の人々をいかに説得し、彼の思想が当時においていかなる生命力を有していたかを、実態に即して理解してゆくことにも通じるだろう。その人物の背景に目を向けることなくして、彼の言論や行動を理解することなどできない。これは、ナショナリズムという「きわめてエモーショナルでかつ弾力的な概念[24]」の分析においては必要不可欠な視点のはずである。

本書においては、マンハイムのいう「前代からひきついだ状況」、あるいは「前代の状況にふさわしい思考様式をおびた状況」を理解するために、民衆史研究の系譜に連なる社会文化史研究が明らかにしてきた多種多様の成果を随時参照する。前述したように、一九六〇年代になされた批判以後の諸研究によってあらためて問題とされた研究視角、そしてその視角に拠ることではじめて明らかになった事実は数多い。本書はそのような社会文化史研究の数々に依拠することではじめて成り立つものであり、それらの成果に十分な敬意を払うものである。

だが、現前の状況を認識した上でそれと格闘し、「古い反応様式を他のものととりかえよう」との意志のもとに生み出された言論や行動が具現化するのは、あくまでも個人の主観の内において、である。そして、そのような「認識→格闘→言論／行動」の流れを思想史として追認識しようと試みるのであれば、それは歴史上実在した個人の遍歴を時系列的に辿るしか方法がない。種々の社会文化史研究に敬意を払いつつも、本書が想定している思想史とは、あくまでも歴史的実存としての個人の主観と実践の内にある。すなわち、その大前提にあるのは、思想は人間集団（国家や民族や社会など）においては具現化しないのであり、思想を体現するのはあくまでも個人なのだ、という理解である。明治二〇年代の日本においてナショナリズムを主張した人間も、そうした個人に他ならない。以上のことから、本書は、個人が思想を形成する〝過程の追認〟という方法を採用する。①ある特定個人の思想、②その個人が所属している社会集団の思念や情念、そして、③その社会集団がなす現実の政治的行動――この三つは、密接な関係をもちつつも、すべて次元が異なっている。以下、本書は、①の次元に主題を設定し、これに対して主観的同情を寄せつつ描写してゆく。

だが、①に同情すべき要素を発見できたからといって、即、②・③の次元にも、肯定し、称揚すべき要素がある、と進むような論理展開を行うつもりはない。同情すべき日本人が一人、二人いたから、「日本人」全般が素晴らしくて、日本という国家の政策もすべて正しかった、などという論理はいうまでもなくナンセンスだからである。本書の真意はむしろこの逆にある。つまり、結果的に明治以後の近代日本の国家政策が破綻し、その背景に存在していた――そして今も疑いなく存在している――「日本人」一般のコンプレックスに大きな問題があったのだとしても、だからといって、近代日本を生きた政治家や思想家の、個人レベルでの思想的営為が不当に貶められたり、無視されたり、忘却されたりしてはならない、ということである。

あらゆる政治的言論や政治的行動が、常に他者への悪意や他者を支配せんとの欲望によってのみ生み出されるわけではない。ある個人の他者を思いやる良心が結実して生み出された言論、その言論によって誘導され醸成した社会的風潮、その風潮の影響下に成立した法律や政策が、他ならぬその相手を苦しめる決定的な根拠となることがある。自分とその相手ではない、第三者を抑圧することがある。歴史的ダイナミズムは、時にそういう悲劇を生むのである。この種の悲劇を前に思考を止めることなく、冷静さを保ちつつ向きあってゆくためにこそ、近代日本を生きた個人の体験と実感とは常に問い返されるべきなのだ。

本書が、日本ナショナリズムの基礎構造についての新たな理解の提供という目的のために、あえて、個人による思想形成の〝過程の追認〟という方法をとることについての説明は、とりあえず以上で終える。次に、その個人がなぜ、青年期の、無名時代の、原敬と陸羯南なのかという点について述べることにする。

三　原敬研究と陸羯南研究の現状

上述の研究目的を設定した本書が、考察対象の日本ナショナリズムとして想定したのは、明治二〇年代にあらわれた陸羯南の「国民主義[25]」である。そして、陸の思想形成過程を探るべく、明治一〇年代の社会的状況や、その状況下で陸がいかなる個人的体験をしていたのかについての調査を進めていく中で、どうしても無視できない要素として、学生時代の同期生だった原敬の存在が浮かびあがってきた。明治二〇年代の初頭に成立した陸羯南の「国民主義」は、その時点においてすでに原敬が練りあげていた、将来あるべき「日本」や「日本人」のビジョンに対するアンチ・テーゼに他ならない。本書の重要な主題となるこの見通しについて語る前に、陸羯南と原敬それぞれについての、これまでの研究史の概略を述べる。

まず、陸羯南といえば、明治二〇年代の「明治ナショナリズム」を担った政論家であり、対する原敬といえば、大正ゼロ年代の「大正デモクラシー」を体現した政治家であると、一般にみなされている。そのため、日本近代史を通史的に描き出そうという場合には、陸の登場の方が二〇年ほど先になる。すなわち、陸は、明治二〇年代の思想動向を把捉する場合の恰好の研究素材となり、一方の原は、明治後期以後大正ゼロ年代の政治状況を説明する際に外すことができない研究対象である。また、陸羯南研究の中心的主題は、政論記者となった陸が自ら主宰する新聞紙に発表した政治評論の解析と解釈であり、政治思想研究の方法によって精緻な読み込みがなされてきた[26]。他方、原敬研究の主要な課題は、上級官僚・政党政治家として活動した原が実際になした政治行動の把握と評価であり、政治過程研究の方法によって個別具体的に深められてきた[27]。つまり、考察対象となる年代も、それを取り扱う学問的方法も大きく乖離している現状がある。両者を同じ主題において本格的に論じなければならない必然性は、これまでの先行研究の着想においてはなかった(28)。

したがって、陸の思想と原の思想にはそもそも直接的な関連性がなく、また、原の思想形成は陸のそれに遅れてなされたかのような印象になる。だが、実際には、原敬という人物は彼と同年代の陸羯南と比較して、若年期にさまざまな波乱に直面した苦労人であり、その分、はるかに早熟だった。そして、そのような早熟の秀才と司法省法学校の同期生として出会い、青年時代の一時期において濃密な関わりをもった陸は、この秀才によって具現化されていた思想から多大な影響を受けざるをえなかったのだ。すなわち、陸羯南にとっては原敬の存在そのものが、自己の思想形成にとって所与の前提条件であり、もっとも重要な周囲環境の一つだったということになる。

なお、陸に数年先立つかたちで、明治ゼロ年代において早くも思想を形成させつつあった原敬の場合も、当時社会における「前代からひきついだ状況」から孤立してまったくの独創をなすなどということはありえず、あくまでも状況の支配下にあったといえる。その明治ゼロ年代の状況を支配していたのは、当時、二項対立的に把握された「官」と「民」それぞれの勢力拡大だった。もちろん、当初、司法省法学校に入学して法務官僚となるべき進路を選択した原敬の思想において、「官」の側の政治的意図によって導かれた部分があったのは間違いない。それは決して小さなものではなかったともいえるだろう。しかし、結果的に彼により大きな影響を及ぼしたのは、当時新しく整備されつつあった新聞や雑誌といったメディアに「民」の側が載せた論説文だった。そしてそこに示されていた啓蒙思想、より具体的にいえば、福沢諭吉（天保五～明治三四年〈一八三五～一九〇一〉）によって唱えられた文明論こそ、青年期における原敬の思想形成の内実を規定した最大の要因であった。

福沢諭吉の構想に由来し、原敬によって共有された「日本」や「日本人」のビジョンこそ、後の政論記者陸羯南が主唱する日本ナショナリズム、すなわち「国民主義」がもっとも激しく対立し、厳しい批判を加えた対抗概念である。以上の歴史的展望の妥当性については、本書全体を通じて証明するしかない。では続いて、本書の構成をまとめておこう。

四　本書の構成

本書の最終的な目的は、陸羯南によって主張された日本ナショナリズムの基礎構造を明らかにするところにある。そしてそのために、陸に先んじて自己の思想の原形を確立していた原敬に注目し、青年期の原が抱いていた将来あるべき「日本」や「日本人」のビジョンを、陸のナショナリズムの対抗概念として措定する。まず第一部で、明治前半期を生きた個々人にとっては所与の前提条件となる社会的状況の要点を押さえ、その状況の影響下で、原敬と陸羯南がいかなる価値基準に共鳴していたのかを捉える。その結果を踏まえ、時系列順にしたがって、第二部では原敬個人の、第三部では陸羯南個人の、思想形成の過程をそれぞれ追う。

まず第一部である。

第一章では、日本におけるナショナリズム形成の特殊前提条件というべき、旧藩共同体の実在に着目する。原敬と陸羯南の思想形成過程を追跡するという本書の方法のことを意識しつつ、原の郷里である「南部」と陸の郷里である「津軽」を中心に、本書において必要な範囲で予備的な考察を行う[29]。

第二章では、戊辰戦争後、郷里の盛岡を離れて上京した原敬が、司法省法学校に入学するまでを追う。特に、明治八年（一八七五）六月二七日をもって当時一九歳の原が士族籍を放棄し、平民として分家独立した事実を注視し、その意味について考える。（明治四～九年〈一八七一～一八七六〉）

第三章では、明治九年（一八七六）に司法省法学校に入学した原敬と陸羯南の出会いを捉え返す。明治一二年（一八七九）に放校処分を受けた直後、原や陸たち放校者が「放廃社」という結社をつくっていた事実に着目し、その場で思想形成をなした原と陸との共感同情の内実を把握する。（明治九～一五年〈一八七六～一八八二〉）

続いて、第二部は、原敬の思想形成過程をみる。

第一章では、司法省法学校の放校後、約九か月間の浪人生活を経た原敬が報知社に入り、新聞記者としての活動を開始した二三歳の時点に着眼する。この時、福沢諭吉から二大政党制理論、及び議院内閣制理論を継承した原は、まさにその理論継承のために、具体的政治行動において福沢とは決別することになる。その歴史的意義を捉えたい。（明治一二～一五年〈一八七九～一八八二〉）

第二章では、報知社記者時代の原敬が行った北海道・東北地方の視察旅行について考える。「海内周遊日記」と名付けられた紀行文を素材として、二五歳時点の原がこの旅行で新たな知見を得て、それに基づいて彼独自の「日本」国家認識を確立したことを明らかにする。その本質は、「多元的日本国民観」というべきものである。（明治一四～一五年〈一八八一～一八八二〉）

最後、第三部は、陸羯南の思想形成過程を追う。

第一章では、「放廃社」の一員だった陸が郷里の青森県に帰り、当地の新聞記者となってから後の行動を追跡する。陸は「津軽」の自由民権運動に関わりつつも、その運動とは決定的に乖離しており、再度の上京の後、太政官文書局に勤務する官吏へと転身してゆく。その歴史的意義について考えたい。（明治一二〜二〇年〈一八七九〜一八八七〉）

第二章では、官を辞した陸が『東京電報』主筆となり、晴れて在野の言論人としての活動を開始した時点に注目する。前章までの流れを踏まえ、主に『東京電報』紙上にあらわれた最初期における「国民主義」の論説を解読する。その本質は、原とはまったく対照的な「一元的日本国民観」というべきものとなる。（明治二一〜二二年〈一八八八〜一八八九〉）

結論では、まず、本書の方法である〝過程の追認〟の効用を述べつつ、明治初年における青年の自己形成の結果として日本ナショナリズムが誕生したのだという因果の順序について論じる。そして、日本ナショナリズムを生み落とした青年が既存秩序に対して無前提に埋没するような同調主義を嫌う独立個人であり、国民の一人ひとりにも自分と同様の独立心を要求していたことを確認する。さらに、原敬と陸羯南の思想によって象徴される二つの相反する思想潮流を概観しながら、一度明治二〇年代の初頭に立ち戻り、奥羽出身の青年が日本ナショナリズムに託していかなる理想を実現しようとしていたのかについて再認識したい。

＊　＊

それでは、早速本論の幕をあけることにしたい。

（1）K・マンハイム（高橋徹・徳永恂訳）『イデオロギーとユートピア』[Karl Mannheim, *Ideologie und Utopie*, 1929]『世界の名著〈五六〉マンハイム・オルテガ』中央公論社、一九七一年、九九～一〇〇頁。引用部分は [Karl Mannheim, *Ideology and Utopia* : An Introduction to the Sociology of Knowledge, tr. by Louis Wirth and Edward Schils, London ; Routledge & Kegan Paul Ltd., 1936] の「英語版序文」[Preliminary Approach to the Problem] より。

（2）明治二〇年代初頭における「青年」という言葉の発生を主題とした社会文化史研究の白眉に、木村直恵『〈青年〉の誕生——明治日本における政治的実践の転換』新曜社、一九九八年がある。木村は、明治一〇年代の自由民権運動の中心を担った「壮士」的実践と拮抗する関係にあった「青年」的実践は、「それを営む主体を徹底的に非政治化した」（二八九～二九〇頁）という。ところで、本書も副題で同じ「青年」という語を用いており、同じ明治二〇年代初頭に「青年」時代を過ごした何人かの人物を登場させる。だが、彼らは皆、木村がヤマ括弧つきで特に〈青年〉とした非政治的主体とは異なる政治的主体であり、したがって政治的実践をなすということを断っておく。本書の主人公の一人、陸羯南の論説文における「青年」の用法をみておくと、例えば、「吾輩倩ら〱日本青年者の希望を察するに、何れも官吏たらんと欲する者にあらざるはなし。間々民間に職を求むるものあるも、亦た代言人、新聞記者、著述者、演説家、政論者の類にして、何れも官吏に近似する職業ならざるはなし。是れ今日青年者の傾向にして争ふべからざるなり。青年の傾向既に此の如し。而して政府の奨励も亦た之を煽起して、益々其の傾向を促がすもののなきにあらず」（「東京遊学生（六）」『日本』明治二三年〈一八九〇〉六月二九日号、『陸全集〈二〉』五六六頁）などとある。陸の用例に同じく、本書の「青年」も現在定着している一般名詞の「青年」と同義であり、木村のいう特殊な意味を含むものではない。

（3）色川大吉「明治文化史の構想について——〝書評〟の形をかりて」『明治精神史』黄河書房、一九六四年。以下同書からの引用は講談社学術文庫版上・下巻、一九七六年より。下巻、二二〇～二二一頁。周知のように、『明治精神史』には『増補版　明治精神史』黄河書房、一九六八年がある。また、『新編　明治精神史』中央公論社、一九七三年もあるが、著者曰く、黄河書房版とは「別の著書とみなしてよいほど違う」。なおここで批判されているのは、日本史研究会編『講座日本文化史』第七巻、三一書房、一九六二年、第一章「文明と反動」第一節「文明開化」（一七～五〇頁）、及び第二節「自由民権」

(五一～八〇頁）の叙述である。

（4）同前色川「思想史と精神史について――〝あとがき〟にかえて」『明治精神史』下巻、二三八～二三九頁。

（5）同前色川『明治精神史』上巻、七頁。もっとも、色川と同様の主張は一九六〇年以前にも存在しており、日本思想史研究史上、必ずしもこの時点でまったく新しいものではない。例えば、津田左右吉『文学に現はれたる我が国民思想の研究』大正五～一〇年（一九一六～一九二一）や柳田国男『明治大正史　世相篇』昭和五年（一九三〇）などの着想を参照のこと。

（6）例えば、米田佐代子「色川大吉著『明治精神史』を読んで」『歴史評論』第一七三号、一九六五年を参照。「私が不満に思うのは、豪農だけをとりあげて「人民」をとりあげないなどということではなく、その豪農意識の展開のなかで、下層の人民大衆とは異質である自己を、そのズレをどのように自らの意識に反映させていったか、という点をもっと追求してほしかった」。この時米田は三〇歳。色川による豪農を分析対象とした民衆史研究への理解・共感を深めつつも、豪農とより下層にあった一般人民との「ズレ」に着眼し、あえて批判を行った。この批判は色川にも受けとめられ、一九六八年の『増補版　明治精神史』に反映されてゆくことになる。

（7）いわゆる民衆史研究の成果は枚挙に暇がないが、ここでは、鹿野政直『大正デモクラシーの底流――〝土俗〟的精神への回帰』日本放送出版協会、一九七三年、安丸良夫『日本の近代化と民衆思想』青木書店、一九七四年をあげておく。

（8）この見地からの代表的研究成果として、山室信一の著作を参照のこと。『法制官僚の時代――国家の設計と知の歴程』木鐸社、一九八四年、『近代日本の知と政治――井上毅から大衆演芸まで』木鐸社、一九八五年。

（9）加藤周一他編『日本近代思想大系』全二四巻、岩波書店、一九八八～一九九二年、伊藤隆他編『日本の近代』全一六巻、中央公論社、一九九八～二〇〇一年、『ニューヒストリー近代日本』現在六巻分刊行、吉川弘文館、一九九八年～、青木保他編『近代日本文化論』全一一巻、岩波書店、一九九九年、小森陽一他編『岩波講座近代日本の文化史』現在一〇巻分刊行、岩波書店、二〇〇一年～など、近年大手出版社から続々刊行されている各種の大系本を参照。そこでは、「家と村」「言論とメディア」「都市空間」「科学と宗教」「戦争と軍隊」「犯罪と風俗」というように、その各巻ごとに個別テーマが設定され、各巻・各論文の編集責任者・執筆者たちによって選抜された資史料群に基づき、当該期社会の思想空間が広く横断的に整理される傾向にある。この点、一九六一～一九六二年に公刊され、色川大吉が批判した『講座日本文化史』の編集方針とは隔世の感がある。

（10）もちろん、社会文化史研究と並行して、いわゆる「頂点思想家」の研究も個別具体的に深化してきている。しかし、それはあくまでも、その思想家個人の内在的理解に焦点を定めたものであり、その歴史的個人、及び彼の思想が当時社会といかなる関係を結んでいたのかについては、限定的にしか触れられない場合が多いようである。個人思想研究の「まえがき」や「序論」では、「これこれの社会的傾向――例えば、「近代的自我のめざめ」「保守反動思想」「伝統と近代の二面性」「西洋から日本への回帰」など――を象徴し体現する典型例として、だれそれの思想構造を分析する」といった研究動機がしばしばみられる。だが、この場合は、だれそれの思想構造を分析し理解することによってその時代の社会的傾向も理解できるはずだ、という認識を前提としており、本文中にあげた色川の批判を受けとめていない。現在のところ、社会文化史研究と個人思想研究とは、それぞれが別のジャンルとしてあるといえよう。

（11）B・アンダーソン（白石さや・白石隆訳）『増補　想像の共同体――ナショナリズムの起源と流行』NTT出版、一九九七年［Benedict Anderson, *Imagined Communities: Reflections on the Origins and Spread of Nationalism*, 1983（Revised edition, 1991）］と、E・J・ホブズボーム（浜林正夫・嶋田耕也・庄司信訳）『ナショナリズムの歴史と現在』大月書店、二〇〇一年［Eric J. Hobsbawm, *Nations and nationalism since 1780: Programme, myth, reality (2nd edn)*, 1992］は、ネイションとナショナリズムの形成を近代的現象とみなした。「創られた伝統」の用語は、E・J・ホブズボーム／T・レンジャー編（前川啓治・梶原景昭訳）『創られた伝統』紀伊国屋書店、一九九二年［Edited by Eric J. Hobsbawm, Terence Ranger, *The Invention of Tradition, co-edited with Terence Ranger, Cambridge University Press*, 1983］を参照。他方、ネイションとナショナリズムの起源を前近代のエスニシティに求めた研究成果として、例えば、A・D・スミス（巣山靖司・高城和義他訳）『ネイションとエスニシティ――歴史社会学的考察』名古屋大学出版会、一九九九年［Anthony D. Smith, *The Ethnic Origins of Nations*, 1986］がある。ネイションとナショナリズムの起源を前近代に求めるか、それとも近代に固有の現象とみなすか。この点において、アンダーソンやホブズボームの理解とスミスの理解とでは完全に対立しているようである。だが、国家ないし民族への帰属意識をア・プリオリで自明のものとみなし、問題としないナショナリズムの克服を目的としつつ、ナショナリズムを支える人々の帰属意識を変化の内に捉え、客観的に認識しようと試みた手法は両者に共通する。ホブズボームの「ナショナリズムに関する文献が実り豊かな段階に入った」(『ナショナリズムの歴史と現在』四頁)という評価は首肯できる。これらの海外におけるナショナリズム研究は、一九九〇年代以後現在に至るまでの日本ナショナリズム研究の前提として、幅広く受容されている。

(12) 後述してゆくように、本書においては一貫して、実体としての日本や日本人というよりも、「日本」や「日本人」の名称に仮託して人間集団のあるべき理想について語るナショナリズムを問題とし、その言説を考察対象としている。よって本書では、この「語られた日本」、あるいは「語られた日本人」のことをカギ括弧付きで「日本」「日本人」と表記して、単なる固有名詞として使用される日本や日本人という単語とは概念上の区別を設けている。なお本書では、しばしばこの種の語りにおいて登場する「故郷」あるいは「郷国」としての旧藩共同体も主たる考察対象としていくが、こういった旧藩共同体を表象する際にもカギ括弧付きで、例えば「津軽」「南部」あるいは「津軽人」「南部人」などと表記することにする。この点について詳しくは、第一部第一章の註(1)、及び註(5)で述べる。

(13) 例えば、近代日本における「国語」という規範の形成を素材に、「音」による共同性創造の様相について言及した長志珠絵『近代日本と国語ナショナリズム』吉川弘文館、一九九八年、鉄道網の全国的整備を前提とした天皇・皇太子の地方行幸啓を素材に、近代日本の「視覚的支配」の実態を考究した原武史『可視化された帝国――近代日本の行幸啓』みすず書房、二〇〇一年などがある。以下、本書はさまざまな社会文化史研究の成果を前提とした論述を進めてゆくことになるが、その一つひとつについては本論の展開にしたがって個別具体的に触れることになるだろう。

(14) この年代の研究動向を象徴するものとして、西川長夫の一連の著作による国民国家論を参照のこと。『国境の越え方――比較文化論序説』筑摩書房、一九九二年、『地球時代の民族＝文化理論――脱「国民文化」のために』新曜社、一九九五年。西川の研究に対する批判、及びその後の国民国家論の展開については、牧原憲夫編『〈私〉にとっての国民国家論――歴史研究者の井戸端談義』日本経済評論社、二〇〇三年などを参照。

(15) 小熊英二『単一民族神話の起源――〈日本人〉の自画像の系譜』新曜社、一九九五年、九～一五頁。このような方法自体は、『単一民族神話の起源』以後にあらわれた著作の多くで踏襲されている。本書の関心からは、『〈日本人〉の境界――沖縄・アイヌ・台湾・朝鮮　植民地支配から復帰運動まで』新曜社、一九九八年をあわせて参照のこと。

(16) 前掲小熊『単一民族神話の起源』一二頁。

(17) 前掲小熊『〈日本人〉の境界』の一〇九頁、一四六頁などで繰り返し用いられている表現。

(18) 浅野豊美『帝国日本の植民地法制——法域統合と帝国秩序』名古屋大学出版会、二〇〇八年、五頁。ここで問題とされているのは、前掲小熊『〈日本人〉の境界』の方法である。

(19) 同前。浅野は、このような見解を前提とし、後世の研究者の「恣意」を排除するための基準として「法制度」を据え、それが成立するまでの過程を把捉する研究方法論を掲げている。

(20) E・H・カー（清水幾太郎訳）『歴史とは何か』岩波新書、一九六二年［Edward Hallett Carr, *What is History?*（The George Macaulay Trevelyan Lectures delivered in the University of Cambridge）, 1961］二五頁。

(21) 岩井忠熊「時代区分と文化の特質」前掲『講座日本文化史』第七巻、一一頁。

(22) 前掲青木保他編『近代日本文化論』の編集委員たちの座談会で、青木保は、「人間の形成とか人間のあり方とか、人間像をとらえることは、やはり非常に難しいが重要です。残念なのは、歴史学などで人物論とか人間像の追究ということがネグレクトされてきた事情があると思うのです。社会科学が発達するにつれて、まさに人間像とか人間の形成の問題は、いわばずり落ちていった」と語っている。これに応じた筒井清忠は、「気になる最近の研究動向」として、①「歴史の研究がますます専門分化・細分化される傾向のためいっそう肥大化してきている「視点なき実証主義傾向」みたいなもの」と、②「むりやり「大きな物語」にまとめあげようとする方向での近代日本研究の展開」の二つをあげる。そして②の典型例が、明治期の日本で発生した現象にホブズボームらの「創られた伝統論」やアンダーソンの「想像の共同体論」をあてはめて、「何でもかんでも〝国民国家の形成〟に結びつけようとするタイプ」であるとし、それが「期待はずれのもの」「面白くならなかった」とまとめている（青木保・川本三郎・筒井清忠・御厨貴・山折哲雄「討論　近代日本をどう問うのか」『近代日本文化論〈Ⅰ〉近代日本への視角』一七九～一九四頁）。ここで青木と筒井に共有されたのは、既存の歴史叙述における〝人間不在〟に対する懐疑であり、問題意識であるように思われる。

(23) 註（1）参照。

(24) 丸山眞男「ナショナリズム・軍国主義・ファシズム」一九五四年、『増補版　現代政治の思想と行動』未来社、一九六四年、二七三頁。

（25）陸羯南が「国民主義」＝「ナショナリチー」という言葉をはじめて用いたのは、『東京電報』明治二一年（一八八八）六月九日号社説「日本文明進歩の岐路（一）」においてである。「吾輩が斯に用ふる「国民主義」とは英語の所謂「ナショナリチー」を主張する思想を指す。従来「ナショナリチー」なる原語は国体、国情、国粋、国風等の国語に訳されたれども、此等の国語は従来固有の意義ありて、原語の意味を尽くす能はず。原来「ナショナリチー」とは国民（ネーション）なるものを基として他国民に対する独立特殊の性格を包括したるものなれば、暫く之を国民主義と訳せり。今後「国民主義」の語を用ゆるは此義なることを記憶せられんことを読者に乞ふ」（『陸全集〈一〉』三九七頁）。この日は『東京電報』発刊（明治二一年四月九日）、つまり陸の中央紙記者としての自立から数えてちょうど二か月後にあたっており、同文は政論家陸羯南が書いたもっとも初期の論説文の一つである。本書は、陸羯南によって理論化された「国民主義」の最初期、つまりその原形に考察の焦点をあわせて、なぜその理論が生み出されることになったのかを考えるものである。

（26）近代日本を代表する政論家である陸羯南の政治思想を解読した研究は多岐に及ぶ。丸山眞男「陸羯南――人と思想」『中央公論』一九四七年二月号を皮切りとして、その主なものに、植手通有「平民主義と国民主義」『岩波講座日本歴史〈一六〉近代三』岩波書店、一九七六年、松田宏一郎「『近時政論考』考――陸羯南における〈政論〉の方法（一・二）」『東京都立大学法学会雑誌』第三三巻第一号・第二号、一九九二年、本田逸夫『国民・自由・憲政――陸羯南の政治思想』木鐸社、一九九四年、松本三之介『明治思想における伝統と近代』東京大学出版会、一九九六年、山田央子『明治政党論史』創文社、一九九九年、山辺春彦「陸羯南の交際論と政治像（上・下）」『東京都立大学法学会雑誌』第四三巻第二号・第四四巻第一号、二〇〇三年、朴羊信『陸羯南――政治認識と対外論』岩波書店、二〇〇八年、山本隆基「陸羯南における国民主義の制度構想（一～一〇）」『福岡大学法学論叢』第四八巻第三・四号～第五六巻第二・三号、二〇〇四～二〇一一年などがある。近年、片山慶隆によってその整理が行われた。「陸羯南研究の現状と課題――対外論・立憲主義・ナショナリズム」『一橋法学』第六巻第一号、二〇〇七年。片山は同論文を「Ⅰはじめに　Ⅱ立憲政治論　Ⅲ対外論研究　Ⅳ結論」の四章で構成しており、つまるところ、陸羯南研究について「立憲政治論研究」と「対外論研究」の二本柱に集約している。この研究史の流れを概観しても、思想家一個人が書いた政治評論の解析と解釈という方法に偏っていることは明らかである。二〇〇七年以前の先行研究については、この論文の末尾に付記された「陸羯南研究文献リスト」(三九七～四〇七頁)を参照のこと。

(27)近代日本第一級の政治家としての定評がある原敬の政治行動に関する先行研究は膨大な量となる。その代表的なものとして、三谷太一郎『日本政党政治の形成――原敬の政治指導の展開』東京大学出版会、一九六七年、テツオ・ナジタ『原敬――政治技術の巨匠』読売選書、一九七四年、升味準之輔『日本政党史論』第四巻、東京大学出版会、一九六八年、金原左門『大正期の政党と国民――原敬内閣下の政治過程』塙書房、一九七三年、伊藤之雄『大正デモクラシーと政党政治』山川出版社、一九八七年、同「初期政友会の政策と組織の確立――原敬の主導権の形成」『法学論叢』第一三六巻第四・五・六号、一九九五年、同「原敬内閣と立憲君主制――近代君主制の日英比較(一～四)」『法学論叢』第一四三巻第四・五・六号、第一四四巻第一号、一九九八年、川田稔『原敬　転換期の国家構想――国際社会と日本』未来社、一九九五年、同『原敬と山県有朋――国家構想をめぐる外交と内政』中公新書、一九九八年、季武嘉也『大正期の政治構造』吉川弘文館、一九九八年、玉井清『原敬と立憲政友会』慶應義塾大学出版会、一九九九年などがあげられる。明治後期から大正期にかけての政治過程研究で取り扱われてきた原敬だが、最近、伊藤之雄の画期的な研究が登場して、状況にかなり大きな変化が生じた。「若き原敬の動向と国家観・自由民権観――郵便報知新聞記者の明治十四年政変」『法学論叢』第一七〇巻第四・五・六号、二〇一二年、「若き原敬の国制観・外交観――『大東日報』主筆の壬午事変」曽我部真裕・赤坂幸一編『大石眞先生還暦記念　憲法改革の理念と展開』下巻、信山社、二〇一二年。両論文は、本書が考察対象とする明治一〇年代の原敬に注目したものであるため、その内容については本書第二部で触れる。

(28)前註であげたもの以外に、原敬・陸羯南共に数多くの人物研究がなされている。まず、原敬の通時代的・伝記研究の主なものに、前田蓮山『原敬伝』上・下巻、高山書店、昭和一八年(一九四三)、原奎一郎『ふだん着の原敬』毎日新聞社、一九七一年、原奎一郎・山本四郎『原敬をめぐる人々』『続原敬をめぐる人々』日本放送出版協会、一九八一・一九八二年、山本四郎『評伝原敬』上・下巻、東京創元社、一九九七年、季武嘉也『原敬――日本政党政治の原点』山川出版社、二〇一〇年などがある。『原敬日記』『原敬関係文書』の公開以後、その膨大な史料を駆使した研究によって、政党政治家期を中心に原敬の足跡のかなりの部分が明らかになってきた。また最近新たに、松本健一『原敬の大正』毎日新聞社、二〇一三年が上梓された。続いて、陸羯南の通時代的・伝記研究として、相沢文蔵「陸羯南」『郷土の先人を語る〈一〉』弘前市立弘前図書館、一九六七年、鹿野政直「ナショナリストたちの肖像」『日本の名著〈三七〉陸羯南・三宅雪嶺』中央公論社、一九七一年、川村欽吾「明治の津軽びと――陸羯南〈その一～一五〉」『れぢおん青森』青森地域社会研究所、一九八一年一月号～一九八二年三月号、小山文雄『陸羯南――「国民」の創出』みすず書房、一九九〇年、稲葉克夫『青森県の近代精神』北の街社、一九九二年をあげておく。陸羯南生誕一五〇周年没後一〇〇周年（二〇〇七年）をきっかけとして、近年、有山輝雄『陸羯南』吉川弘文館、二〇〇七年、稲葉克夫『陸羯南の津軽』陸羯南生誕百五十年没後百年記念事業実行委員会、二〇〇七年、松田宏一郎『陸羯南――自由に公論を代表す』ミネルヴァ書房、二〇〇八年が立て続けに出版されており、陸の伝記研究は盛況である。以上の伝記研究は原敬と陸羯南それぞれの青年期を扱うため、その一部は、両者の関係に触れることがある。だが、その内在的理解は充分とはいえず、両者の思想形成に直接的な関連があったという可能性に踏み込んだ研究はなされていない。なお本書は、原敬あるいは陸羯南という一個人の総合的理解が目的なのではなく、いわゆる「評伝」の体裁をとることもない。以下、本文上に示す本書の目的に応じて、時点と場面、そして主題をそれぞれ限定して論じてゆくことを、あらかじめ断っておく。

（29）この旧藩共同体は明治期を通じて日本全国に数多く存在していたのだが、その一方で、日本のあらゆる地域が何らかの旧藩に属していたわけでもない。だが、本書ではそういった問題のすべてを扱うことはできないし、またその必要もないと考える。

第一部　明治初年の社会的状況と青年たち

第一章　日本ナショナリズムと旧藩

一　はじめに

明治一〇年（一八七七）五月。この年の二月にはじまった西南戦争の戦火が未だ燻り続けるそのただ中にあって、「豊前中津奥平藩」[1]に出自をもつ福沢諭吉は『旧藩情』なる小冊子を書きおろしている。福沢はその「緒言」において、「維新の頃より今日に至るまで、諸藩の有様は現に今人の目撃する所にして、之を記すは殆ど無益[2]」と述べ、明治一〇年当時において、旧藩という共同体カテゴリーの実在があまりにも自明であることについて言及している。だが、彼はこれに続けて、「光陰矢の如く、今より五十年を過ぎ、顧て明治前後日本の藩情如何を詮索せんと欲するも、茫乎として之を求るに難きものある可し[3]」とも記し、明治一〇年から五〇年後の未来においては、今でこそ、その存在が当然である旧藩という共同体カテゴリーを確認することはきわめて困難なものになるだろう、との予測をなしていた。

はたしてそれから五〇年の後、昭和の元号を用いる帝国日本はすでに複数の海外植民地を得ており、これら海外植民地やその他世界の諸外国に対して、いわゆる「内地」の人々が共通に保持した「わたしは日本人である」というアイデンティティは、すでに動かしがたく確立していた。そして、その地点から回顧してみた時、各々の固有名で表象される旧藩とは、昔は存在していたが今となっては無用なものであり、国内の各地域を示す際に用いられることのある言葉であるに過ぎなかった。かつては個々の藩が一つひとつの藩国家

として独立の歴史と文化を保存してきた事実などは、すっかり忘却の彼方にあったのである。(4)

二　戊辰戦争の敗者における旧藩

福沢の『旧藩情』でも確認したように、明治前半期を通じて、旧藩という地域カテゴリーは徒らな解消を許さぬ概念として実在していた。「藩閥打破」というスローガンの流行からもうかがえるように、明治前半期においては、その伝統的共同体原理が害悪とされ、消極的に捉えられる場合もあった。この言葉は、戊辰戦争の勝者であったがために、明治初年において中央官僚として政府中枢を占めることができた「薩摩」や「長州」といった旧藩出身の士族たちに対して、そこから排除された戊辰の戦敗者たちが発した怨嗟の声に他ならなかったからである。

だが、そのような消極的側面とは裏腹に、日本ナショナリズムが形成されようとしていた明治前半期当時、旧藩は人々の原初的な郷土愛の淵源となり、自らのルーツを地方にもつ人々の求心を生む磁場、すなわち「故郷」としての、積極的な価値をあわせもっていた。(5)

ナショナリズム全般における郷土愛については、「ナショナリズムとパトリオティズムとの異同」という視点から、すでに多くの議論が積み重ねられている。(6) 例えば橋川文三は、J・J・ルソーらの理解を踏まえ、ナショナリズムとは「懐しい山河や第一次集団への本能に似た愛情ではなく、より抽象的な実体、即ち新しい政治的共同体への忠誠と愛着の感情(7)」なのであり、自然発生的な郷土愛ではないということを強調している。そしてその一方で、中央集権国家を作為するナショナリズムは、概念操作の段階でしばしば、原初的な郷土愛であるパトリオティズムを「有力な補完作用として利用」[8]するとも指摘する。

だが、このような西洋社会から抽象された観念的ナショナリズム論を、そのまま日本ナショナリズムに後づけて理解するのみでは不足であろう。なぜなら、この理論が日本におけるナショナリズムの発生に直接基づくものでない以上、理論に対して現実を整合させてゆく段階で見過ごされてしまう事象が必ずあり、その内にこそ、明治期に体系化する日本ナショナリズムの論理において特殊な、したがって本質的な要素が含まれる可能性を考えざるをえないからだ。明治の初年から二〇年代に至るまでの日本において特殊である事情。それが、旧藩の存在なのだということを、まずはじめにおさえておきたい。

このような観点から、明治期における旧藩という地域カテゴリーの具体的実情に着目した社会文化史研究が、近年多くみられるようになってきた[9]。明治初年における「故郷」を問題とし、「同郷会」という郷土的連帯に着目した成田龍一は、「同郷会には旧藩が大なり小なり影響を与えて[10]」おり、「同郷会で「故郷」を軸に形成されようとするこの共同性は、国民国家の形成と相似形をなしている[11]」とみなした。また、高木博志は、金沢や仙台そして弘前といった地方都市における旧藩顕彰の動きについて、主には日清戦争後の現象として整理しつつ、「明治前期にはつながりえなかった「郷土愛」と「愛国心」との両者が、二〇世紀には連動してゆく[12]」と評価した。つまり、多くの明治人において、「故郷」である旧藩への帰属意識は、「郷国」である「日本」への帰属意識に連続し、展開していったのである。明治中期以後、二つの帰属意識及びその連続は、原初的・自然発生的であり、自明かつ当然のものとなった。日本ナショナリズムの作為を主導した中央政府の意向のみでない地方自治体や地方の名望家たちによる日本ナショナリズムへの主体的参加、あるいは、「官」の勢力のみではない「民」の勢力による日本ナショナリズムへの能動的参入の実態が、あらためて浮き彫りになっている。

「薩摩」や「長州」などいわゆる西国の雄藩出身者が、自身の所属する旧藩に対して素朴な愛着を感じ、また、戊辰の戦勝者としての自負心を抱き、そこから必然的に、郷里を同じくする者同士の結合を強くしていくのは自然な流れであろう。さてここで、「薩摩」や「長州」といった戊辰の戦勝者たちの旧藩カテゴリーが存在していたのとまったく同様に、戊辰の敗者たちが所属した旧藩である「会津」「仙台」「庄内」、そして「南部」など、当時の日本には数多くの旧藩共同体が存在していたことに目を向けてみよう。

西国の雄藩の出身者のみならず、「会津」や「仙台」など東国の旧藩出身者たちも、結局は戊辰の敗戦に至るものとはいえ、その時まで実に数百年間に及ぶ固有の歴史を共有して、強固な団結を維持していた。「会津」や「仙台」などの士族も、その藩国家に所属することは無前提に定まっていたのであり、個人個人、戊辰戦争における敗者という属性は不可避なものとして引き受けざるをえなかった。そしてそれゆえにこそ、彼らが政府中枢から排除されることも決定づけられたのである。

政府中枢から排除され、「藩閥打破」を叫んだ人々においても、現に実在している当の「薩長藩閥」に対抗するためには集団化しなければならない。そしてその場合、「戊辰の敗者という汚名を返上する」という共通のテーマを掲げて、出自を同じくする者同士が自然に集まり協力しあうことになるため、さしあたり自分たちも「藩閥化」しなければならないはずである。したがって、逆説的ではあるがむしろ彼ら戊辰の敗残者においてこそ、旧藩共同体の速やかな解消と、その歴史の忘却とは不可能であったといえるだろう。たとえ、明治四年（一八七一）の廃藩置県によって、藩という体制それ自体が消滅したとしても、そのことがただちに、かつての藩を磁場とする個々人の帰属意識や思考様式、そして共同体原理の解消を決定づけたわけではなかったのである。

三 「津軽」と「南部」

「会津」「仙台」「庄内」「南部」などの旧藩は、現在ともに、日本の東北地方という同一の地域カテゴリーに所属するものとされている。そしてこの東北地方は、戊辰戦争時に奥羽越列藩同盟を結成して、西国諸藩を中心とする明治新政府軍、いわゆる官軍に対抗して敗北したとされるのが、ごく一般的な理解といえる。だがこれは、戊辰戦争が「過去の封建社会の内乱と違って、戦後の処分でほとんど大名の国替えがなかった」ことによって「地方的広さで敗者の地域が固定され」た結果生まれたところの後代の偏見にすぎず、実際にはより複雑な内実がある(13)。

慶應四年一月三日(一八六八年一月二七日)の戊辰戦争勃発を受け、同年五月、仙台において奥羽越列藩同盟が成立した後、「仙台」「庄内」などとともに、この同盟の枢軸として最後まで(明治元年九月〈一八六八年一一月〉まで)官軍に敵対したのが「会津」と「南部」である。ところが、この同盟は結成後まもなく分裂しているのであり、南奥地方の「会津」は別にしても、北奥地方の「南部」が実際に戦戈を交えたのは西国諸藩ではなく、同盟を離脱して官軍側に寝返った同じ北奥羽の「秋田」と「津軽」であった。この内、後者の「津軽」は、「南部」にとって慶長八年(一六〇三)の幕藩体制成立以前からの宿怨浅からぬ、まさに数百年来の仇敵というべき存在だった(14)。

奥羽地方における戊辰戦争が最終局面を迎えていた明治元年九月二三日(一八六八年一一月七日)未明、

突如、約一八〇名から成る「津軽」の軍勢が「南部」領内に攻め込み、約二〇〇名の「南部」の守備隊と戦闘に至る。これが野辺地戦争である。[15]「南部」はこの直後の九月二四日（一八六八年一一月八日）には官軍に対して正式に降伏を申し入れており、戊辰戦争自体が長期化せずに終結したため、「津軽」と「南部」との直接戦闘は激化せずに済んだ。だが、「津軽」「南部」両藩の武士たちにとって、この戦闘の意味は決して小さなものではなかった。

以下に掲出する資料からは、野辺地における戦闘の開始時において、「津軽」の武士たちによる自藩（＝自国）に対する素朴な帰属意識と、敵藩（＝他国）の「南部」に対するおさえがたい反感とが、ともに原初的なものとして表出しているのが確認できる。

而して其の死の尤も憐れむべく又尤も嘉みすべきもの、斥候山田要之進なりとす。此の人天資堅実にして虚飾なし。進軍の前夜同勤の知己、斎藤治郎作氏（現今、璉と改名す）に語りて曰く、今夜の進撃僕初めて、多年の積欝を消散するなりと喜色満面に溢れ、豪気勃然剣を抜き、舞ふて戸壁を乱斫す。又曰く、兄よ、明日の戦は私戦に非ずと雖も、一は朝恩に報い、一は藩祖以来の怨敵を屠戮せん時と思へば、実に千載得がたき好機なり。僕明日潔く決戦し、南部人の心胆を挫折すべしと。滞陣中に於ける数十通の書類を焼棄して一物を遺さざりき。当時、辞世一片を帛布に書して之を戦砲〔ママ〕の肩に結べり、曰く、

落葉なす　あだを見ながら　散らさずば　吹き返さじな　外のはまかぜ　楯雄[16]

津軽藩士の山田（要之進）楯雄は、九月二三日の戦闘で没した。だが、彼の言葉である「藩祖以来の怨敵を屠戮せん」「南部人の心胆を挫折すべし」とは、当時における「津軽」の武士一般の感情を代弁していたとみなすことができる。むろん「朝恩」の語にも注目しなければならないが、ここでより強調されているのは、やはり「津軽人」の反「南部」意識の方だろう。明治元年における、反「南部」感情を多分に含む「津軽人」意識は、山田楯雄のものと大きく異なるものではなかった。

戊辰戦争時にも噴出した「津軽」と「南部」の対決心理は、その後も霧散することなく残存した。こうした「津軽人」の感情は、さらに時代がくだった明治二六年（一八九三）においても依然として確認することができる。以下は、旧津軽藩出身の歴史家だった外崎覚《とのさきかく》（安政六〜昭和七年〈一八五九〜一九三二〉）(17)による、内藤耻叟《ちそう》（文政一〇〜明治三六年〈一八二七〜一九〇三〉）著『徳川十五代史』(18)に対する反駁書の一節になる。

〔『徳川十五代史』の表記で〕世間に於て故らに津軽家を毀害せんと欲するか如きの文句を用ゐたる者、左の数條の多きに至れり。即ち「自称す近衛太政大臣云々」「世々南部に臣たり云々」「為信後安信か孫信直に叛く云々」「為信虚に乗し悉く三郡を奪ひ云々」「自ら津軽右京亮と称す詐て言ふ云々」「後永く南部と同列たりと雖も実は南部氏の叛臣なり」等なり。嗚呼、覚輩の如き津軽地方に成長して数世の間其恩沢を蒙ふる者の感情に於ては、慷慨悲憤、誰か如此の言を放つ者の肉を喰ひ、其骨を水火にするを欲させ〔ママ〕る者あらんや。(19)

旧水戸藩出身の内藤がまとめた徳川時代の歴史書において、津軽家は「自称す近衛太政大臣」「世々南部に臣たり」「為信後安信か孫信直に叛く」「為信虚に乗し悉く三郡を奪ひ」「自ら津軽右京亮と称す詐て言ふ」「後永く南部と同列たりと雖も実は南部氏の叛臣なり」などと表現され、一貫して南部家の「叛臣」として扱われる。外崎は、「薄弱なる証拠、疎漏なる取調を以て如此の断定を下せしは、実に公明正大の思慮を欠く」[20]と述べて内藤の判断が主観的に過ぎるとし、歴史研究者としての客観的批判を試みている。それにしても、『徳川十五代史』のような「南部」側に立った歴史論を公にした内藤に対する「津軽人」外崎の怒りは、「如此の言を放つ者の肉を喰ひ、其骨を水火にするを欲《〔ママ〕》させる者あらんや」といった表現にあらわれるごとく、きわめて主観的であり、それだけに激烈でもある。

さて、こうした主観こそ、廃藩後二〇年以上を経た明治二六年になっても、依然実在していた「津軽地方に成長して数世の間其恩沢を蒙ふる者の感情」であり、原初的・自然発生的な郷土愛の典型と認められる。外崎によれば、この反駁書はもともと内藤耻叟個人に向けたものであり世間に公開する意図はなかったのだが、「知人共余に勧めて」「今之を印刷に附し、広く世間に頒布」するように「再三の勧言に及はれた」ため、公刊されるに至ったということである。[21]ここから、外崎の知人である多くの「津軽人」たちにも、「津軽地方に成長して数世の間其恩沢を蒙ふる者の感情」が当然に共有されていたことがうかがえよう。そしてそのような武士的な「感情」が「印刷」され「広く世間」で——全国的にというより青森県津軽地方で限定的に——読まれることによって、明治の世においても「津軽人」意識は生産され続けるのである。[22]

先述したように、中央集権国家を作為するナショナリズムは、しばしば、原初的・自然発生的な郷土愛であるパトリオティズムを「有力な補完作用として利用」する。したがって、明治前半期を通じて「南部」への対抗心を決して棄てることができない「津軽人」の事例でみた、藩国家（＝自国）への帰属意識の表明は、やがて成立する近代国家としての日本（＝自国）に対する帰属意識に引照してみると、非常に興味深いものといえる。(23)

「故郷」に対する原初的な愛着心（＝愛郷心）は、「故国」に対する原初的な愛着心（＝愛国心）として動員されてゆく。幕末維新期の武士たちが、自らが所属する藩のためその命を懸けることができたように、明治以後の「日本人」たちもまた、自らが所属する祖国「日本」のために力を尽くすべきことを称揚された。そしてそれと同時に、このような「故国」に対する原初的な愛着心（＝愛国心）こそ、他国への対抗心や敵対心を生み出す、そもそもの淵源となってゆく。

四　超克される旧藩

一方、その小さな国同士の対立感情は、他ならぬ「津軽」「南部」出身者によって客観視され、超克されるケースがあった。その一例として、以下、「南部」の出身で近代日本を代表する教育家に成長した新渡戸稲造（文久二～昭和八年〈一八六二～一九三三〉）が、昭和三年（一九二八）の講演で述べていたことを確認しよう。

私等は子供の時に岩手県で育つたが、そこの南部藩は日本でもずつと北の方であるが、私の国よりもつと西北に津軽藩がある。この津軽藩と南部藩とは、背中合せで、犬と猿見たいに仲が悪かつた。道路を作るのでも、南部藩で道路を作るのと、津軽藩で作るのとは、ずうーツと合はないやうに持つて来る。道路並木を作るのにも、南部藩で赤松を並木にすると、津軽藩では黒松でするといふやうに、決して協同的にやらなかつた。何故といへば、それは敵愾心を養つておかぬと、事ある時に、南部のものが津軽に附いたり、裏切つたりする懸念があつたからで、これは日本ばかりではない。

諾威《ノルウエー》と瑞典《スエーデン》などは、言葉も少しは違ふが、人種も同じであるし、先づ東京辺と私の郷里の辺の相違ぐらゐである。同じ言葉で訛の違ふぐらゐなもので、例へばイプセンの書物ならば、諾威語で書いてあつても、瑞典人には悉く読める。大きな声で読むと少しは閊《つか》へるけれども、理解する上には一向差支へない。文学はお互に共通といつてもよいくらゐになつてゐる。けれども、私も自分で経験し実験したことであるが、スカンヂナビヤといふ言葉を使ふと、大へんいやがる。

「スカンヂナビヤではない。諾威は諾威、瑞典は瑞典で、決して一緒ではない。」

といふ。葡萄牙と西班牙にしても、吾々はあれをアイベリアン・ペニンシュラといふ。ところが西班牙人に聞くと、葡萄牙などと一緒になつて、共同の地名を戴くことを潔しとしない。葡萄牙も同様である。(24)

新渡戸において、かつては根深く実在していた日本内部の小さな藩国家同士（「津軽」対「南部」）の対決心理（＝「敵愾心」）がしっかりと把捉され、それがより大きな次元の、ヨーロッパ世界における国民国家同士（「諾威《ノルウエー》」対「瑞典《スエーデン》」、「葡萄牙《ポルトガル》」対「西班牙《スペイン》」）の対決心理に比況されている。

だが、そのような自国対他国の対決心理は、図式化され、相対化され、克服されるべきものとして描き出される。以下は、同じ講演で、「愛国心＝ナショナリスティック・マインド」と「国際心＝インターナショナル・マインド」について新渡戸が述べていたことである。

国際心、即ちインターナショナル・マインドといふ言葉がある。国際心といつても、別にさういふ心があるのではない。たゞ心の持ち方である。心の態度である。故に誰にも用ひられ、また人の意志によつてはどうにでもなる。

例へば、ここに国際問題があつて、仮に相手が亜米利加、此方は日本とすると、ナショナリスティック・マインドで見れば、どうしても自分の国の利益のために、これを解決せねばならぬ。「マイ・カントリー・ライト・オア・ロング」といふ言葉が示す如く、是であれ非であれ、俺の国だから、といふ。これはナショナリスティック・マインドで、これが真の愛国心かどうかは知らないが、普通にいふ愛国心には違ひない。自分の国の利益ばかりを思つて、ちつとも先方のことは考へない。

けれどもインターナショナル・マインドといふものは、さういふ場合に、向うのことも一通り聞いて、なるほど、それももつともだと、或程度までは先方の説を容れ、此方で譲つてやるといふくらゐに、いはゞ高い所からこれを見る。或は一歩退いて、その問題に当る。それに嵌り込まないで、客観的にこれを見る。即ち、この心の持ち方がインターナショナル・マインドであると、かく私は考へてゐる。(25)

前の資料で確認した他国に対する「敵愾心」と同じような心のもち方として、ここでは、「愛国心＝ナショナリスティック・マインド」があげられ、「自分の国の利益ばかりを思つて、ちつとも先方のことは考へない」ことが問題とされているのがわかる。そして、その反対概念である「国際心＝インターナショナル・マインド」の必要性が訴えられている。

新渡戸が「愛国心＝ナショナリスティック・マインド」を超克して「国際心＝インターナショナル・マインド」を主張するそもそもの前提には、彼の「故郷」である「南部」と、「南部」にとっての敵国である「津軽」との対立感情があった。そしておそらくは、「南部人」である新渡戸稲造自身にも、「故郷」の「南部」に対する原初的な「愛国心」と、敵国たる「津軽」に対する「敵愾心」とが、ともにおさえがたいものとして実感された経験があったはずである。(26)

ただ、だからこそ新渡戸は、そのような「南部」に対する「愛国心＝ナショナリスティック・マインド」を相対化することができたのだ。「愛国心」がはじめから存在していなければ、その存在が認識され、客観視され、乗りこえられる経験はなされえない。そしてこの経験ゆえに、新渡戸をして、「国際心」という「心の持ち方」あるいは「心の態度」の実現可能性も確信され、それは「人の意志によつてはどうにでもなる」のだと喧伝されることになったと考えられる。

五　地域的断絶と階層的断絶――福沢諭吉『旧藩情』より

以上にあげた事例にみることができたように、明治前半期において強固に実在していた隣りあう「津軽」と「南部」二つの旧藩の磁場は、両藩の出身者たちが明治期以後に記した論説文にさまざまなかたちで影響を与えていた。

まず、先に取りあげた「津軽」出身の外崎覚の所論と「南部」出身の新渡戸稲造の所論とを対比してみよう。すると、「津軽」の外崎の例でみたような「愛国心」は克服されるべきで、「南部」の新渡戸が主張した「国際心」の育成が大切だというような結論がくだされる場合が往々にしてあるのではないだろうか。だが、これらを引用した理由は、現在の日本において共感しやすい実践的態度を歴史の中から発掘して、そうした「心の持ち方」や「心の態度」が必要であるという主張をなすためではない。むしろ、そういったありきたりの結論を提示して終わるような事態を、歴史学的見地から相対化してみたいと考えるからである。

そもそも、新渡戸が主張したように「国際心」の獲得と保持が「人の意志によつてはどうにでもなる」のかといえば、これは決してそう楽観できることではない。現に、新渡戸が例示したスカンジナビア半島やイベリア半島に実在する「民族」同士の対立感情は、二一世紀に入った現在においても依然根強いものがある。そして実のところ、「津軽」と「南部」の区別も完全に消失してしまったわけではない。世界を見渡せば、新渡戸の講演から八〇年以上を経た今現在でも、ある国やある地域社会において他国・他民族に対する「敵愾心」を克服して「国際心」を養成することはきわめて困難であり、それは「人の意志によってはどうにもならない」という方が真実に近いのではないだろうか。

したがって、現在において採用すべき実践的態度についての議論はとりあえず保留した上で、①明治年間を通じて「津軽」と「南部」の両地域には、戦国期由来の対立感情が残存し、時には再生産されていたこと、②その場が、「愛国心」の実践と「国際心」の理念という、相反する二つの思想を生み出す母体となっていたこと、③そのどちらもが、近代日本を通じて一定の説得力を保持していたこと——以上三点が確認できれば充分である。

さてここで、冒頭に掲げた福沢の小冊子『旧藩情』を再度振り返ってみたい。実は、この小冊子が主要な問題としたのは、今みた「津軽」対「南部」のような自藩（＝自国）と他藩（＝敵国）との間にあった地域的断絶の方ではない。地域的には、例えば同じ「中津」でありながらも、その中に実在した差別、すなわち士農工商の身分差別、さらには同じ士分の内における上士と下士との身分差別という階層的断絶の方であった。明治初年を生きた士族たちには、旧藩を媒介としてかつて同じ主家に仕えた者同士の団結があり、そのような「武士として培われた「名誉意識」[27]」が簡単に霧散することはなかった。そして、同じ士分の中の上士―下士の別という階層の違いもまた、近代以前の社会的状況においては所与のものであり、ほとんど「天然の定則[28]」ですらあったのだ。以下の引用で確認しておこう。

上下両等の士族は、権利を異にし、骨肉の縁を異にし、貧富を異にし、教育を異にし、理財活計の趣を異にし、風俗習慣を異にする者なれば、自から亦、其栄誉の所在も異なり、利害の所関も異ならざるを得ず。栄誉利害を異にすれば、又従て同情相憐むの念も互に厚薄なきを得ず。譬へば、上等の士族が偶然会話の語次にも、以下の者共には言はれぬことなれども、此事は云々と云ふことあり。下等士族も亦、給人分の輩は知らぬことなれども、彼の一條は云々とて、互に竊に疑ふこともあり、憤ることもありて、多年苦々しき有様なりしかども、天下一般、分を守るの教を重んじ、事々物々秩序を存して動かす可らざるの時勢なれば、唯其時勢に制せられて平生の疑念憤怒を外形に発すること能はず、或は忘るゝが如くにして之を発することを知らざりしのみ。[29]

福沢が述べるところにしたがうと、「上下両等の士族」は、「権利」「骨肉の縁」「貧富」「教育」「理財活計の趣」「風俗習慣」「栄誉」「利害」のすべてを異にしていたのであり、そのために「同情相憐むの念」を互いに抱くことができなかった。

そして、このように「上等の士族」と「下等士族」との区別が歴然としてあった一方で、戊辰戦争に参加した板垣退助（天保八～大正八年〈一八三七～一九一九〉）が、「夫《か》の会津が天下の雄藩を以て称せらるゝに拘らず、其《その》亡ぶるに方《あた》つて国に殉ずる者、僅かに五千の士族に過ぎずして、農商工の庶民は皆な荷担して逃避せし状を目撃(30)」したように、「士族」と「農商工」とも峻別されていた。一部の士分の者をのぞいた多くの人民は、自分の居住している藩国家の興亡に責任がなく、したがって主体的関心をもちえない、「客分」の状態にあったのだ(31)。

だが、このような近世由来の階層差別意識に基づく彼我の区分は、明治一〇年（一八七七）の福沢がなした予言通り、それから五〇年後の昭和二年（一九二七）までにほとんど克服されてゆくことになる。本章冒頭でも述べたように、昭和二年時点において帝国日本はすでに複数の海外植民地を獲得しており、これら海外植民地の人民に対していわゆる「内地」の人民が共通に保持していた「わたしは日本人である」というアイデンティティはすでに動かしがたいものだった。それゆえに、昭和三年（一九二八）の新渡戸は、講演で過去を振り返った際に、かつての旧藩共同体を根拠とした人間の断絶について自国（＝「南部」）対他国（＝「津軽」）という地域的断絶の方を問題視し、それについて言及する一方で、同じ「南部」の中に確かに実在していたはずの階層的断絶についてはついに思い出すことがなかったわけである。

つまりこの時の新渡戸は、「国際心」の理想を説くべく「南部」対「津軽」という地域間の対立感情を素材として用いたことによって、実は本人の意図に反して、「日本」及び「日本人」の内部における自国への

「愛国心」と他国・他民族への「敵愾心」の実在を強調し、それを近代における日本ナショナリズムの本質に刻印しているのである。だがその一方で、彼は、かつての日本に実在していた上士対下士、あるいは武士対農工商といった階層間の対立感情を隠蔽することには成功しており、やはり本人の意図しないところで、「日本」及び「日本人」における近世由来の階層的断絶の忘却に貢献したといえる。(32) 彼の主張そのものではなく、彼が主張しなかったことの方に、より重大な意味が隠れているわけである。

このように考えてみると、ちょうど日清開戦の前年にあたる明治二六年（一八九三）の「津軽」で、かつて津軽藩士であった外崎覚によって書かれたパンフレットが「印刷」され、「広く公開」されることが目論まれた事実からも、あらためて日本ナショナリズムの形成に関連する重要な意味を見出すことができる。すなわち、前時代においては武士のみに限定されていたはずの「津軽地方に成長して数世の間其恩沢を蒙ふる者の感情」――「故郷」である「津軽」への帰属意識――を、旧武士層に限らないすべての「津軽人」へと拡散させてゆく思想的運動という側面である。新渡戸による「国際心」の称揚に反して、こちらは、むしろ積極的に地域間の対立感情をよびおこし、そのことで「津軽人」における「津軽」に対する愛郷心＝愛国心を保存しようとした。だがそれによって、かつて実在していたはずの「津軽」内部の異なる階層間の対立感情は隠蔽され、やがては忘却されることになるのである。

水平レベルの地域的断絶の存在について積極的に言挙げすることで、垂直レベルの階層的断絶の方が隠蔽され、劇的に忘却されてゆく――一見相反する主張をなしていたかのようにみえた「南部」の新渡戸と「津軽」の外崎だが、実は両者は、期せずして、郷土愛＝パトリオティズムを媒介とした人々の団結にリアリティをもたせつつ、それと同時に、旧来の階層間差別に言及しないことによって「日本人」を水平化し統合するという日本ナショナリズムの作為に、ともにあずかっていたのである。

六　おわりに

かつて下士であった福沢諭吉が「門閥制度は親の敵《かたき》で御座る[33]」との意識のもとに、明治以後、階層間差別の解消に心血を注いでいたことは周知の話である。『学問のすゝめ』や『文明論之概略』などの主著における幕藩時代の身分制批判はいうに及ばず、ここで取りあげた『旧藩情』における言挙げからも、そのような福沢の意図を読みとることができるだろう。そしてこの福沢の意図が、明治ゼロ年代の啓蒙主義思想として新聞や雑誌に「印刷」され、その記事を読んだ当時の青年たちの内心へと刷り込まれていた。『旧藩情』が書かれた明治一〇年（一八七七）当時、「津軽」の外崎覚は一八歳、「南部」の新渡戸稲造は一五歳で、二人はほぼ同世代であった。将来の彼ら二人は、それぞれ異なる時点で、異なる論点において、異なる立場から、まるで正反対の主張をなした。しかし彼ら二人は、確かに同じ社会的状況のもとで、同じ理解を得ていたと評価することができる。

そして、本書の主人公である原敬と陸羯南の二人も、明治一〇年当時は、二一歳と二〇歳の駆け出しの学生で、外崎覚・新渡戸稲造と同じ時代の空気を吸った若者である。地域的断絶と階層的断絶の二つのベクトルが交錯した旧藩秩序は、明治新政府による法改正を受け、また、当時整備されつつあった新しいメディアの影響下に変質を余儀なくされつつも、明治初年の青年における周囲環境として依然実在のままだった。

では、このような状況のもとで、新渡戸と同じ「南部」の上士階層出身の原敬、そして外崎と同じ「津軽」の下士階層出身の陸羯南は、いかなる自己形成をなしつつあったのだろうか。

原と陸は、同じような社会的状況下にあって同じような経験をした同世代の人間として、この旧藩秩序に対して、ある面においてはまったく同様の認識を共有した。しかし別の面では、「南部」と「津軽」というそれぞれの旧藩秩序にあってまるで違った体験をしたことによって、互いに異なる、自分ならではの思想を体系化してゆくことになる。明治一〇年代において旧藩秩序といかに向きあったかによって、原と陸、各個別々の思想の本質が規定されるのである。

＊　＊

例えば、「南部」出身の原敬はその愛郷心で知られ、彼の地位が向上するに伴って同郷の人々が彼を頼りにし、また彼の方でもよくその世話をしたというエピソードが数多く伝えられている。そればかりでなく、南部藩に藩史がないことを嘆いた彼は、私財を投じて藩史編集委員会を立ちあげ、世に『南部史要』(34)という書物を送り出している。

これとは対照的に、陸羯南の場合は、郷里の旧藩「津軽」との間に相当な距離があったことをを感じさせる。新聞『日本』を主宰していた当時、上京してきた同郷の後輩たちの面倒をよくみていたことは知られるが、それ以外の場面では「津軽」に対して冷淡な対応をみせることが多かった。明治期における『津軽藩史』(35)出版事業の中心人物は前出の外崎覚だったが、外崎をよく知り、中央での文名が高まりつつあった陸が、外崎を代表とする旧藩「津軽」の顕彰事業に対して積極的に関与した様子は確認できない。原と陸、二人の

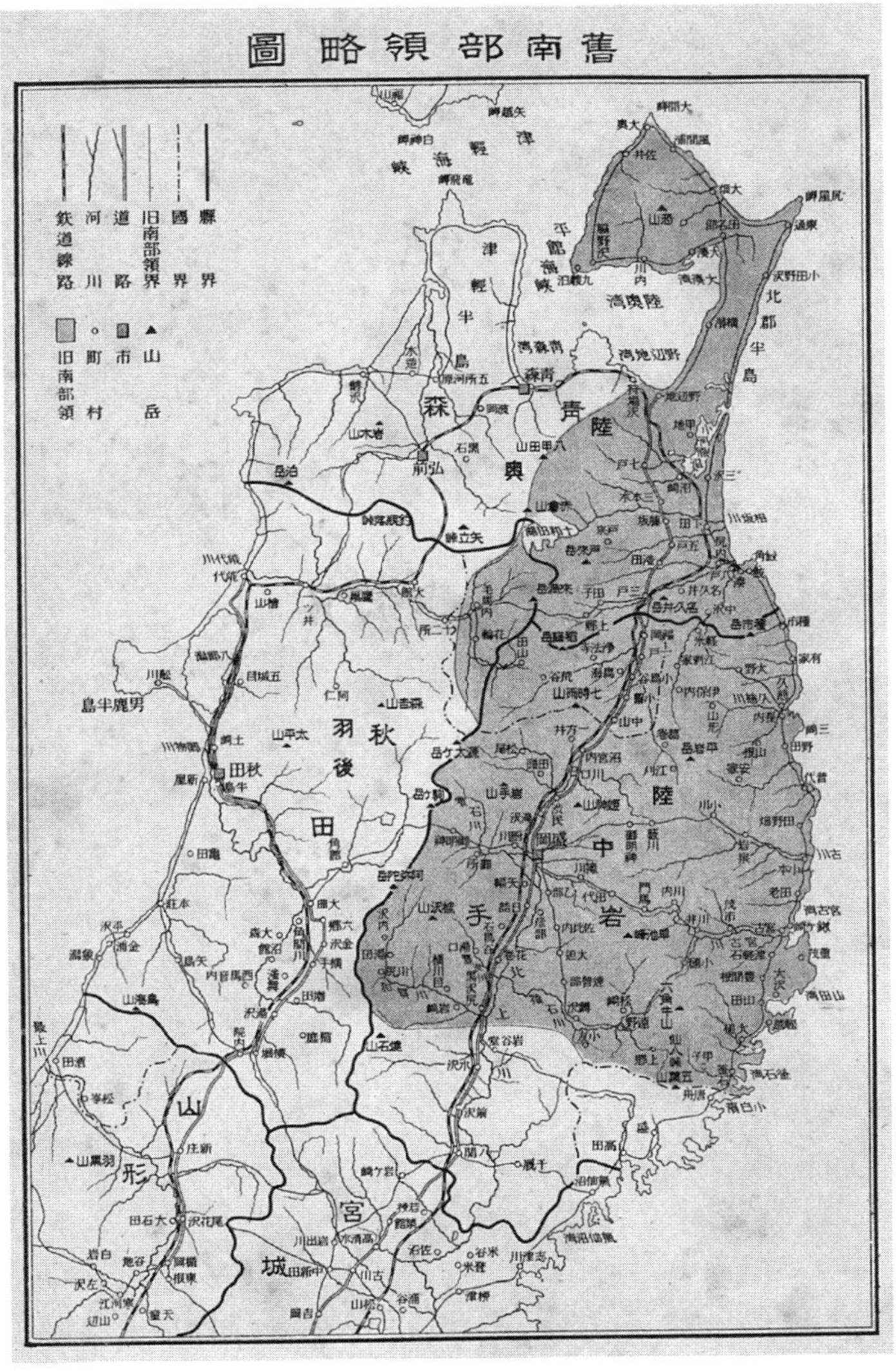

【地図 1】「旧南部領略図」（『南部史要』より転載）

こうした違いはどう考えればよいのだろうか。

以上の視角を得たところで、まず、原敬の修学期に着目し、特にその身分・階層観念がどのようなものであったかについてみることにしよう。すでに述べたように、原は、旧南部藩で家老を輩出した家に生まれている。上士中の上士という家柄を誇ることができたのだが、明治八年（一八七五）六月二七日、一九歳二か月の時に士族籍を脱して平民へと転籍する。この士族から平民への転籍の背景として、具体的にいかなる社会的状況があったのか。そしてこのような転籍を行った明治初年における無名の一青年は、思想史的にどのように評価されるべきなのか。続く第二章で考えることにしたい。

（1）福沢諭吉『福翁自伝』明治三二年（一八九九）六月『福全集〈七〉』七頁。明治の世における旧藩という地域カテゴリーの根拠は江戸時代の藩ということになるはずだが、この「藩」という用語は、江戸時代を通じて一般的だったのではなく、それが広く流通し始めるのは幕末期以降に限られる。旧藩の固有名に関しては、ここで福沢諭吉が「豊前中津奥平藩」と記しているように、①旧国名（「豊前」）、②藩庁所在都市名（「中津」）、③藩主家名（「奥平」）と、三通りの表記が考えられる。これに倣うと、例えば「薩摩」「長州」は、それぞれ「薩摩・大隅鹿児島津藩」「長門・周防萩毛利藩」ということになるが、これでは煩雑になるため、もっとも一般的な通称と思われる①旧国名（「薩摩／長州」）で統一して記したい。だが別の例として、本書の考察対象である原敬と陸羯南の旧藩は、それぞれ「陸奥盛岡南部藩」「陸奥弘前津軽藩」のように①旧国名が同じものになるため、この場合は区別の必要上、やはりもっとも一般的な通称である③藩主家名（「南部／津軽」）を用いるのが適当に思われる。また、「陸奥会津松平藩」の場合などは、①旧国名（「陸奥」）と③藩主家名（「松平」）において同名の旧藩が多数あるため、消去法で②藩庁所在都市名（「会津」）を使う他なく、それがもっとも一般的な通称になっている。よって本書では、旧藩の固有名に関して、①旧国名、②藩庁所在都市名、③藩主家名のいずれかですべてを統一するのは不適当と判断し、各旧藩ごとに現在もっとも一般的な通称を適宜選択して、それを本書の中では一貫して使用することにしたい。

（2）福沢諭吉『旧藩情』明治一〇年（一八七七）五月『福全集〈七〉』二六四頁。

（3）同前。

（4）江戸時代後期においては「藩」ではなく「国」という言葉の使用が普通であった。江戸時代後期の「諸国（＝諸藩）」意識の形成に関しては、横山俊夫「「藩」国家への道――諸国風教触と旅人」林屋辰三郎編『化政文化の研究』岩波書店、一九七六年、八一～一三〇頁を参照のこと。

（5）成田龍一『「故郷」という物語――都市空間の歴史学』吉川弘文館、一九九八年を参照。成田のいう「故郷」と旧藩一般とは概念的にまったく同一といえない。私見では、その差異は一般的「故郷」と異なり旧藩には「士族的連帯」としての特殊性が存する点にあると考えているが、この「士族的連帯」あるいは「士族としての自己意識」については本文に後述する。その要点をあらかじめ述べておくと、士農工商という近世由来の階層的断絶を超越し、どのような階層出身であっても郷里を同じくするという理由だけで同胞意識を感じられるようになるためは、近代ナショナリズムの洗礼を受けねばならない。以下、本書の主人公である原敬・陸羯南の「故郷」は、旧藩「南部」・旧藩「津軽」の特殊性に引きつけて捉えるものである。本書では、原初的郷土愛の根源であり、明治前半期の日本において特殊な旧藩共同体と概念的に近しいカギ括弧付きの「故郷」と、単なる出身地の意味である一般名詞の郷里とを、用語上区別している。同様に、本書で使用するカギ括弧付きの「南部」や「津軽」などといった地域名称は本文に説明する通り特殊な意味を含んでおり、単なる固有名詞として使用する南部藩・津軽藩または青森県などとは概念が異なることを明記しておきたい。「南部人」「津軽人」などとカギ括弧付きで表記する場合は、その人（々）が、その名で表象される共同体に対して無前提に帰属しており、したがって、「士族的な自己意識」を多分に保持しているということを示す。

（6）主な例として、橋川文三『ナショナリズム』紀伊国屋新書、一九六八年の序章や、H・コーンらの議論を下敷きとした渋谷浩「陸羯南の政治批評の論理」『保守政治の論理』北樹出版、一九九四年を参照。なお、ナショナリズムとパトリオティズムの区別については、論者、及び対象となる地域や時代によって、さまざまな論じ方がある。「一つの使い分けは、忠誠ないし愛着の対象の違いで、これ自体も二通りに分かれる。一つは、パトリオティズムが「愛郷心」と訳されるような狭い範囲への愛着を指し、より広い国家への忠誠がナショナリズムだというものである。もう一つは、大小関係が逆になるが、多民族国家においてはその国全体への忠誠心がパトリオティズムで、その中の一つの民族への忠誠心がナショナリズムとなる。……もう一つの使い分けは、どの対象にコミットするかに関わりなく、そのコミットの仕方に注目するものだが、これも一通りではない。単純素朴な愛着心や仲間意識を「愛国心」、より自覚的なイデオロギーを「ナショナリズム」と区別する見方、過度にのめり込む排他的で偏狭な態度を「ナショナリズム」と呼び、より開かれた意識を「愛国主義（ないし愛国心）」とするという区別、あるいは公共性や自由を基礎としたものを「愛国主義（愛国心）」、公共性を欠いた自己中心的意識をナショナリズムと呼ぶという議論、等々がある」（塩川伸明『民族とネイション――ナショナリズムという難問』岩波新書、二〇〇八年、二六～二七頁）。

（7）前掲橋川『ナショナリズム』三七頁。

（8）同前二一頁。

（9）前掲成田『「故郷」という物語』の他、高木博志「桜とナショナリズム――日清戦争以後のソメイヨシノの植樹」西川長夫・渡辺公三編『世紀転換期の国際秩序と国民文化の形成』柏書房、一九九九年、一四七～一七〇頁、同「「郷土愛」と「愛国心」をつなぐもの――近代における「旧藩」の顕彰」『歴史評論』第六五九号、二〇〇五年、真辺将之「明治期「旧藩士」の意識と社会的結合――旧下総佐倉藩士を中心に」『史学雑誌』第一一四編第一号、史学会、二〇〇五年などを参照のこと。

（10）前掲成田『「故郷」という物語』三九頁。

（11）同前五八～五九頁。

（12）前掲高木「「郷土愛」と「愛国心」をつなぐもの」一七頁。

（13）佐々木克『戊辰戦争――敗者の明治維新』中公新書、一九七七年、二一九～二二〇頁。

（14）津軽藩の成立事情、及びその歴史の概略は、今野敏「津軽藩」豊田武編『東北の歴史』中巻、吉川弘文館、一九七三年、第二章第八節を参照のこと。また、修史事業を通じた津軽藩の自己認識に関しては、長谷川成一「近世東北大名の自己意識――北奥と南奥の比較から」渡辺信夫編『東北の歴史再発見――国際化の時代をみつめて』河出書房新社、一九九七年を参照。津軽藩は、津軽為信が、それまでは南部氏の支配下にあった津軽地方（現在の青森県の西半分）を切りとり、戦国末期の天正一八年（一五九〇）において豊臣秀吉から所領安堵されたところに発祥の由来がある。その後、中央の政局を巧みに読みとった為信は、秀吉についで徳川家康からも所領を保証された。こうして、為信を藩祖として成立した津軽藩はそのまま幕末・明治まで存続し、「津軽」という地域観念が成立する――同時に南部藩も幕末まで一貫して存続し、「南部」という地域観念が成立する――ことになる。これによって、有名な「津軽」と「南部」の対立抗争がはじまることとなった。津軽氏が南部氏を快く思う道理があるはずもなく、南部氏にとっても津軽氏ほどのかたきはなかった。そして、これは藩主一族間の問題であるだけでなく、各々の地域に暮らす領民間の問題ともなったのである。江戸時代を通じて、津軽南部両藩は「種々の経済的葛藤からことごとに領民間の争いが絶えず」「犬猿もただならぬ関係にあった」（『岩手県史』第六巻、一九六二年、二〇五頁）ようである。その他、現代の青森県にも影響を及ぼす「津軽」対「南部」問題の、近代初期における具体的表出を扱った論考として、河西英通「地域の意識――〈津軽対南部〉をめぐって」長谷川成一監修、浪川健治・河西英通編『地域ネットワークと社会変容――創造される歴史像』岩田書院、二〇〇八年を参照。

(15) 野辺地戦争の概況については、前掲『岩手県史』第六巻、九一～九三頁、及び『青森県史（旧版）』第五巻、一九二六年、五八八～六二六頁を参照のこと。

(16) 「津軽藩誌附録」『太政官日誌』明治二年（一八六九）二月、同前『青森県史（旧版）』第五巻、六二〇～六二一頁。

(17) 外崎覚については、川村欽吾「外崎覚略伝――明治の津軽びと〈二〉」『東奥義塾研究紀要』第九集、一九七六年を参照。

(18) 明治二五～二六年（一八九二～一八九三）、博文館。

(19) 外崎覚『徳川十五代史中津軽の條を弁論するの書』明治二六年（一八九三）九月、四二～四三頁。

(20) 同前四二頁。

(21) 同前一頁。

(22) 明治二〇年代～三〇年代頃の弘前における旧藩顕彰の概要については、前掲高木「桜とナショナリズム」、同「「郷土愛」と「愛国心」をつなぐもの」を参照。歴代津軽藩主の記念祭や藩史編纂などの事業において中心的な役割を果たしたのが外崎覚であった。士族を中心とした運動は、弘前城址公園の整備とその一般公開、各種式典への市民の参加、さらには学校教育を通じて、士族に限らないさまざまな階層の人々を「津軽人」として統合していったと考えられる。

(23) 以下ここでは試験的に、旧藩を通じた結集原理について「エスニシティ概念」を用いて理解してみたい。社会学で使用されるこの概念は、研究者ごとに定義があると言われるほど多岐多様なものである。エスニシティに関する基本文献は近年膨大な量となっている。ここではその歴史学への応用として、前掲スミス『ネイションとエスニシティ』を参照する。エスニシティという分析概念を定義することは本書の目的ではないので、さしあたって同書の定義にしたがえば、それは、①集団の名前、②共通の血統神話、③歴史の共有、④独自の文化の共有、⑤ある特定の領域との結びつき、⑥連帯感と、六つの基準で捉えられている（二九～三九頁）。旧藩のすべてをエスニック共同体として認めうるか、その適合不適合の度合いは各々の藩の特徴にしたがってさまざまだろう。だが、本書の主人公の一人である陸羯南の「故郷」である旧藩「津軽」は、この基準に照らしてみた時、①「津軽（あるいは弘前）」の名前、②擬制血族としての武士団組織を維持するにあたって信奉された藩祖為信の津軽統一神話、③幕藩体制下二六〇年間国替えのなかった既定事実が称揚された歴史の共有、④特立的で統一度のきわめて高い津軽方言に象徴される独自の文化の共有、⑤津軽富士岩木山とその麓を流れる岩木川によって具体的にイメージされる風景との結びつき、⑥仮想敵「南部」を常に意識することで生じる強固な連帯感と、エスニック共同体としてすべての条件を充分過ぎるほどに満たしている。そして何より、前掲資料中の山田要之進楯雄や外崎覚が表明していた「感情」こそが、明治期において確実に実在していた「津軽」という共同体の結集原理について、「旧藩エスニシティ」として把捉することの妥当性を担保しているといえよう。

(24) 新渡戸稲造『西洋の事情と思想』昭和九年（一九三四）『新渡戸稲造全集』第六巻、教文館、一九六九年、五二三頁。同文は昭和三年（一九二八）の講演速記で、新渡戸の死後に刊行された。

(25) 同前五二一頁。なお新渡戸は、「日本人」によってしばしば唱えられる「愛国心」なる言葉は、実は歴史的伝統もなければ哲学的理想もない、ただの新造語なのだと喝破し、それを批判していた。「近頃の我国では愛国心が最後の決定となつて、愛国心を持ち出せば何でも御尤もに通り、愛国心以上の思想はないやうである。時には人道に反しても愛国心を尊重するやうな傾向が無いでもない。そして此の愛国心なる者が吾々の偉大なる進歩を妨げる場合もなきにしもあらずである。……

一体日本人の中で愛国心の語源を知つて居る者は尠いやうである。愛国心と云ふ文字は古事記になく日本書紀になく、日本外史にもなければ、国史略にもない、勿論徒然草などにあらう筈はない」（新渡戸稲造『人生雑感』大正四年〈一九一五〉『新渡戸稲造全集』第一〇巻、教文館、一九六九年、九五～九六頁。同文は明治三九～大正二年〈一九〇六～一九一三〉までの講演速記）。

(26) 新渡戸稲造の祖父である新渡戸伝《つとう》（寛政五～明治四年〈一七九三～一八七一〉）こそ、先に本文中で触れた、明治元年勃発の野辺地戦争において、終戦処理にあたった南部藩側幹部の一人だった。新渡戸稲造個人としても、「南部」に暮らす人々が「南部人」として敵国「津軽」と対決した記憶とは、決して無縁ではなかった。

(27) 園田英弘・濱名篤・廣田照幸『士族の歴史社会学的研究――武士の近代』名古屋大学出版会、一九九五年、一〇五頁。

(28) 前掲福沢『旧藩情』『福全集〈七〉』二六六頁。

(29) 同前二七一頁。

(30) 板垣退助監修『自由党史』明治四三年（一九一〇）。引用は岩波文庫版上・中・下巻、一九五七～一九五八年より。上巻、二八～二九頁。

(31) 牧原憲夫『客分と国民のあいだ――近代民衆の政治意識』吉川弘文館、一九九八年、八頁。福沢諭吉と板垣退助には民衆における客分意識の払拭という共通の政治的課題があったといえ、階層間差別の解消と平等な国民の創出が目指されたわけである。

(32) E・ルナン（鵜飼哲訳）「国民とは何か」[Ernest Renan, *Qu'est-ce qu'une Nation?*,1882]『国民とは何か』インスクリプト、一九九七年、四七～四八頁。ルナンによって示された「歴史の忘却」は後に読み直され、B・アンダーソンが提唱した「想像の共同体」論を支える重要なテーマとなった。前掲アンダーソン『想像の共同体』参照。明治三三年（一九〇〇）時点の新渡戸による『武士道』の執筆・公刊も、本来武士に限定されていた道徳をかつての農工商を含むすべての日本人の道徳として拡散させたものであると考えれば、それは、かつては歴然と存在していたはずの階層間差別の隠蔽に無意識的に寄与したといえる。

(33) 前掲福沢『福翁自伝』『福全集〈七〉』一一頁。

(34) 菊池悟郎著、明治四四年（一九一一）刊、非売品。

(35) 工藤主善（他山）著、発行人外崎覚、明治二四年（一八九〇）公刊。著者の工藤他山（文政元〜明治二二年〈一八一八〜一八九九〉）は旧津軽藩の藩儒を務め、少年時代の中田実はこの工藤が主宰する私塾思斉堂で学んでいる。外崎覚は工藤の次男であり、陸と同門であった。

第二章　明治啓蒙主義の内面化――〝士族の超越〟

一　はじめに

「平民宰相」として知られる原敬が、その遺言書の冒頭において「死去の際位階勲等の陞叙は余の絶対に好まざる所」[1]である旨を明記していたことは、近代日本史上の有名な挿話の一つである。そしてその彼が、実は旧南部藩の家老格の家の子弟であり、前時代の家格でいえば、明治・大正期の内閣総理大臣の中では西園寺公望をのぞいてもっとも高位にあったということも、今では広く知られた事実である。ところが、彼がどのような経緯で士族から平民へと転籍したのか、そしてその行動を支えていた彼の理念、思考様式はいかなるものであったのか、という点については、未だ充分な検討を経てはいないといえる。

上記の課題を得たところで、本章では、明治八年（一八七五）六月二七日、一九歳二か月の原敬が実行した士族の族籍放棄と平民としての分家独立をハイライトに、思想形成期の彼を、明治啓蒙主義が流行していた当時の社会的状況の中で解析してみようと思う[2]。原敬における「文明の精神」の内在性を、彼のなした実際行動との関連において評価し、その地点から、明治啓蒙主義の成果を逆照射する一試論を提示してみたい。

二　青年原敬の〝横軸〟

従来の研究史では、原敬の上京～司法省法学校入学前の時代（明治四～九年〈一八七一～一八七六〉）は、後年立憲政友会を主宰し内閣総理大臣にまでのぼりつめる人物の青春時代として位置づけられ、やがて「力の政治家」となることがすでに定まっている人間の単なる前段階として考察されたに過ぎない(3)。戦前に刊行された伝記の前田蓮山著『原敬伝』を踏まえた服部之総は、原には「二十五六歳以後思想の発展がなかった(4)」との前提から、青年期の彼においても、後々まで一貫する「絶対主義政治家(5)」の資質を見出した。他方、原は「絶対主義政治家」というよりも「ブルジョア政治家」である、との対抗定義で説明され、山本四郎によって「絶対主義の残りかすをもちながらも、ブルジョア政治家としての性格のほうが、はるかにつよい(6)」という折衷的見解が示されている。

以上の研究史を概観してみると、青年期の原に対しては、マルクス主義の歴史観に依拠した各研究者による、後年の「平民宰相原敬」のイメージを敷衍した分析が加えられてきたのみであったことに気づく。いわば、原の〝縦軸〟に傾斜した理解である(7)。そこでは、明治初年の歴史的文脈の中で若かりし原敬個人の思考様式を明らかにすることや、青年期の原個人を通じて明治初年当時の社会情勢・思想状況を分析してみることには、二次的な意味しか求められていなかったということができる。

だが、本書の着眼はこれとは異なる。マルクス主義をベースとした日本近代史理解の見直しが進む今日、原が「絶対主義的」なのか、それとも「ブルジョア民主主義的」であるのかといった定義づけをすることに対しては意味を求めない。やがて官僚から転身した原が、立憲政友会に加わって権力を得て、大正期の日本に政党政治を現出させるという将来図はとりあえず脇に置き、本章の分析が企図するのは、明治四～九年当時における青年原敬の〝横軸〟からの理解である。よって以下の考察では、その対象を原一人に限るのではなく、彼を中心に当時の日本社会を立体的に眺める。つまり、いわゆる「有名政治家」や「頂点思想家」を考察対象とするのではなく、明治初年における無名の一青年の思想形成過程を追うことになる。

明治啓蒙主義の鼓吹を経て士族民権運動の全国的流行が現出するこの年代は、従来、政治思想的には、「自由主義―保守主義」といった二項対立の図式で把握され、「民＝自由主義」対「官＝保守主義」とした上で前者の節度を守った者がクローズアップされてきた。(8) 他方、学知の様式に関しては、「伝統―近代」「漢学―洋学」といったやはり二項対立の図式に基づいて、漸次「伝統＝漢学」的思考様式が解体し、「近代＝洋学」的思考様式が定着してゆく過渡期として理解される傾向にあった。(9)

だが、以上の通史的理解では、そもそも、何をもって「民／官」「自由／保守」とし、また、何をもって「伝統／近代」とするのかという二項対立の定義が個々の論者に委ねられており、結局、通念とよぶべきものを形成するには至らなかった。その後の諸研究によっても提起されてきたように、明治初年を生きた群像を評価するにあたっては、その人物が啓蒙主義を唱えたから、自由民権運動に参加した――自由党・改進党員だった、福島事件・秩父事件など激化事件に関与した――から、自由主義者であり近代的な思考を有した、あるいは、その運動に反対する立場にあった――立憲帝政党に参加した、官僚だった――から、保守主義者であり伝統的な思考を有した、という表層的な二元論による理解は不可能である。(10) 当時の思想状況を捉えるにあたっては、この種の二元論的図式に基づいた理解を踏まえつつも、さらに多角的かつ複合的にみるべき問題が存在している。

ここで着目するべきは、近年における、自由民権運動をめぐる社会文化史研究の著しい進展である。そこでは、建白書の上奏、あるいは新聞や雑誌といったまったく新しいメディア環境の整備、さらには学術結社や政治結社、演説会や運動会といった「場」の形成を重視する立場から、明治初年の思想空間を多元的に捉え直すことが試みられている。(11) その代表的論者である稲田雅洋は、「官僚たちの意図」で明治五～六年（一八七二～一八七三）以後に新聞縦覧所（あるいは新聞閲覧所）を通じて全国的に普及していった新聞を自由民権運動の母胎として重視し、新聞に「一方的に支配されるだけの対象」ではない「近代国家の成員としてのアイデンティティ」をもつ「国民」の形成が託されていたと指摘する。(12) その上で、中央紙に限らず地方紙にも整備されるようになった投書欄を積極的に価値づけ、新聞の役割が「すでに一方的な情報の伝達者にとどまるものではなかった(13)」と評価している。情報の発信／受信の双方向性を担保してくれる装置として、新聞、特にその投書欄は機能していた。新聞の読者は単なる客体ではなく、投書欄は能動的主体形成の「場」だったのである。

そしてこの「場」こそ、明治啓蒙主義が根城としていた思想空間であった。青年期の原敬を取り巻く状況とは、「官」「民」双方の思惑による社会への啓蒙主義の浸透に他ならない。新聞の登場時、未だ一〇代で思想形成期にあった無名の青年たちは、前代から引き続いた状況に埋没し、客体として、この新しい環境から影響を受け、変容をこうむる存在でしかなかったといえる。だが、新しいメディア環境の恩恵を享受して、無名の青年たちは文字通り「啓蒙」されたのであり、対自的に自己及び自己を取り巻く時局を眺める視点を獲得するとともに、政治思想を担う主体としての成長をはじめていた。

彼らの内の幾名かは、続く明治一〇年代において全国的な展開をみせた自由民権運動に能動的に参加し、政府権力と対決する道を選択してゆくことになる。だがここでは、同じ明治初年の新しいメディア環境が、やがては反自由民権運動を担うことになる政治主体にも深刻な影響を与えたという事実に、より一層の注意を払いたい。本書の主人公の一人である原敬も、新聞読者／投書記者として積極的に新しいメディアを利用している。この観点から青年原敬の思想形成を理解するにあたって、本章では、明治八年（一八七五）六月二七日における原の士族から平民への転籍に注目するのである。

それでは、原敬が新聞の投書欄に関わった最初の時点――現存資料で確認できる限り――である明治七年（一八七四）一一月まで時間を戻してみることにしよう。

三　明治啓蒙主義と新聞読者／投書記者原敬

すでに多くの先行研究によっても指摘されている通り、戊辰戦争における南部藩の敗北と、全国の廃藩置県に一年先立つ南部藩の廃藩（明治三年七月一〇日〈一八七〇年八月六日〉）は、当時まだ一〇代前半の少年期にあった原敬に物心両面で大きな影響を及ぼした。南部藩は「賊軍」という汚名を被ったままあえなく消滅してしまったのであり、そのレッテルはすべての「南部人」たちを永遠に拘束するものであるかのように思われた。後の原が、官軍によって揶揄された「白河以北一山百文」の句に由来する「一山（逸山）」と号し、「薩摩」「長州」などの藩閥権力に対する敵愾心を燃やすのも、すべてはこの戊辰の因縁にはじまるのである。

原敬の生家に視点を限ってみても、戊辰敗戦前後のどさくさにあって幾多の不幸にみまわれたことが記憶されている。かつて家老を輩出した盛岡の名家は、特にその経済面において急激な没落に直面していた。そのような家にあって、少年期の原が己に課したのは、まず何よりも経済的自立であり、それを実現する手段としての修学であった。

明治四年（一八七一）冬、修学のため一五歳にして郷里盛岡を離れて上京していた原敬は、やがて実家からの仕送りが途絶えてしまったせいで在京の私塾に学費を払えず、上京の目的を果たせない事態に陥る。この時のエピソードを一つ紹介しよう。

一八七二年は原にとって大波瀾の年であった。母は家財道具を売って学資を工面していたが、一夜泥棒が入って凡て持ち去られた。学資が途絶えたので、亡父の妹の嫁ぎ先の工藤家から援助を申し出たが、原は断った。当時原とともに出京していた友人栃内元吉の後年の話によると、栃内は、原は援助してくれる親戚があるので羨ましいと思っていたが、彼はキッパリ断った、援助を受ければ生涯工藤家の子息に頭があがらぬと言っていた、今更ながらその強情には驚いた(14)……。

ここで、いったん原敬個人を離れて当時の言論社会をみてみたい。明治五年（一八七二）は福沢諭吉の『学問のすゝめ』の公刊がはじまった年である。原が『学問のすゝめ』を読んだという確実な記録は残されていないものの、右に掲げたエピソードからは、原がこの時点で体得していた思考と行動の様式と、明治啓蒙主義との思想的親和性を連想できる。「援助を受ければ生涯工藤家の子息に頭があがらぬ」といって親戚からの学資援助を突っぱねた一六歳の原敬が、後に、「他人の財に依らざる独立」、あるいは「有形の独立

（＝生計の独立）」の大切を説く『学問のすゝめ』第三編（明治六年〈一八七三〉一二月）を読んで、共感と同情を寄せるであろうことは想像にかたくない。[15]となれば、福沢が経済的独立と密接不可分の関係にあると捉えて論じる「他人の智恵に依らざる独立」、あるいは「無形の独立（＝精神の独立）」の方も、修学期の原にとっては重要な示唆となるはずである。[16]

さて、困窮に苦しんだ原は、この年の冬にフランス人宣教師マリンの主宰する天主堂神学塾に入塾し、ついで、翌明治六年四月から明治八年（一八七五）五月までの丸二年間は、マリンの友人であった宣教師エブラル付の従者となって、キリスト教布教のため日本国内の各地を移動している。[17]時に一七〜一九歳だった原は、このエブラルから、フランス語やキリスト教をはじめとする西洋文化を学んだ。そして、この時点で彼が見知った西洋文化の一つに、当時ようやく日本にも普及しはじめていた新聞があったのである。

次の引用は、明治七年（一八七四）一一月、新潟に滞留していた時点の原がその土地の新聞に投書した記事の一節である。

我か一大地球に、開化文明を以て称せらるゝもの、人民各箇の精神に在て、決して形躰利用の華色にあらず。然るに往々半開の人民は、彼の形躰利用の華色にのみ垂涎して、此形躰利用の華色を致すゆゑん、則ち精神開明に在ることを知らず。[18]

当時の新潟は単なる一地方都市ではなく、安政の五か国条約に基づく明治元年一一月（一八六九年一月）の開港以来、他地域に先駆けて西洋の文物が流入した国内先進都市だった。現地に移住し、その様子を観察した原は、新しく整備された港湾都市の急速な発展に驚きつつも、「開化文明」は「人民各箇の精神に在て、決して形躰利用の華色」ではないと述べる。その上で、物質的な「文明」化を喜ぶのは「半開の人民」に過ぎず、「文明」の「形躰利用の華色」の根源は人民の「精神開明に在る」として、新潟の住民に向けての警鐘を鳴らしたのであった。

ここで、再び原敬個人を離れて、当時の言論空間に目を向けてみたい。すると、原の「文明論」は、福沢諭吉の『文明論之概略』の冒頭文である「文明論とは人の精神発達の議論なり」を彷彿とさせる内容をもち、同書第二章「西洋の文明を目的とする事」、及び第三章「文明の本旨を論ず」において理論化されることになる主張と同様のものであることに気づくだろう。(19)『文明論之概略』の刊行は明治八年四月であり、原が新潟の新聞に投書した時点からやや遅れる。だがそのことはもちろん、一八歳だった原が、福沢に先行して独自の理論を形成していたことを示すのではない。彼が、この時順次刊行されていた福沢の『学問のすゝめ』やその他『明六雑誌』所収の先進言論人による諸論文に学び、影響を受けたことを証明するのである。

次にあげるのは、よく知られた『学問のすゝめ』第五編の一節（［資料①］）、及び『明六雑誌』第三号に掲載された西村茂樹（文政一一～明治三五年〈一八二八～一九〇二〉）「陳言一則」の一節（［資料②］）である。これらの論説の公刊は、原の投書に先立つ明治七年の一月、及び三月のことであった。

［資料①］　国の文明は形を以て評す可らず。学校と云ひ、工業と云ひ、陸軍と云ひ、海軍と云ふも、皆是れ文明の形のみ。この形を作るは難きに非ず、唯銭を以て買ふ可しと雖ども、こゝに又無形の一物あり、この物たるや、目見る可らず、耳聞く可らず、売買す可らず、貸借す可らず、普く国人の間に位し

て其作用甚だ強く、この物あらざれば彼の学校以下の諸件も実の用を為さず、真にこれを文明の精神と云ふ可き至大至重のものなり。蓋し其者とは何ぞや。云く、人民独立の気力、即是なり。[20]

［資料②］　近年以来、民の智識日に開け、工芸技術おおいにその等を進むといえども、旧来固有せし強毅質直の気は漸々に衰減し、今日に至りその弊風すこぶる希臘、羅馬の末世に似たり。あに畏るべきの甚しきにあらずや。それ工芸技術は太平を装飾するの具にして、国を維持するの具にあらず。よく国を維持すべきは、ただ民の心術と操行とにあるのみ。[21]

F・ギゾーやT・バックルから示唆を得た福沢[22]は、「国の文明」とは、学校や工業といった「文明の形」の整備によって評価できるものではなく、「文明の形」の大本である「文明の精神」、すなわち「人民独立の気力」こそが「至大至重」だとしている。[23]また、「西国の史を読み、深く感[24]」じた西村も、「工芸技術」より「民の心術と操行」を優先すべきであるとし、福沢とは異なる語を用いながらも、ほぼ同じ趣旨のことを論じている。となれば、おそらく原は新潟に赴任する以前にこれらの文章に触れることがあったのだと想定しうるだろう。彼は、在京時に印刷物を読んだことによって受容した価値基準に基づいて新潟という現場を批判的に捉え、その観察結果を地方紙上に発信したことになる。

以上のように、新聞の投書欄という新時代の器を早速活用している原からは、稲田雅洋が指摘した「近代国家の成員としてのアイデンティティ」をもつ「国民」、明治啓蒙主義に由来する新知識・新思想の一方的な受信者にとどまらない、発信者としての側面を捉えることができる。よって、彼はいち早く西洋文化を消化し、西洋由来の近代的思考様式を体得していたかにみえる。だが、個人の主義主張とは多分に周囲環境によって規定されるものである。そうである以上、記事に「人民各箇の精神」「精神開明」云々とあっても、単に先人の言葉を模倣しただけのものであるのならば、それが即、記述者自身における「文明の精神」たる「独立の気力」が内在する証拠とはならない。

実際、「私立為業」の大事を説いた福沢諭吉は、この時点から四半世紀後に、ある「外国修業の書生」が「僕は畢生独立の覚悟で政府仕官は思ひも寄らぬ、なんかんと鹿爪らしく私方へ来て満腹の気焔を吐」いていたにもかかわらず、いつの間にか「何省の書記官に為り、運の好い奴は地方官になつて居る」ことを揶揄している。(25)だから福沢にいわせれば、やがては官僚となる原についても、その「独立の覚悟」など欺瞞でしかないということになるのかもしれない。

明治七年一一月の原の投書については、彼における記事内容の思想内在性に引きつけて、みておくべきエピソードがもう一つある。以下は原による投書後の備忘録である。

右の投書を投せし所、本新聞社則ち坪井活版社にて大に章句を取捨し、恣に斧鉞を加へて、全文の大意は誤らざれとも、文中大に齟齬して、却て我意想を顕せし文章の如きものにあらず。依之厳談の上本稿を引取り、新楮上に右の件を登録して其の過失を謝せしむ。(26)

自身の文章が改変されてしまったことに対する新聞社への抗議は、傲然ともいうべき彼の自尊心の発現である。このような行動に、啓蒙思想家が主張した「独立の気力」、それについて原が復唱した「各箇の精神」

の一端が顕在化したのだといえよう。

だがそれにしても、以上にみた投書記事とその後の抗議行動との連続のみでは、青年原敬における「独立の気力」「各箇の精神」の内在性を論じる根拠としては、まだまだ薄弱なものでしかない。

四　「分家帰商」——思想の具現化

ある人物の思想の内在性とは、その主義主張が彼において具現化される時点、思考が何らかの具体的行動に結びつくその関連を捉えることで、ようやく評価しうるものと考えるべきである。前節にみた通り、西村茂樹も、「心術」（＝精神）と「操行」（＝行動）とを不可分のものとしている。そこで以下引き続き、原敬における「独立の気力」「各箇の精神」の思想内在性についての考察を進めたい。

この問題を考えるにあたっていよいよ注視するのが、前節の時点から約七か月後の明治八年（一八七五）六月二七日に、原敬が士族より平民へと転籍した事実である。なぜなら、当時においては「士族という族籍自身に平民とは異なる「名誉意識」が付与されていた[27]」からである。まして、原が旧南部藩の家老格の家柄の子で上士中の上士ともいうべき出自を誇ってよい立場にあったことを考えれば、この平民転籍＝士族籍の放棄という行動を支えるに足る、何らかの強力な思想的根拠の存在を想定することができる。むろん、個人があらゆる伝統的因習を相対化し、社会的価値基準から完全に孤立することなどは不可能だろう。以下は、原における「独立の気力」「各箇の精神」の発現を「士族としての「名誉意識」からの自立」という一点から検証するものである。

まずは、原自身の手による自歴録をみてみよう。

〔明治〕八年、故有つて帰省を為す。恵氏〔エブラル〕も亦た東北游の志有り。四月十四日を以て倶に新潟を発す。……五月廿一日を以て帰郷す。恵氏と分携す。八年六月廿七日、分家帰商の時、年十九歳二箇月。(28)

以上の通り、ここでは、新潟から盛岡に帰郷し、エブラルと別れて「分家帰商」したという事実が淡々と記されるのみである。

ここで三たび原敬個人を離れ、当時の言論空間を眺める。

新潟での原の投書から約四か月を経過した明治八年の三月から四月にかけて、研究史上「士族民権論争」（あるいは「士族選挙権論争」）とされる論争が、『東京日日新聞』（以下『東日』）と『郵便報知新聞』（以下『報知』）を軸になされている。(29) 自他ともに「御用新聞」たることを任じ、政府との距離が近かった『東日』の主筆福地源一郎（天保一二〜明治三九年〈一八四一〜一九〇六〉）は、民撰議院設立建白以後西南戦争以前のこの時点で、不平士族たちが主導する反政府的風潮の高まりを危惧していた。そして以下みるように、士族民権論に対する批判を展開したのであった。

憾む所は、此民権を唱るの士族は其身固より民権の有無に関係なきより、徒らに之を以て立身の奇貨とし、仕途の口実とするに過ぎず。……見よ、今日の士族は彼の故主なりし華族ともろ共に、人民の保庇を蒙る所の居候たるを以て、仮令何等の特例を蒙り栄爵を受るとも、人民より見る時は條理に於て養育院・救貧院の観なきを免れず。何んぞ富良の人民に比しき権理を有するの理あらんや。(30)

福地は、士族を人民の「居候」と断じ、そのような者に「富良の人民に比しき権理」を与えるなど論外であるとした。これを受け、民権は士族に限って認めるべきであるとの持論を基に『東日』と対決した「民権派新聞」の『報知』は、次のような論説を掲げ、士族を擁護する立場を打ち出した。

吾国にて、高尚の志を抱き恥を知り義を重んし、其志一家の私情に止まらす、天下の重きを以て自から任するものは、士族中の多きに如くもの無し。是を以て、戊辰前後内憂外患の際に当て、其艱苦を忍び国の独立を維持し甚たしく其面目を失はす。又政府一新の功をも奏し、且つ欧米の文化を伝へ其学に従事し進取の功を謀るの速かなるもの、亦士族の功多きに居ると云はさるを得す。(31)

この後も、『東日』と『報知』との応酬が続き、『朝野新聞』など他の新聞・雑誌を巻き込みつつも、やがて論争は収束してゆくことになる。

さて、この時一九歳で、エブラルとともに新潟に滞留していた原敬は、『東日』と『報知』との論争を知っていたのだろうか。『原敬関係文書』を通覧してみても、当時の原が、士族という伝統的身分や旧南部藩において家老格の家の子であった自身のかつての身分意識について、直接に言及した文章を発見することはできない。だが、彼が新潟で該時期の『東日』を閲読していた事実が確認でき、以下にみるように、間接的とはいえ、彼が士族民権論を強硬に否定した『東日』を支持していたのを認めることができる。

原が注目した記事は、『東日』第九四四号（明治八年二月二六日号）の「雑報」で、一人の「車夫」が強盗に襲われた大阪の商人を救った事件について報道したものであった。該時期の『東日』の立場に照らして、明治初年当時、卑賤の者とされた「車夫」の義挙を称揚したこの記事は、家柄や身分が人物の価値を決定するものではないという主張に他ならない。ここに、士族民権論を主張する不平士族たちを牽制する『東日』の編集方針が透けてみえるだろう。

原はこの「雑報」記事を特記事項として扱う。「士族民権論争」が各紙面を賑わすようになった翌三月になってまとめられた感想文の要点は、以下の通りであった。

> 原子曰く……貴顕にして醜行奸邪為さざること無き者有り。貧賤にして潔廉忠信貴重すべき者有り。然して世多くは其の人爵に眩んで其の天爵を察せず、其の甚だしきに至りては、則ち曰く、是れ車夫なり、いゝゝ、是れ御卒なり、ゝ、と。以て倶に歯するを恥づ。而して一たび貴顕の人に遇へば、則ち曰く、某宦なり、某位なり、と。畏縮致敬するに非ざれば、則ち諂諛售媚せんと欲す。何ぞ其の誤ることの甚だしきや。[32]

文中にみられる「人爵」「天爵」は、『孟子』の用語である。[33] ここでは、原が、社会的な地位・身分（＝「人爵」）が人間の価値を決めるのではなく、「仁義忠信」といった天賦の徳性（＝「天爵」）を体現する個人の精神が大切だと痛感しているのがわかる。たとえ「貧賤」の「車夫」であっても、その性質が「潔廉忠信」で「貴重すべき者」は多い。その逆に、「貴顕」の地位にあっても、「醜行奸邪」をなす者は決して少なくない。

だが、ここでさらに注目しなければならないのは、「則ち曰く、是れ車夫なり、是れ御卒なり、と。以て倶に歯するを恥づ」の一句だろう。「車夫」が『東日』の記事で称賛された人物であることはいうまでもないが、それではこれに続く「御卒」とは、一体、誰のことなのであろうか。一見、唐突にあらわれたようにも思われるのだが、この時の原敬が西洋人宣教師の従卒であった事実を顧みれば、この「御卒」が、実は原敬自身を指していることに気づく。つまりこの文章の存在は、明治八年当時の原敬が、周囲の人間から「是れ御卒なり」と蔑まれ、「車夫」などと同じく「倶に歯するを恥づ」との視線を被る境遇にあり、その屈辱に耐え忍ばざるをえなかった現実を示しているのである。よってこの『東日』の記事は、一九歳当時の原にとって大きな支えになったと考えられる。

またこの直前の一月、実家からの手紙で、原は、若くして原家の当主となっていた兄の原恭《ゆたか》（嘉永四？〜大正七年〈一八五一？〜一九一八〉）に長男が生まれたことを知らされた。そして、「夫れ士の大名を当時に受け、芳を万世に伝ふるもの、天性に出ると雖、抑も亦た教育に依らざるものなし。故に欧米各国の民法に設るも、亦た夫妻の急務、子孫を教育するより大なるものなしと云ふ[34]」との返信を書き送っている。原は兄に対して、「欧米各国の民法」に明記されている「教育」への注意を喚起した[35]。ここにも、人間の価値とはその生まれついた家柄によって先天的に決定されるのではなく、「教育」によって後天的に獲得するものなのだという実感が込められている。「世多くは其の人爵に眩んで其の天爵を察せず」と嘆じ、「天爵」の修養を重んじていた彼の内心をうかがうことができるだろう。

以上の価値基準を前提に、やがて帰郷した原敬は分家して新たな家を興し、それと同時に士族から平民への転籍を果たすのである。

まず、この分家転籍は、原敬が次男だったからこそ可能だった点に注意しなければならない。神島二郎は、幕末維新の変革は、長男による旧来の「家」の自衛と次男・三男による新たな「家」の創設という二つの運動として展開され、こうした運動の発展的帰結として、明治の新社会が形成されたと指摘している[36]。原家の場合は、すでにその家督を相続していた嫡男の恭があり、彼が「旧来の「家」」、すなわちかつての南部藩高知家格の伝統をしっかりと守っていた。その環境があればこそ、恭の弟であり、原家の次男であった敬は、新しい「家」を興すことができたのである。しかもその新しい「家」の経営――「無形の独立（＝精神の独立）」の前提である「有形の独立（＝生計の独立）」の計画――にあたっては、自分自身の主体性にまかせた自由な選択が可能だったわけである[37]。

そのような変化しつつある社会状況を踏まえた明治七～八年の言論空間において、啓蒙思想家たちが人民各個人における「文明の精神＝独立の気力」の必要を強調し、他方、多数の論客が「士族民権論争」に加わって国政に参与する者の資格について論じていた。そしてこれらの風潮に対して、新聞・雑誌の一読者であった原敬も敏感な反応を示した、ということになる。以上の背景を踏まえることで、原の平民としての分家独立、士族という既存身分の自己否定を伴っての自家独立を、唐突で不自然な現象ではない、必然の成り行きのもとに理解することができる。

それは、伝統的特権階層にア・プリオリに従属していた自己を対自的に顧みた思考の結果としての決断だったのであり、「文明の精神＝独立の気力」の具現化、明治啓蒙主義の内面化と評して問題のないものだろう。本章の冒頭に掲げた遺書の一節で確認したごとく、原はこの後、「位階勲等の陞叙は余の絶対に好まざる所」との意識を死に臨むまで一貫して保持し続けることになる[38]。したがって原の平民転籍は、単なる徴兵逃れ、あるいは秩禄処分への便乗という外在的契機による帳簿上の変化のみではない、思想内在的根拠をもつ転換――〝士族の超越〟――として評価すべき行動である。

なお、本書の着眼から付言しておくと、これは、前章で取りあげた福沢の階層間差別解消論に対する原敬の共鳴でもある。福沢のような下士だけではなく、上士の身分にあった原敬のような青年が能動的に士族籍を棄てることができたことによって、かつての日本に実在していた垂直レベルの階層的断絶が、これ以後劇的に忘却されていくことになるのだ。

五　司法省法学校入学と武士的「名誉意識」の充足

前節までに、原敬における〝士族の超越〟及び、その背景にあった明治啓蒙主義由来の思考様式を捉えてきた。ここであらためて留意したいのが、通説的な二元論の図式においては、西洋由来の近代的思考様式によって駆逐されるべきものでしかないように思われる東洋由来の伝統的思考様式、漢学の思考様式である。

すでに確認した通り、原の平民転籍の背景には『孟子』の「天爵」「人爵」といった理念が存した。「分家帰商」した時点で一九歳二か月だった原は、それまでの読書歴をまとめているのだが、そこには、在郷時には旧藩校作人館で、上京後には那珂通高（文政一〇～明治一二年〈一八二七～一八七九〉）のもとで学んだ漢籍の数々が列挙されている（【表1】参照）。『原敬関係文書』に収められた、当時の文章もすべて漢文である。このように、原が漢学に基礎づけられた伝統的思考様式を保持していた一面を等閑視してはなるまい。

岩手県平民
原　敬
十九歳二ケ月

最初藩学校へ入学。明治四年上京。東京府士族那珂通高に随ひ、漢学修業其後洋学に転す。

十八史略・元明史略・国史略・史記・前後漢書・晋書・唐書・資治通鑑・温公通鑑・唐鑑・歴史綱鑑補・綱鑑易知録・宋元通鑑・貞観政要・戦国策・東坡策・三国志・四書五経・左氏伝・唐宋八大家読本(ママ)〔唐宋八大家文読本〕・文体明弁・文章規(ママ)〔軌〕範・陸宣公奏議・李忠定公奏議・宋名臣言行録・靖献遺言・古文真宝・続文章規(ママ)〔軌〕範・方正学文集(ママ)〔粋〕・魏叔子文集・山陽遺稿・同文稿・宕陰存稿・今世名家文抄(ママ)〔鈔〕・大日本史・日本書紀・続日本記(ママ)〔紀〕・日本後記(ママ)〔紀〕・日本政記・日本外史・国史賛(ママ)〔纂〕論・国史紀事本末・皇朝戦(ママ)〔史〕略・逸史・令義解・職原抄・延喜式・通語・通議・新論・新律綱領・改定律領(ママ)〔例〕・仏蘭西法律書

【表1】原敬「修業歴控」（『原文書〈4〉』より）

前節でみた兄への手紙にも、「果して教育其所を得るか、華盛東の智、奈破翁の勇、孔孟の学も、豈得難からんや」[39]とある。原は、「教育」を通じて獲得される「精神の独立」は、ワシントンやナポレオンを象徴的偉人とする西洋に独占されたものではなく、孔子・孟子の学にも通じる理念として理解していた。原における伝統的社会身分たる士族の族籍放棄は、まさにその士族階層において伝統的に育まれていた思考様式に基づいてなされたといえる。となればここには、福沢諭吉が「東洋の儒教主義と西洋の文明主義と比較して見るに、東洋になきものは、有形に於て数理学と、無形に於て独立心と、此二点である」[40]としていることとは相容れないものがあるようである。[41]

また、原は、士族民権論を主張した「民権派新聞」の『報知』ではなく、それを否定した「御用新聞」の『東日』に同調的だったのであり、その意味では当時の政府方針を支持していた。かくして翌明治九年（一八七六）七月三日、二〇歳となった原は、やがては国家の官僚となるべく司法省法学校を受験し、福沢が唱えたところの「私立為業」（＝「官」からの独立）とは、外見上決定的に異なる進路に舵を切るのである。[42]「独立の気力」「各箇の精神」の発現である〝士族の超越〟が、国家官僚としての「為業」志望を生んだ——この連続において、福沢以後通説的になる「民＝独立心」対「官＝依頼心」の単純な二元論的理解に疑問を呈することもできるだろう。[43]

司法省法学校の入学試験で試されたのは漢学の素養であった。以下にみるのは、原が記録したその筆記試験の問題、及び「岩手県平民原敬」による答案文である。やや長文になるが掲出したい。

通鑑綱目約ね一枚半許に句を切り点を付す。成一時間を期す。余直ちに筆を取り、数十分時を余して全く成る。是午前の試検なり。

午後、論語、子謂子産有君子之道四焉章に、章意と解義とを区別して弁書せしむ。成二時間を期す。余、十余分時を余して稿成り、書す。其の文に曰く、

此全章は、孔子子産の事業至多の中に就き、以て君子の事業なりと称す可き者を摘抽して評論せし章なり。

解義

凡そ国家に相たる者は独り君上に奉事するのみに非ず。又独り人民を使用するのみに非ず。君民の間に中立して、上下の宜を制するの義務あり。而して其上下の宜を制せんと欲せば、先づ自己の行謙遜ならざる可からず。自己の行謙遜ならざれば、常に驕慢事を壊るの懼あり。然れども是自己の事なり。其君上に奉事するに当り不敬軽侮の行ある者は其信任を失ひ、事決して成らず。既にして自己の行恭なり。君上に奉事して敬なりと雖も、人民を養ふに愛利を以せざれば、人民常に財産に足らず。財産に足らざれば、人情乖散事亦行れず。財産既に足り人情乖散の患なしと雖も、之を使用するに義を以せざれば、常に圧政束縛、其権利を妨るの患あり。此四つの者は庸人の常に謹まざる所にして、君子の独り能する所なり。孔子、子産を評するに此四事を称して君子の道となす。特に子産に就いて論ずる如しと雖も、古今相たるの道、蓋亦是より緊要なる事なかる可し。之を能する者は事として成らざるなく、之を能せざる者は事として成らざるのみならず、禍乱踵を施《ママ》〔旋〕さゞる可し。後の相たる者謹まざる可けんや。(44)

試験は、午前午後に分けて二つの課題が出された。午前は、『通鑑綱目』の一節に句読点を付すことが課せられ、原が短時間の内に答案をしあげてしまったらしいことが伝わる。そして午後は、『論語』公冶長篇子謂子産章の章意と解義を述べることが求められた。「君子之道四」は「恭・敬・恵・義」であり、前出の通り、原の兄の名乗りは「恭《ゆたか》」であることから、「君子之道四」の内の「恭・敬」は、原家の兄弟の自戒でもあった。したがって、「平民原敬」は、常日頃自負するところであった「君民の間に中立」する「国家に相たる者」の心構えを述べ、「君子の独り能する所」について論じたことになる。「国家に相たる者」や「君子」とは治者をいう際の伝統的言辞であり、いうまでもなく、前時代においては武士に限定された。つまり、「分家帰商」して社会身分的に平民となることを選んだ原だが、その思考においては、依然、伝統的な漢学の学知に基づく治者としての自覚、武士的な価値基準を維持していたのである。

原の入試答案作文は試験官に高く評価され（全試験者中第二位）、晴れて司法省法学校第二期生の一員となった。当時の政府も、原のような青年のことを有用と認定したのである。やがては国家の官僚へと出世してゆく可能性が開けた——このような進路が保証されたことによって、「無形の独立（＝精神の独立）」の前提である「有形の独立（＝生計の独立）」についても前途が開けたことになり、ここでようやく、原は一息つくことができたであろう。そしてそれと同時に、「わたしは士族である」という士族としての即自的な「名誉意識」からの自立を経つつも、実は、原の内心にも確実に存在していたであろう、伝統的武士的な価値基準から生じる「名誉意識」も充足されたに違いない[45]。

ここで、再度福沢諭吉の例を引き、あわせて考えてみたい。福沢は、明治一四年（一八八一）に刊行された『時事小言』第六編「国民の気力を養ふ事」で、「日本の社会に於て事を為す者は、古来必ず士族に限り……近くは三十年来西洋近時の文明を入れて其主義を世間に分布し、又維新の大業を成して爾後新政を施したる者も、士族ならざるはなし[46]」と論じるなど、明治期における政治主体としての士族に、あるべき「国民」としての高い価値を見出していた。それについて竹村英二は、明治元年（一八六八）に士族の族籍を返上していた福沢が、「士族の「気風」を賞揚するも、その社会的地位（とその優位性）の保持には全く興味がなかった」とし、その精神的基底に「進取の気象」「精神的自律」「抵抗の気概」といった要素を読みとっている。[47]このことを踏まえれば、士族の伝統的思考様式を基底として国政に主体的に関わりたいとの意識は担保しつつも、士族という伝統的な社会的地位には一切価値を見出さなくなっていた点において、やはり、福沢と原の思考様式には相通じるものがあったということを確認しうる。

以上、原敬が伝統的な特権階層である士族としての「名誉意識」からの独立を果たし、その上で国家の官僚たるべきことを志して、司法省の官僚候補生となっていった事実をみた。この思考＝行動の結果、彼の内心に、同様の自己否定が伴われない人々に対する忌避感が生じることになる。例えば、法学校入学直後の明治九年一〇月に相次いで勃発した、神風連の乱、及び萩の乱に対する原の見方は以下の通りである。

> 熊本の件〔神風連の乱〕は御聞及にも可有之。一時は頑固党の為に動揺したれども、今既に鎮定せり。山口の前原も既に捕れたりと聞く。今日頃の風聞にては前原は上言の議あり。是非上京を願ふに付、大審院へ伺に相成りたりと聞く。何に致しても身首処を異にせざるを得ざる可《べし》。劣生等は同氏の議論は兎も角も、時勢を知らざるの一段に至りては、同氏の為には大に気の毒なりと思はる。併し国家のためには此等の頑固連の発動は大に賀すべし。如何となれば禍の速なるも小なるは貴ぶべき事なり。且つ此等の人の国中にあるは毒の身に在る如し。発したるは療するに易し。故に国家のために大賀せんとす。[48]

熊本の神風連や旧長州藩の不平士族たちを「頑固党（連）」とみなし、さらには身中の「毒」とまで喩えた原は、彼らによる小規模の反乱が速やかに鎮圧されたことを「国家のために大賀」であるとした。彼は、この後西南戦争にまで発展する士族の反政府運動である武装蜂起や、それと並行して全国各地で簇生しつつあった士族主導の自由民権運動に対して、一歩引いた地点から観察する目をすでに得ていたのだ。原における〝士族の超越〟は、民撰議院設立建白以後、西南戦争以前の政治状況との密接な関わりがあり、彼の進路選択に直接的な影響を及ぼしたのを認めることができるだろう。

六　おわりに

以上、明治八年(一八七五)六月二七日における平民としての分家独立をハイライトに、青年原敬が新しく整備されたメディア環境の恩恵を受け、明治啓蒙主義を内面化した過程を明らかにした。彼は読者として、また時には投書記事の記者として新聞に関わり、記事に内在している価値基準や思考様式を自己のものとした上で、それを行動において具現化してみせた。こうして、啓蒙思想家、特に福沢諭吉の影響のもと、原敬は「文明の精神＝独立の気力」の具体的発動である〝士族の超越〟を達成したのである。

その評価にあたって、本章では、西洋由来の近代的思考様式である「文明の精神＝独立の気力」が西洋由来の新時代の器である新聞雑誌を通じて伝播したということを強調するのみではなく、新聞雑誌の記者と読者が共通に保持していた東洋由来の伝統的思考様式にも注視した。伝統的身分意識の否定である〝士族の超越〟とは、原において、『孟子』の「天爵」や『論語』の「恭敬」といった漢学に基礎づけられた伝統的思考様式をモチーフに達成されたものでもあった。「教育」によって獲得される「精神の独立」とは、西洋か東洋か、はたまた近代か伝統かといった、特定の地域／時代に独占された理念ではなかったのである。

こうして士族の族籍を放棄した原は、しかしなお、伝統的治者たる「国家に相たる者」「君子」としての意識を喪失せず、政治に参与する主体としての自覚を維持し続けた。やがて、司法省法学校の入学試験突破を経て国家官僚の候補生たる立場を得て、そのことによって武士的な「名誉意識」をも回復させることができた彼は、在野の士族民権論には与せず、との態度を固め、明治社会に適合する新たな自己意識を確立する。

かくして、明治初年の啓蒙主義が在野の民権運動家に影響したというのみではなく、その真髄を、明治一〇年代以後において反自由民権運動を担うことになる政治主体が確かに継承していたことが明らかにされたであろう。ここにおいてあらためて、明治啓蒙主義の成果を、また違う角度から確認することが可能となるのである。

＊　＊

さて、このようにして原が手に入れた中央政府の官僚候補生の地位は、明治一二年（一八七九）二月に起きた法学校当局と学生たちとの対立事件、通称「賄騒動」の結果、彼が放校に追い込まれることによってあっさりと失われてしまう。ここに、原敬の国家官僚としての「為業」志望はひとまず断念させられる。しかし、原において内面化されていた国政に参与する主体としての自意識は、法務官僚となる道が閉ざされた後も決して放棄されることがなかった。やがて原は報知社の記者へと転身し、その場にあって、いわゆる「官」からも「民」からも距離を置く、彼ならではの精神的立ち位置を築いてゆくことになる。

他方、原が入学した司法省法学校の同期生には、津軽藩出身の中田実《なかだみのる》、後の陸羯南の存在があった。原と陸はこの学校でまさに運命的に出会う。原と同じく中央政府の官僚となる道を志しつつも、明治一二年の放校処分によって挫折を余儀なくされた陸は、その地点においてどのような実感を得て、どのような思想形成を開始するのだろうか。

次章では、それらの内容を具体的にみることにしたい。

(1) 原敬「遺書」大正一〇年（一九二一）二月二〇日『原日記〈六〉』一九〇頁。

(2) 「士族」とは基本的に、明治二（一八六九）年の版籍奉還に伴い廃止された「士農工商」に代わる名称で、族籍と呼ばれる法律的規定に基づく名称である」（前掲園田・濱名・廣田『士族の歴史社会学的研究』五一頁）。通常、士族とは封建時代の武士と同質の社会層を指すものであったが、単純に士族＝武士ではないケースもありえた。「その第一は、世襲でない「士族」すなわち、平民出身の官吏が一時的に「士族」に参入されていたとされることである。第二は、「士族」の統計上の取扱いについての府県間のばらつきについてである。第三に、武士出身でありながら平民籍をとったものがかなりあったのではないかということである」（同五二頁）。本章では、この第三のケースの一例である原敬について着目し、社会文化史研究的な一般化を行うことは避けつつ、原敬特殊個人の思想形成過程を確認する。

(3) 原の通時代的研究として、序論の註（28）で記した、前田『原敬伝』、及び山本『評伝原敬』を参照のこと。本書の叙述では以下必ずしも一つひとつを断らないが、該時期の伝記的事実について両著を随時参考にしている。

(4) 服部之総『明治の政治家たち――原敬につらなる人々』上巻、岩波新書、一九五〇年、一〇頁。

(5) 同前、一三頁。

(6) 山本四郎『原敬――政党政治のあけぼの』清水新書、一九八四年、一四頁。

(7) 前掲三谷『日本政党政治の形成』、ナジタ『原敬』など原を大正期における政党政治の展開との関係で考察した研究においては、例えば、三谷『日本政党政治の形成』序論「政治的人格」のように、原の人格について、本章で扱う明治初年にまで遡って検討した事例がみられる。だが、原の思想形成過程を明治啓蒙主義との関係において分析した論考はみられない。

原のメンタリティについては、前掲前田『原敬伝』以来、戊辰戦争において敗北し賊藩となった南部藩との関係において説明されることが多く、一徹者の意である「南部の鼻まがり」、あるいは、戊辰戦争以後、薩長人によって「白河以北一山百文」との蔑視を受けた東北人としての反骨心が指摘されている。

(8) 序論でまとめたように、いわゆる「頂点思想家」の近代的思考様式に注目した丸山眞男、家永三郎、ひろたまさきらによる先駆的研究は、色川大吉『明治精神史』を嚆矢とする民衆史研究によって批判され、以後、自由民権運動を担った民衆意識の諸相に関する研究が進んでいる。

(9) 渡辺和靖『明治思想史——儒教的伝統と近代認識論』ぺりかん社、一九七八年を参照。以後、明治前期における儒教的伝統への注目がなされている。

(10) 例えば、井上毅を中心に明治初年の法制官僚の思想解析を行った山室信一の研究成果を参照のこと。前掲『法制官僚の時代』、及び『近代日本の知と政治』。

(11) 同前山室『法制官僚の時代』『近代日本の知と政治』の他、明治初年の建白書を博捜し演説会や運動会そして雑誌の講読会といった「場」の可能性について論じた牧原憲夫『明治七年の大論争——建白書から見た近代国家と民衆』日本経済評論社、一九九〇年、同前掲『客分と国民のあいだ』、士族民権／豪農民権という従来の区分では捉えきれない都市民権派の諸政治結社を広汎に分析した澤大洋『都市民権派の形成』吉川弘文館、一九九八年、自由民権運動を新聞と演説という新しい媒体によって担われた政治運動として捉えた稲田雅洋『自由民権の文化史——新しい政治文化の誕生』筑摩書房、二〇〇〇年などを参照。これらの研究に共通するのは、従来「民＝自由主義」対「官＝保守主義」として平板に捉えられていた図式的理解の打破を試みた点であり、すでに研究が進んでいた「民」におけるはもちろん、それに加えて「官」における多元性の解明が目指されたところに画期的意味があったといえる。「民」と「官」との混交という側面も指摘されており、従来の二元論的理解は克服されている。

(12) 同右稲田『自由民権の文化史』一三三〜一三六頁。

(13) 同右一三六頁。

(14) 前掲山本『評伝原敬』上巻、三四頁。

(15) この点については、坂本多加雄『市場・道徳・秩序』創文社、一九九一年から示唆を得た。以下同書からの引用はちくま学芸文庫版、二〇〇七年より。「福沢自身は、この無償の給付ということを「独立」の理念との関連で、きわめて問題的なものと見做していた。福沢が「独立」を説くにあたって、「他人の世話厄介にならぬ」こと、「人に物を貰はぬ」ことを強調したのもそのあらわれである」(三五頁)。

(16) 「福沢は『学問のすゝめ』で、「独立」の意義を次のふたつに分類している。そのひとつは、「自から物事の理非を弁別して処置を誤ることなき」を言うので、「他人の智恵に依らざる独立」と称すべきものである。さらにひとつは、「自から心身を労して私立の活計を為す」ことを言い、「他人の財に依らざる独立」と呼ばれるものである。福沢は、別の箇所で、前者を「無形の独立」、後者を「有形の独立」と表現していたが、ここで重要なことは、福沢において、この両者が密接不可分のものと捉えられていたこと、更に言えば、前者(「精神の独立」)が、後者(「生計の独立」)をまって始《ママ》めて可能になるとされていたことであろう」(同前坂本『市場・道徳・秩序』四五頁)。

(17) 原敬「浮沈録」明治一四年(一八八一)頃『原文書〈四〉』四四~四五頁。原漢文。「(明治)六年四月、至横港、寄寓于仏国人恵武羅爾(エブラル)氏。是冬従恵氏游摂州。十二月帰港、専以授漢書為業、而傍受天主教于恵氏。……七年四月廿一日、恵氏将赴任于新潟、余従之」。

(18) 原敬「明治七年十一月新潟在留中少く此地の情勢を概嘆することあり本港の新聞社に投す」『原文書〈四〉』二〇頁。

(19) 丸山眞男『「文明論之概略」を読む』上・中・下巻、岩波新書、一九八六年を参照。

(20) 福沢諭吉『学問のすゝめ』第五編、明治七年一月『福全集〈三〉』五八頁。

(21) 西村茂樹「陳言一則」『明六雑誌』第三号、明治七年三月。以下引用は岩波文庫版『明六雑誌』上・中・下巻、一九九九~二〇〇九年より。上巻、一〇三~一〇四頁。

(22) 前掲丸山『「文明論之概略」を読む』の特に第三講(上巻九三~一三六頁)、第七講(中巻一~三八頁)、第一四講(下巻一~三五頁)を参照。

(23) この他、明治七年一月に公刊された『学問のすゝめ』第四編「学者の職分を論ず」が、明六社同人たちからの反論(『明六雑誌』第二号〈同年三月〉)をよぶなどし、福沢の「私立為業」(=「官」からの独立)論は当時の言論社会で大きな反響を得ていた。

(24) 前掲西村「陳言一則」『明六雑誌』上巻、一〇二頁。

(25) 前掲福沢『福翁自伝』『福全集〈七〉』二四二〜二四三頁。

(26) 前掲原「明治七年十一月新潟在留中少く此地の情勢を概嘆することあり本港の新聞社に投す」『原文書〈四〉』二〇頁。

(27) 前掲園田・濱名・廣田『士族の歴史社会学的研究』一〇四頁。この他、例えば、前掲牧原『明治七年の大論争』第二章「徴兵制か士族兵制か」においても、徴兵告論後「国民皆兵」「四民平等」という理念が浸透してゆく中、容易には解消されない士族たちの特権意識が抽出されている。

(28) 前掲原「浮沈録」『原文書〈四〉』四五頁。原漢文。「八年、有故為帰省。恵氏亦有東北游之志。以四月十四日倶発新潟。……以五月廿一日帰郷。与恵氏分携。八年六月廿七日、分家帰商時、年十九歳二箇月」。

(29) 士族民権論争の概略については、澤大洋「士族選挙権論争と自由民権運動昂揚期の選挙制度論の進展」『日本思想史学』第二二号、日本思想史学会、一九九〇年を参照。この論争をリードした『東日』の「吾曹」こと福地源一郎の「国民」観については、岡安儀之「「平民」民権家・福地源一郎の「国民」形成論——士族平民民権論争を中心に」『歴史』第一一〇輯、東北史学会、二〇〇八年、同「福地源一郎における「輿論」と「国民」——華士族をめぐる論争を題材に」『メディア史研究』三四号、メディア史研究会、二〇一三年を参照。

(30) 福地源一郎「社説」『東日』明治八年三月一二日号。

(31) 無署名記事「日報記者の論説を批す」『報知』明治八年三月二〇日号。同号の編輯は栗本鋤雲。日報社は『東日』の発行元。

(32) 原敬「紀事一則　原文東京日々新聞第九百四十四号雑報に係る時年十九明治八年三月在新潟」『原文書〈四〉』二五〜二六頁。原漢文。「原子曰……有貴顕而醜行奸邪無不為者焉、有貧賤而潔廉忠信可貴重者焉、然而世多眩其人爵而不察其天爵、至其甚則曰、是車夫也、是御卒也、以恥倶歯、而一遇貴顕之人則曰、某宦也、某位也、非畏縮致敬則欲諂諛售媚、何其誤之甚也」。

(33) 『孟子』巻一一告子章句上第一六章。引用は岩波文庫版『孟子』上・下巻、一九七二年より。原漢文。「仁義忠信、楽善不倦、此天爵也。公卿大夫、此人爵也、古之人、脩其天爵、而人爵従之、今之人、脩其天爵、以要人爵」『孟子』下巻、二六二頁。

(34) 原敬「明治八年一月家書を得たり中に云ふ去十二月五日阿兄嫡男を得たりと因て早卒祝詞を作る　時年十九春一月」『原文書〈四〉』二一頁。

(35) 『原敬関係文書』には、明治九年（一八七六）九月の司法省法学校入学以前に書かれた原の初期作文が一九点収められ、「人才を養ふの説」「教育を論す」など、直接間接に教育に言及したものがみられる。『原文書〈四〉』一七～二八頁。

(36) 「幕末維新の変革は、旧来の「家」、主として〈一系型家族〉の「家」自衛および二三男の「家」創設の運動として展開され、それにともなう環境改造としては活動舞台の拡大が試みられ、このような運動の経験と成果とによって、「家」の創設と自衛との発展的帰結として〈末広型家族〉が形成され、これらがそれぞれ「家」の中興や創立をとおして明治の新社会形成の動力になった」神島二郎『近代日本の精神構造』第三部「日本の近代化と「家」意識の問題」岩波書店、一九六一年、二六九頁。

(37) 神島の議論を踏まえた、平石直昭「近世日本の〈職業〉観」東京大学社会科学研究所編『現代日本社会〈四〉歴史的前提』東京大学出版会、一九九一年も参照。「明治維新の変革は世襲的な身分制の枠を取り払うことにより、とくに「居候厄介」の地位に甘んじていた広範な次三男以下の人々に、社会的上昇の機会を与えた。そしてここに解放された新しいイエ創設（あるいは旧来のイエならば家名再興）のエネルギーこそ、明治日本の変革を基底で支えた」（三六頁）。原敬の場合に同じく、後に青年陸羯南が分家独立する際にも、この「次三男以下の人々」における「社会的上昇の機会」の到来を看取できる。陸に関しては、続く第一部第三章第四節を参照のこと。

(38) もっとも、後年の原は、貴族院議員として選出されるべく爵位を望んだことがある（ただし不調に終わる）ため、彼が爵位の獲得を完全に拒絶したということはできない。だが、その時の原にしても、「貴族院議員になるための資格」という合目的手段として爵位が捉えられたのである以上、原の基本的な考え方に「家柄や身分が人物の価値を決定するものではない」という概念があったということについては言及可能であろう。

(39) 前掲原「明治八年一月家書を得たり中に云ふ去十二月五日阿兄嫡男を得たりと因て早卒祝詞を作る　時年十九春一月」『原文書〈四〉』二一頁。

(40) 前掲『福翁自伝』『福全集〈七〉』一六七頁。

(41)「精神の独立」は東洋由来の伝統的な価値基準に基づいても発揮されうるものである。漢学的思考様式で重んじられた「衆酔独醒」「豪傑」などの概念については、次章以後でも述べる。

(42)この間の原は、外務省の交際官養成の生徒募集、そして海軍兵学校の入学試験を受けたのだが、どちらも失敗している。いずれにせよ、この時期の原は「官」の側にあっての経済的自立を目指しており、民間の事業者として経済的利益を追求する活動には興味を示していない。

(43)福沢がなしたような「東洋―西洋」「官―民」といった対句的・二元論的整理は、より複雑でより多様であるところの現実を単純化し、理解しやすくするために行われるものである。そのため、現在の近代史研究においては、こういった二元論的図式を取り払った上で、より現実に即した分析と考察が要求されている。だが、明治期における知識人の認識のあり方を解析する思想史研究においては、こうした二元論的図式そのものの意味について考えることも大きなポイントとなる。この点ついては本書第二部第一章で詳しくみる。

(44)原敬「不窺園録」『原日記〈六〉』一三頁。

(45)「士族にとって最も魅力的な「職業」は、身分階層としての武士の解体と共に成立しつつあった、武士としての「名誉意識」を損なわない、俸給システムに類似した定期的に俸給が支給される「俸給生活者」であり、同時に支配層に位置する、「武士」と共通する性格を持った官吏であったと考えられる」(前掲園田・濱名・廣田『士族の歴史社会学的研究』八三頁)。

(46)福沢諭吉『時事小言』明治一四年（一八八一）九月『福全集〈五〉』二二一頁。ここにみられるような福沢の士族論は、前掲『報知』の士族民権論に通じるものがある。これは福沢と『報知』との親しさに関係しているといえよう。

(47)竹村英二「福沢諭吉の言説に顕われたる「士族の気風」――心的自律、抵抗精神、胆力の自生的基底として」比較法史学会編『比較法史研究――思想・制度・社会〈一一〉法生活と文明史』未来社、二〇〇三年。同論文は、後、竹村英二『幕末期武士／士族の思想と行為――武人性と儒学の相生的素養とその転回』御茶の水書房、二〇〇八年の補章「武士・士族・士籍人口層――福沢諭吉の士族論を手がかりに」として一四九～一七〇頁に再録。

(48)原敬「八角彪一郎宛書簡」明治九年一一月一二日『原全集〈上〉』一一七六頁。八角彪一郎は原とは同郷の友人。

第三章　司法省法学校「放廃社」にみる結社と個人

一　はじめに

明治九年（一八七六）九月五日入学の司法省法学校第二期生において、原敬と陸羯南が同窓だったことはよく知られている。後に、原は外務省・内務省・立憲政友会、そして、陸は日本新聞社を活動拠点とするが、その場に法学校時代の同期生が多く集ったということも、また周知の通りである。両者はそれぞれ別個に同期生の協力を得ることで、明治中期以降の政治社会に対する影響力を維持できたといえる。だがこのことは同時に、原敬・陸羯南各人にとって、法学校体験に特別の意味があったことを示すものである。

従来の研究では、彼らの学校体験やそれに続く流浪の時代はほとんど考察されないできた。伝記的研究によって彼ら個々人の辿った足跡が注目されることはあったが、そこでは単なる事跡の確認にとどまるか、あるいは何らかの分析が試みられたとしても、後の「政治家」、ないしは「政論家」の言動・行動として――つまり将来の結果を前提として――理解されることが多く、当時における彼らの実態について思想史的な解釈が試みられた例はほとんどない[1]。

思想の担い手の考察において、学校という場が着目された例は少なくない。ここでは、明治一四年（一八八一）前後における「書生社会」を分析した中野目徹『政教社の研究』[2]をみておこう。中野目は、三宅雪嶺（万延元～昭和二〇年〈一八六〇～一九四五〉）や志賀重昂（文久三～昭和二年〈一八六三～一九二七〉）らによって代表される政教社について「「学士ノ栄位」を共通に意識することで連帯していた集団」[3]と規定した上で、次のように述べている。

東京の書生社会は出身地の地域性をふまえながらも、それを否定したところに成り立っていたともいえる。……彼ら学士たちは書生社会から生まれてその特質を引き継ぎながら、国家との不可分の結びつきを意識する極少数の統治エリートであることを自他ともに許し合った存在だったのである。[4]

政教社は地方出身者・在野人の集まりとみられるのが常であった。だが中野目は、まず政教社の社員たちにおける地方性の否定を確認しており、そうなるための装置として東京大学・札幌農学校などの学校を位置づけている。彼らの自負と連帯を支えたものは、官立学校を卒業したことで獲得される「学士」という称号であり、「名誉意識」だった。政教社に集った人々は、既存の中央政府、すなわち「官」の勢力によってエリートたることを保証されていた。そしてそのために、地方人たる自己意識から解放され、中央言論人としての立場を確立できた人々だったのである。[5]

ところで、政教社とは「兄弟」とも「一心同体」とも評されるのが、陸羯南を社長兼主筆に据えた日本新聞社である。陸の持論だった「国民主義」は、政教社の掲げた「国粋主義」と並んで捉えられることがあるが、[6]ではあらためて、日本新聞社の結集原理に注目してみたい。それは政教社と同様の性質のものとして理解すべきなのであろうか。日本新聞社に集った人々——陸と法学校の同期生だった福本日南《にちなん》（安政四〜大正一〇年〈一八五七〜一九二一〉）・国分青厓《こくぶせいがい》（安政四〜昭和一九年〈一八五七〜一九四四〉）などを含む——

も、政教社の社員たちと同じく、時の政府権力によって権威を付与された人々であるとみなすことができるだろうか。この視点から司法省法学校第二期生に着目してみると、そこで彼らに特殊の波乱、通称「賄騒動」による放校事件のあったことが確認できて興味深い。なぜなら結論的に、既存の中央政府によって断罪された過去をもち、何らの学位も獲得できなかった彼らは、「学士」とは異質の存在だったということを断定できるからである。

だがそれとあわせて、この場に原敬という人物が存在していたことの意味はきわめて大きいという予想が成り立つ。前章でみてきた通り、原敬は同年代の陸羯南ら他の同期生に比べて、若年期からの苦労を重ねた早熟な人物だった。そして、そのような早熟の秀才を司法省法学校の同期生としてもった青年期の陸は、この秀才が具現化していた思想から多大な影響を受けざるをえなかったのである。陸羯南にとっては、原敬の存在そのものが、己の思想形成にとって所与の前提条件であり、もっとも重要な周囲環境の一つだったといえる。

ところが、同じ学校の同期生であり、最終学歴をともにする彼ら二人の思想は、現在までのところまったく別個に分析されてきた。本書の序論で述べたように、陸羯南の思想は明治二〇年代のものとして、「明治ナショナリズム」期の政論分析研究において捉えられ、原敬の思想は明治後期以後大正年間のものとして、「大正デモクラシー」期の政治過程研究において把握されている。日本近代史を通史的に描き出そうという場合には、原敬よりも陸羯南の登場の方が二〇年ほど先になるため、原の思想形成は陸のそれに遅れてなされ、かつ、原の思想と陸の思想にはそもそも直接的な関連性がない印象になってしまう。実際、それはまったく的外れのものでもない。なぜなら、明治二〇年代以後の経歴を異にする彼らが自己の政治的活動において互いと密接な協力関係にあったとはいいがたく、むしろ異なる思想を体現していたものと理解するのは妥当なことだからだ。

しかし、法学校の放校事件において、若かりし原敬と陸羯南の両人が共闘関係を結び、共感と同情とを多分に保持していたことは紛れもない事実なのである。思想史の研究においては、ある時点において完成した一つの思想を体得した個人がその上で現実に対処した側面をみることは確かに必要である。だがそれに加えて、ある現実に直面した個人がその現実にしたがって思想を形成していった側面にこそ着目すべき場合もある。原や陸ははじめから「立憲政友会総裁」や「日本新聞社社長」だったのではない。ある前提を基に演繹的な解釈を加えるのではなく、新たな着眼による分析の必要性がここに示されているはずである。

そこで本章の考察は、法学校時代、そしてその後数年間流浪の時を過ごした原敬と陸羯南について、できる限り、当時の資料に即して理解することを目的とする。具体的には、明治一二年（一八七九）二月における法学校放校から、明治一六年（一八八三）七月における太政官文書局における再合流までの四年五か月の軌跡を追う。まずは彼らの実体験と、その実体験を通じて獲得された実感を追究してみたい。それらの実体験と実感が、明治二〇年代以降に展開する「国民主義」の理念へといかに連続していったのか、さらには、その思想が日本近代史における「政党政治」の現実といかなる関係を有したのか、これらの問題を考えるための手掛かりを求めてみよう。

二　司法省法学校入学と放校

司法省に明法寮が設置され、第一期の法学生が誕生したのは明治四年（一八七一）のことだった。その後、司法卿大木喬任（天保三〜明治三二年〈一八三二〜一八九九〉）の建議を経て、法学校の拡張と第二期生一〇〇名の公募が決定したのは明治九年（一八七六）である。大木の前任者である江藤新平（天保五〜明治七年〈一八三四〜一八七四〉）が佐賀の乱を引き起こすなど明治初年の動乱を背景として、司法省の整備は複雑な様相をみせつつも徐々に進められていた(7)。

前章でもみたように、この時点で、旧南部藩出身の原敬は上京してすでに数年間の曲折を経ていた。以下、法学校第二期生の公募に応じた青年が難関を突破して晴れて法学生となる経緯を、原敬の日記によって辿ってみたい。

余、明治九年四月廿八日を以て法学志願書並に学業履歴書を東京府に進達す。爾後六月十五日に至り、来る七月三日司法省に於て試検あるべき旨、同府より達あり。司法省此回の徴募は、学業履歴書を比較し其優等なる者を試検すと云。故に志願せし者大凡そ二千名評。而して試検せられし者僅かに三百五十名許。

七月三日　……○此日試検せられし者六十名許。而して余は第五十番に在り。○試検合格の者は来る十日体質を検査す可きに付、一同其日に来り掲示表を見るべき旨達あり。

七月十日　尚又法学課に至り試検合格表を見る。図らざりき、余は合格全員中にありて第二番に位せり。因て体質の検査を受く。……
休課の期既に終り、九月五日司法省法学校に入る。余学術合格第二番なる以て第一番室に入れらる。同室の者三名。千葉県の人芳原三郎一番　埼玉県の人矢野道雄四番。山梨県の人永島貞三番なり。……
同日入校せし者一百四名、内四名は自費にして華族なりと云。(8)

以上の記録から、法学校に「大凡そ二千名」中「第二番」で合格し、そのことによって「第一番室に入れら」れたという原敬の自負がうかがえるだろう。(9) その同期生として旧津軽藩出身の中田実、後の陸羯南も名を連ねた。(10) 時に原敬二〇歳、中田実一九歳。法務官僚となるべき人材として中央政府の要請に応じた彼らは、ともに旧藩の武士階級の子として生を受け、少年期に儒学教育を施された上で青年期を迎えていた。儒学、すなわち治者の学である。法学校の入学試験も儒学的素養が試された。(11) その試験に合格した彼らは、この時点では、中央政府によって将来を期待され、自らも国家を治めるエリートたる自負を保持していたとみなすことができる。この自負心は、伝統的かつ武士的な「名誉意識」に照らしても通用するものである。したがって、そのまま学業に精励してさえいれば、彼らは中央政府の運営者、既存権力の側に立つ人間となっていた、はずであった。

ところが、入学から二年を経た明治一一年（一八七八）の暮れに、原と中田は「賄騒動」とよばれる事件に関係し、その結果、翌年二月、そろって放校されてしまうのである。

残念ながら、原と陸はともにこの時のことを日記や書簡などで詳しく書き残していない。そのために、「賄騒動」という事件が彼らの思想形成にどのような影響を及ぼしたのかについて、彼ら自身の弁論から即時的に跡づけて論じることは不可能である。しかし、騒動の当事者だった福本巴《ともえ》（日南）と大原恒忠《つねただ》（加藤拓川　安政六〜大正一二年〈一八五九〜一九二三〉）の回想をみることができる。それによると、事件の発端は、福本・大原ら一部の学生が賄い方に対して飯の増量を要望し、騒乱をなしたことにあった。だが、騒乱そのものよりも、その後校長――薩摩藩出身の植村長《たすく》――の処分に「心服」するか否かをめぐって学生たちの議論が過熱したことの方が、より重大な問題となったようである。[12]

福本によれば、彼らは「校則が許さずば、形而下の禁足には屈従せんも、形而上に於て心服は仕らず」[13]との考えで一致したのだった。だが結局、飯の増量を要望した騒乱の当事者だった学生だけでなく、「心服」問題を論じた原敬・中田実・国分豁《とおる》（青厓）らを含む十数人の学生が、一度に放校されてしまうことになったのだ。

この「賄騒動」は、原敬と陸羯南二人の関係がはじまったという意味において、特に重要な意味をもつ。まずは、後の福本日南による回想からみてみたい。

友の類を以て聚るは、生物の天則なり。吾同窓も此の天則には洩れず。我等バンカラ自ら一党を為し、敬公等ハイカラ亦一類を為したるが、敬公は其類中の領袖なりき。……敬公と我等とは出発点より既に其カラを異にしたれば、最初は彼我ともに疎遠の裏にありき。居ること久しうして、第四学年の初期なりしと覚ゆ。我等一夕賄騒動を惹起して、証人預となりたる事あり。……是時、在校の同学は硬軟二派に分れたるが、敬公日頃のハイカラにも係はらず、深く我等に同情を表し、善く同学の間を周旋して、学生の輿論を纏め、自ら輿論の表代者となりて、校長と応答し、進みては当時の司法卿大木伯にまで陳情し呉れたり。是に至りて我等の一党も深く其好意に感服し、忽ち親善の間柄となれり(14)。

後の陸羯南、すなわち学生時代の中田実は、大原恒忠や国分豁と同じく、福本のいう「バンカラ」党に属していた。後の国分の回想(15)、そして川村欽吾の研究(16)などにより、彼ら四人は在学中に連れ立って富士登山旅行をするなど、在校当初より親密の仲にあったことが知られている。だが、中田実らのグループと原敬とは、同期生とはいえ、「賄騒動」に至るまでは格別親しい間柄でなかった(17)。原と中田の関係は「賄騒動」を契機としてようやくはじまったのであり、実は、この事件がなければ両者の親しい交流がありえたかどうかもわからない。

続いて、以下は後の加藤拓川による談話である。

其時陸が僕にいふた事を今に記憶して居る、原は翩々たる才子に非ずとは思ふて居たが、斯迄正義を重んじ責任を重んずる人とは知らなかつたと。其後は原の為人を重んじて、別段親しくして居たやうだ(18)。

ここからもやはり、「賄騒動」を通じて中田実が原敬を見直したことと、二人が騒動後になってやっと親しくなった経緯がうかがえる。校長の方針に反対する運動を主導した彼らは、一つの正義において結託し、共感と同情を得た。権力には「屈従」しても「心服」しない——これは権力に対する「精神の独立」の宣言である。

しかし、彼らの主張は学校当局による一方的な放校処分となって報われた。原と中田は、一度は乗った立

【写真 1】右
「原敬　明治 9 年司法省法学校入学のころ」
(『原文書〈4〉』より転載)

【写真 2】下
「司法省法学校時代」(個人蔵)
右より、国分豁(青厓)、中田実(陸羯南)、
大原恒忠(加藤拓川)

身出世のコースから脱線し、進むべき道を見失ったかにみえるが、そのかわりに新たな出会いに恵まれた。彼ら二人は、人生における転機を迎えたのである。

三　「放廃社」の結成――既存権力に抗う青年の結盟

「賄騒動」による放校。これは中央政府のエリートとして、「官」の一員としての立身出世において、決定的な挫折を余儀なくされたことを意味する。いいかえれば、原敬と陸羯南は、その青年期に既存権力によって一度否定された経験をもっているのだ。この事実は、彼らの思想形成を考えるにあたって軽視できるものではない。当初目指した法務官僚はもはやかなわないのだという挫折感も当然あったことだろう。「官」の一員として立身出世してゆくことは、伝統的武士的な「名誉意識」を充足させてくれる望むべき進路であった。その道が一度完全に閉ざされた時の失望は、決して小さなものではなかったはずである。また、当座の目標を失ったことによる喪失感や、経済的自立についての保証をなくした不安感など、逆境の青年にありがちな心理的葛藤について指摘することもできるだろう。

さてここで、前章で検討した原敬における「文明の精神＝独立の気力」のことを振り返っておきたい。「文明の精神＝独立の気力」とは、「家柄や身分が人物の価値を決定するものではない」という価値意識において発揮されるものであった。明治初年においてはまだ目新しいものだったとはいえ、中央政府のエリートとしての立身出世が保証された「司法省法学校の学生」という肩書きも、こうした「身分」の一つといえよう。しかしそれだからこそ、「身分」を保証してくれる既存権力に対して自分自身の意志を曲げて盲従して

1	**原敬**	**岩手・平**	**2番→10番**	**「十二年二月退校」**
2	永島貞	山梨・平	3番→78番	「明治十一年有故退校」
3	矢野道雄	埼玉・平	4番→8番	「明治十一年有故退校」
4	深野辰二郎	熊本・士	10番→74番	「明治十年退校」
5	小見源蔵	山形・士	11番→92番	「十二年退校」
6	友部新吉	茨城・平	12番→62番	「退校」
7	国分高胤（豁・青厓）	宮城・士	18番→51番	「退校」　※子達
8	吉田義静	熊本・士	25番→90番	「退校」
9	宮内震志	鹿児島・士	27番→47番	「同〔＝退校〕」
10	秋良邦平（中原鉄蕉）	山口・士	29番→55番	「明治十一年有故退校」
11	**中田実（陸羯南）**	**青森・士**	**34番→53番**	**「十二年二月退校」**
12	原田義成	熊本・士	38番→89番	「十二年某月退校」
13	依田鐐五郎	東京・士	41番→99番	「明治十一年退校」
14	窪田洋平	千葉・士	57番→12番	「退校」
15	乙部多吉	青森・士	68番→81番	「十一年退校」
16	河上左右	滋賀・士	75番→15番	「十年退校」
17	福本巴（誠・日南）	福岡・士	83番→40番	「退」
18	大原恒忠（加藤拓川）	愛媛・士	97番→88番	「退校」　※蹇叔
19	臼田律之助	兵庫・士	100番→69番	「退校」

【表2】「放廃社」同人名（引用資料中の傍線人名）

※出身県及び士族・平民の別は手塚豊『明治法学教育史の研究』64～70頁を参照
※はじめの番号は明治9年7月29日発表の入学試験合格者順位（『原日記〈6〉』17頁）
※次の番号は明治10年2月の大試験順位（上掲手塚『明治法学教育史の研究』より）
※「十二年二月退校」「退校」などの記事は『原文書〈4〉』45～47頁

しまえば、その個人はたちまち「精神の独立」を発揮しえないことになる。形而下において、権力が命じた禁足処分や放校処分に対して「屈従」せざるをえないことがあったとしても、形而上においては、権力に対する「心服」が不可能な場合がある。それによって「精神の独立」は守られる。結局、原敬をはじめとする放校者たちは、己の内なる「文明の精神＝独立の気力」に拠ることで、司法省法学校という既存の政府権力――多分に薩摩藩閥の牙城という側面をもっていた――に対する反抗を一貫させるしかなかったのだ。よって、彼らが自分たちを一度否定した法学校に対して許しを請うたり、媚びを売ることはなかった。

だがその一方で、「他人の智恵に依らざる独立」「無形の独立（＝精神の独立）」の前提条件として重要だった、「他人の財に依らざる独立」「有形の独立（＝生計の独立）」についても、速やかに解決されねばならない問題として、原敬ら放校者たちの脳裡に浮上したに違いない。

放校は、彼らに新たな自己像の形成を促した。先行研究により、放校後の原敬・中田実・国分豁、そして大原あらため加藤恒忠の四人は、同じ部屋に寄宿し、皆で新聞記者になるための就職活動をはじめたことが知られている。[19]「官」（＝政府）に対抗する「民」（＝在野民権派）の側の勢力拡大という時代背景に基づいて、政府役人としての立身出世とは別の道が模索されたわけである。「官」の一員ではなくなった彼らは、今度は「民」の立場から国家政治に関係してゆくべく、新聞記者となることを目指した。第二の進路はただちに決定されたのだ。〝士族の超越〟を経た原において内面化されていた、政治に参与する主体としての自意識は、法務官僚となる道が閉ざされてから後も決して放棄されることがなかった。そしてそのような原の自意識が、中田実や国分豁、加藤恒忠といった同期生たちにも等しく共有されたのである。[20]

この就職活動の最中、「放廃社」なる放校者たちの結社が誕生することになる。以下、法学校入学時に原敬と同部屋の学友であり、原と同時期に放校された永島貞の手になる一文をみてみよう。

> 放廃社とは何ぞや。吾が党放廃人の結社なり。放廃の社を結ぶは何ぞや。其の号を顧みて善を責め相励まんと欲すればなり。嚮に吾が党法学に放廃せらる。……嗚呼、吾が党は何ぞや。法学放廃する所の人なり。酒色宴安怠惰は何ぞや。君子放廃する所の事物なり。以て放廃人、放廃の事物を放廃す。誠に善と謂ふべし。然りと雖も、社中「酒色宴安怠惰は実に吾が党の同類なり。同類にして相疎んず。豈に能く忍ぶべけんや」と曰ふが如し。則ち吾敢て知る所に非ざるなり。[21]

傍点部は青年の気憤の表現として興味深い一節だろう。社中にあったという、酒や怠惰などの悪徳と放校されてしまった自分たちとは、世間一般の価値基準においては下劣とされてしまう同類であるから、むしろ仲良くすべきだという考え。ここからは、既存秩序、出来合の教条主義に対する反骨がうかがえる。「放廃社」の集いには中田実、後の陸羯南も参加していた。以下は、放校直後における彼の内面をうかがえる漢詩である。

賈生
青年楽事須く相い歓ぶべし
漢帝の恩深くして便ち臣を放つ
長沙も酒無からざるべきに
如何んぞ却て独醒の人に学ぶ(22)

漢代の名文家賈誼に取材したこの漢詩では、文帝による賈誼の一時的な地方左遷について、それは「漢帝の恩」のなせるわざであったという捉え方がされている。青年は皆、楽しいことに流されやすいものだ。酒を飲むのも大いに結構だろう。ところで、左遷先の長沙にも酒がないはずはない。しかるに、青年賈誼はどうして、周囲が酔っていても自分は一人醒めている「独醒の人」、屈原に学ぶことができたのだろうか——青年中田実は、放校者である今の自分を長沙に左遷された時点の賈誼と重ねあわせたに違いない。漢の賈誼や楚の屈原を介して「衆酔独醒」の境地に達することを欲したのは、まさにこの時の彼自身であったろう。(23)「放廃社員」だった永島貞や中田実が作成したこれらの漢作文や漢詩文が今に伝わるのは、同社の一員だった原敬がまとめて保管していたからである。何よりもその事実においてこそ、永島や中田のみならず、やはり「放廃社員」であった原敬のメンタリティを捉えることが可能である。既存秩序によって否定されてしまった放校時点の彼らを支えたのは、何よりも、同じ逆境にある仲間たちとの連帯感であった。そして、同様の逆境に直面した過去の文人に対する漢作文や漢詩文を介した共感である。彼ら個々人はその場においてようやく自己形成をはかることができたのだ。

以上、「放廃社」の面々が提出した漢作文や漢詩文において、体制に同調できない、むしろ同調しようとしない価値意識と、世の中がいかに乱れても自分一人は正道を守っていたい「衆酔独醒」の美意識を垣間みた。ここからは、漢学に伝統的な、超俗的精神に高い価値をみる思考様式を看取できる。以下、幕末維新期という日本の大変動期の人間観、その時期に活躍した「志士」の「社会的性格」について論じた源了圓の論文から引用する。

彼らのめざした理想像が「英雄」「豪傑」「狂狷の士」「踔趾《たくし》の士」「頑質」というような名称であったことは、彼らの教養が中国文化の影響下にあったことを物語るが、中国の士大夫たちが調和のとれた教養人であることをめざしたのに対して、日本の志士たちは「圭角」ある人間、しかも江戸時代の奇人たちとくらべると能動的タイプの圭角ある人間を理想的人間像としたことは注目に価する。これには彼らの武士という出身が深い関係をもっていよう。

志士たちの社会的性格は、当時のことばで「郷原（愿）」という八方美人的な、無性格に、もしくは利口に、大勢に順応する同調型の社会的性格とは相対立するものであった。この社会的性格はリースマンの用語を使えば「他人志向型」other-directed ではなく、「内面志向型」inner-directed である。彼らはいずれも強烈な自我のもちぬしであり、日本人が一般にそうであると信ぜられている「同調主義者」conformist とはまったく対立する。[24]

幕末維新期に形成された「志士」たちの「社会的性格」は明治初年当時にも濃厚に残存しており、新聞や雑誌に載った明治啓蒙主義と並んで、知識青年たちが理想とする人間像に大きな影響を及ぼしていた。彼らにおける明治啓蒙主義由来の「文明の精神＝独立の気力」の受容も、西洋思想からの一方的な輸入ではなく、漢学に伝統的なこうした美意識との共鳴であるとあらためて評価するべきであろう。放校という苦い現実に直面した彼らを支えた「精神の独立」とは、西洋と東洋、近代と伝統、それぞれの共鳴によって確立した価値基準だった。

なお、彼らの連帯について、先行研究では、「薩摩」閥に対する「東北同盟」、つまり戊辰戦争における奥羽越列藩同盟と同様のものだと表現されることがあり、そこでは「賄騒動」が「戊辰の際」になぞらえられている。[25]しかしこれは簡単にそういうべきではない。なぜなら、第一に、原敬と中田実の出身藩に着目するならば、「東北同盟」などという明治一〇年前後においてまったく実体のない関係性よりも、むしろ南部藩と津軽藩というよく知られた険悪極まりない、伝統的関係性の方にこそ注意すべきだからである。「戊辰の際」で南部藩と津軽藩は歴史的因縁よろしく結局敵対してお互いの溝を深めてしまったが、[26]それとは反対に、原と中田の関係は放校後において深まっていく事実をみるべきだろう。旧来の「南部人」と「津軽人」が親しい関係を持続させることは難しいはずである。さらに、この場には旧仙台藩出身の国分豁だけでなく、「東北同盟」とは何の関係もない、旧福岡藩出身の福本巴や、旧松山藩出身の加藤恒忠などの存在もあった。したがって、やはり両者はまったく性質の異なる連帯であったといわねばならない。「賄騒動」での団結は「東京での遊学体験を共有する同世代の青年」という基盤によって成り立ったものであり、地縁に端を発するものではなかった。たとえ反藩閥・反「薩摩」という感情的一致が彼らにあったにせよ、これは旧藩の因縁を脱した個人的連帯とみる方がはるかに自然である。「放廃社」の結集もその流れを汲むものであっただろう。

以上、放校を契機として生まれた青年たちの心理的・感情的連帯を捉えてきた。ところが、放校者だった彼らの内でただちに定職を得ることのできた者は稀であり、同人たちは、それぞれに苦しい事情のもとで郷里に帰るなどし、やがては離散していった。以下の資料は、郷里に帰った中田実あらため陸実《くがみのる》と、在京の加藤恒忠との間で交わされた明治一三年（一八八〇）二月における往復の書簡である。まずは陸実の手になる書簡をみたい。

一別以来絶而無音信、怠惰之罪、幸に御海容あらんことを願ふ。……如是我聞、在京の諸友皆離散し、余者亦貧窮或潜み或匿れ、秋良の如き原の如き友部の如き近比何状なるか、子修〔吉原三郎カ〕は猶ほ嶋田塾に在るか。……兄若し子修に逢はゞ幸に伝言せよ。子達〔国分青厓〕は故里に帰りし由、遺憾無極と雖とも同氏の家情も亦可憐。弟帰郷の後百事皆な相違容易に出関する能はず、不得已当地の新聞社へ身を寄せ消債の謀をなせり。猶ほ婦女子が拠なき場合に至り身を遊廓に寄せるが如きか。……宮内氏は如何なる景況なるや……此比依田氏より翰あり、少敷其地の景況を聞く、慰心する者あり。原子は報知にあり、秋良は陸軍に維かる由也……再白、乙部は北海の札幌に在り……又河上氏に面するあらば、或は同氏に序あらば尋ねても、弟の為に伝言せよ。（二月一六日）[27]

続いては加藤の返書である。

本月十六日尊翰昨夕到来……人生不免屈、願は今暫御耐忍、早く御再游の程偏に冀望候。……交友中も彼是離散致候。子修は矢張、島田塾長の印を帯し万事依旧、原は報知入社すと雖とも不相替不免窮、先日下宿火災に罹、其後不見、秋良の貧は原に百倍せり。今年四月頃は多聞シベリヤ行之都合に相成可申歟。友部は客秋已来不得相見、今日報知新聞公告中、斯文会社々中に其名を見たり。亦或は在京乎。宮内は久敷病気にて入院之処、今は快復……河上君之御伝言正に承知仕候。子達入山後は啻に心事を談する友無きのみならず可談貧者迚も一人も無之、寂寞御同歎に有之候。子達心中亦可想、吾社会之人は則応轗軻耳。（二月閏日）[28]

以上の書簡からは、陸と加藤がお互いを頼みにし、それぞれの困難に直面させられている他の「放廃社」同人たちを気遣う様子がみてとれる。先がみえず、寄る辺もない個人において、現況に対する不満が述べられつつも、将来に対する希望を失わずにお互いを励まし、再会の日を願う様子がうかがえる。[29]

原敬・陸羯南ら多くの「放廃社」同人たちの最終学歴は「司法省法学校放校」である。放校は一つの挫折だったに違いないが、しかし新たな出発でもあった。彼らが政教社の「学士」たちとはまったく異なる自己意識を獲得した人々だったということを、ここにあらためて指摘しておきたい。

四　郷里的連帯からの乖離

1　陸実の場合

放校後、在京新聞社への就職に失敗した中田実はやがて郷里に帰っていった。それは明治一二年（一八七九）八月頃のこととされている。

　帰郷後の中田はこの年創設されたばかりの青森新聞社に記者として迎えられた。中田実あらため陸実となったのは、この帰郷後すぐのことである[30]。この時、彼は中田家から分家独立して新たに陸家を興し、しかも士族から平民へと転籍している。ここには、明治八年（一八七五）においてすでに平民としての分家独立を実行していた原敬の影響をみることができるだろう。前章で確認した「文明の精神＝独立の気力」の具体化であった〝士族の超越〟は、原敬という実例を媒介にして「放廃社」に集った青年の心を捉えていた。

　原敬の存在が陸羯南の思想形成にとって所与の前提条件であり、青年期の陸にとってもっとも重要な周囲環境の一つだったという評価が成り立つのも、明治一二年時点における中田実の分家独立は、同期生である原敬を媒介にした明治啓蒙主義の波及効果と理解することが可能だからである。このような行動としての具現化から、原敬と、中田あらため陸実、両者の思想的共鳴を感じ取ることは充分に可能であろう。なお、この分家独立は、原家にとっての原敬に同じく、中田実も戸籍上は中田家の次男だったから実現したことである。[31] 彼らのような明治初年の青年たちが、その家秩序から離れて能動的に士族籍を棄てることができたため、かつての日本に実在していた垂直レベルの階層的断絶が、これ以後劇的に忘却されていくことになる。

　こうして、新聞記者として人生の新たな第一歩を踏み出した陸実だったのだが、しかし、郷里でのそれは決して彼の本意のものではなかった。

　『青森新聞』は弘前の政治結社である東奥共同会の機関紙にあたり、東奥共同会＝青森新聞社のラインは自由民権運動を推進してゆくことになる。陸は、新聞記者として「民」（＝在野民権派）の勢力の一員という自己意識に基づき、本多庸一《よういつ》（嘉永元～明治四五年〈一八四八～一九一二〉）・菊池九郎（弘化四～大正一五年〈一八四七～一九二六〉）らが主導した青森地方の自由民権運動に積極的に参入して、反「官」・反政府・反権力の精神を養っていたかにみえる。だが、先行研究でも指摘されているように、[32] 当時の彼は家族に対して、郷里に戻らざるをえなかった自分の不本意を「当地は深雪にて且つ厳寒其上無聊、韓退之〈韓愈〉が潮州に貶せられし時の思あり。……早く辛抱して出国仕度〔傍圏点原文通り〕」（明治一三年〈一八八〇〉一月二五日）[33] などと書き送っていた。陸は「国」での生活を「無聊」とし、唐代の文人政治家韓愈に自分を重ねあわせた。漢代の賈誼に同じく唐代の韓愈も、中央から辺境潮州への流罪の憂き目にあいながら、その逆境に屈しなかった「豪傑の士」である。[34]

　やがて別の就職口（内務省勧農局管轄の紋別製糖所）をみつけた陸は北海道に渡ることになる。郷里での生活は一年足らずで終わった。この時つくりはじめた漢詩集の序文で、彼は次のように書いている。

偶大学を読み、「其の国を治めんと欲する者は、先づ其の家を斉ふ。其の家を斉へんと欲する者は、先づ其の身を修む」と曰ひ、又「孝は君に事ふる所以なり」と曰ふに至る。余是に於て翻然として悟る。嗚呼、人生孝を其の父に尽す能はずして、忠を其の君に輸さんと欲するは、固より既に惑へり。況や自ら保つ能はずして、人を済はんと欲するは、太だ過たずやと。（明治一三年九月[35]）

以上は、陸による『大学』八条目についての述懐部分である。もちろん人生において「自ら保」ち「孝を其の父に尽す」ことは重要だろう。しかしそれがなぜ重要なのかといえば、最終的には「国を治めんと欲する」自己同定のためである。ここからは、「治国・平天下」に参画したいという理想と、郷里に出戻った今の自分の現実との乖離に悩み、さらなる向上を目指す中で、自己の「修身・斉家」を反省している青年の気概を読みとることができる。この時点の陸実においても、なお、国政に参与する主体としての自覚は失われておらず、そのために彼は、郷里にとどまるわけにはいかなかった。このような実感は、前節でみた書簡のやりとりによって在京の「放廃社」同人たちとの絆を意識することで、ますます増幅されたに違いない。以上、陸実個人における郷里的連帯、そして「民」（＝在野民権派）の勢力からの乖離を看取したい[36]。

2　原敬の場合

さて一方の原である。新聞記者を志した原は、唐代の文人政治家韓愈の文章に倣いつつ、漢作文の熟成に取り組んでいたことが知られている[37]。郷里に戻った陸実も自分のことを韓愈になぞらえていたように、逆境に直面した当時の青年たちにとって理想的人格の一人とされたのが、漢学の価値基準において「豪傑の士」

と讃えられる韓愈だった。漢作文・漢詩文を介し、彼らは等しく、逆境からの捲土重来を果たした過去の文人に対する憧憬を抱いた[38]。

陸とは異なり、原の場合は、放校から約九か月後の明治一二年一一月において報知社への入社を決めることができた。このことは、法務官僚の道が閉ざされて一度は既存の政府権力による否定を受けた原が、〝士族の超越〟を経て内面化していた政治に参与する主体としての自意識を維持したままで、はやくも第二の進路の開拓に成功したことを意味する。原は、今度は「官」ではなく「民」の立場から、国家レベルの政治に関与することができるようになったのだ。

さて、その原敬と郷里盛岡との関係はどうだったのだろうか。彼は、報知入社後約一年半を経た明治一四年（一八八一）五月、東日本一帯をめぐる視察旅行に赴き、八月、盛岡に帰省している。

ここで再び先行研究を参照すれば、この時の原が、同年生まれでかつての学友だった鈴木舎定《いえさだ》（安政三〜明治一七年〈一八五六〜一八八四〉）を訪問し、門前払いにあった逸話を知ることができる[39]。原が同行していた渡辺洪基《こうき》（弘化四〜明治三四年〈一八四七〜一九〇一〉）は元内務官僚であり、この前年に集会条例を起草していた。対して盛岡の鈴木は、青森の本多庸一・菊池九郎と同じく、地方における自由民権運動を推進する若きリーダーであった。「官」の勢力に相対する「民」の勢力の指導者だった鈴木の目に、渡辺は官憲の走狗であり敵であるとしか映らず、対話の相手ではなかったようである。よって鈴木は、渡辺に同行していた原についても、面会すらせずに見限ってしまった。原はこの日のことを言葉少なく以下のように記す。

〇是より卅日まで盛岡に滞在す。予渡辺洪基氏と同行するを以て少年輩の来る者少し。蓋し渡辺氏之集会条例を草したりとの評説あるに因り、非常の圧制家と思へ来訪せざりしなり。我県人の見聞に狭き今に脱せず。誠に憫むに堪へたり。（明治一四年八月二八日）[40]

報知入社を果たした原敬は、上司であり先輩記者でもある藤田茂吉（嘉永五〜明治二五年〈一八五二〜一八九二〉）と箕浦勝人（嘉永七〜昭和四年〈一八五四〜一九二九〉）の薫陶を得て、福沢諭吉の論説からイギリスをモデルとした政体構想を学んでいた。福沢によって紹介された当時における最新の政体構想とは、対立する二つの政党が平穏の内に政権を受授しあう二大政党制、そして、選挙に勝利した政党が行政と議政とを兼務する議院内閣制のことである。[41] 中央でこうした最新の政論からの感化を受けた原は、この時すでに『郵便報知新聞』（以下『報知』）紙上で「官民軋轢」緩和論を発表しており、各々固定的な「官」（＝政府）と「民」（＝在野民権派）とが上下に別れて争うのが当然とする通念は根本的にあらためねばならないものと考えていた。

そもそも、たとえ「官」の一員だからといってその全員が保守的思考に凝り固まった「非常の圧制家」とは限らない。原がみたところ、渡辺洪基は単なる「保守主義者」でも「非常の圧制家」でもなかった。にもかかわらず、鈴木舎定ら盛岡の政治活動家は、「官」対「民」という上下対立の図式的理解に基づき、在野民権派としての自己の立場にあくまでも固執したのであった。世間の評判を鵜呑みにして、政府側の人物と実際に対話することすら拒んでしまった郷里の人々に対して、原は「我県人の見聞に狭き今に脱せず。誠に憫むに堪へたり」と評価するしかなかったわけである。

愛郷者と知られる原ではあるが、明治一〇年代時点の郷里盛岡における自由民権運動に同調することはできず、この時の彼はあくまでも、中央紙記者としての自分の立場を貫いた。郷里への帰属意識が、そのまま原の政治思想や政治行動に直結したわけではなかったのだ。

以上、原敬においても郷里的連帯、そして「民」（＝在野民権派）の勢力とは乖離していた個人を確認しておきたい。(42)

五　既存権力への再接近――原と陸の再会

北海道に渡った陸実だったが、およそ一年でその生活にも見切りをつけ、明治一四年（一八八一）五月に再度上京を果たす。前述通り、この時原敬は視察旅行に出ていたから入れ違いになってしまったが、明治一四年の政変の影響もあって同年一〇月に旅行を中断し帰京した原と、陸との再会はただちに果たされたはずである。陸にとって、上京は「放廃社」への再合流を意味していた。

この上京後、陸実は紋別製糖所に勤務した経歴を介して農商務少輔品川弥二郎（天保一四～明治三三年〈一八四三～一九〇〇〉）と直接の知己となり、次第にその関係を深めてゆくことに成功した。次の資料は、その後しばらくした明治一五年（一八八二）四月における品川宛陸書簡である。そこには、「放廃社」の友人である原と国分を品川に紹介する文面がみられる。

先月は愚友原敬と申者、大阪大東日報に被雇、文壇に筆戦を試むの挙に付種々相談の事も有之、且つ該日報社へ入社為致候為め仙台陸羽日々新聞社員たりし国分豁を呼び、之を大阪え遣す等の事一切小生引

受候。（四月一四日）[43]

原敬の報知社退社は、この書簡から約二か月半前の明治一五年一月末であった。『報知』は、明治一四年の政変のため下野した大隈重信（天保九～大正一一年〈一八三八～一九二二〉）によって買収され、立憲改進党の影響下に置かれるようになっていた。原の退社理由は、改進党の人々、特に慶應義塾閥との反目にあった。彼はその内心を次のように記す。

余の意見は報知新聞今回の主義に合せず、又余同社に在りて大に其意志を伸ぶるに由なき（彼等に党せざるが為めに）に依り退社の意ある久し。而して今回同社に改革あり、其主義急進に傾く、依て断然退社に決し、左の書面を送り退社を申込たり。（以下「左の書面」略）（一月二五日）[44]

その結果、原は外務卿の井上馨（天保六～大正四年〈一八三六～一九一五〉）に接近し、当時在野民権派から忌み嫌われた立憲帝政党系の大東日報社に移り、大阪へ赴任したのであった。原と、井上及び帝政党との接触は、「晩に井上外務卿の邸に会合す（井上毅及小松原英太郎の紹介）」（三月二日）「福地源一郎、岡本武雄、羽田恭輔、草野宜隆、水野虎次郎等と共に井上外務卿の邸に会合す」（同一〇日）[45]という日記の記述から知ることができる。

さて、本書の考察においては、この間に陸実も関係していたという事実が重要なのである。前掲品川宛書簡から、原が報知社から大東日報社に移る際に、原・陸・国分から「放廃社」の会合が――おそらくは何度も

——もたれていた事実が確認できる。在京「放廃社」の集いの場で、陸は、郷里の津軽地方における自由民権運動の現実や、運動から距離を置く自分の考えを語っただろう[46]。そして原もまた、盛岡帰省時の体験や、改進党・慶応閥に対する憤懣を述べたことだろう[47]。つまり、原と陸は等しく、郷里的連帯からの自立と、自由民権運動を推進する政治結社（＝在野民権派）との対決を自覚していたのだ。同じような体験を経て、同じような考えと実感が「放廃社」において共有された。その上で、彼らは立憲帝政党系の政治運動に同情を寄せていくのである。

しかし、彼らの期待に反して帝政党系の運動はさっぱり振るわなかった。原は、入社後約半年の一〇月二一日に大東日報社を辞めている。次にみる加藤恒忠の日記からは、大東日報退社後、大阪を離れて再び上京してきた原を囲んで、「放廃社」の会合がもたれたことがわかる。

放廃会を神田開花楼に於て開く。来会する者、原敬、吉田義静、陸実、深野辰次郎、臼田律、久保田〔窪田〕洋平、福本巴〔日南〕、依田錞五郎。（一一月一一日[48]）

さらに、以下はその後における陸実の加藤恒忠宛書簡である。

品川弥次郎衛（廿日頃に帰る積りで）未だ帰らず、僕の刻苦せる訳文を抱て之を金に代る事能はす……原も窮して居る風なり。誰も皆な窮、実に我党の厄運に際する事今日に始まらす……（一二月二七日[49]）

上京後の陸は、品川に依頼された翻訳を請け負うことで生計を立て、定職をもたず、帝政党の運動に直接参加することはなかった。一方の原は、帝政党参加が原因で苦境にあったのだが、その原が陸によって「我党」と同一視されている。さらに、「品川弥次郎衛」云々とやりとりしている陸と加藤からは、時の政府権力者である品川を相対化する眼差しをうかがうことができる。陸と品川の関係は、佐々木隆によってメディアと権力の癒着として否定的に捉えられているが、(50)あらためて慎重な考察をすべき余地がある。この時の陸たち「放廃社」同人は、「賄騒動」の苦い体験を踏まえ、書生論を振りかざし、また幕末維新期の「志士」気取りで現実との妥協を考えない態度については反省していた。とはいえ、原による井上への、そして陸による品川への接近は、「国家の治者たるべし」という彼らの自己実現のための手段であったに過ぎない。〝士族の超越〟を経て、明治以後の日本社会に適合する新たな政治主体としての意識を確立していた彼らにとっては、既存権力との接近それ自体が目的だったわけではないのだ。彼らが「放廃社」を結んでいる以上、前述した「賄騒動」での共感――権力には「屈従」しても「心服」しない、「精神の独立」が肝心である――は、依然維持されていたはずである。

「賄騒動」によって一度既存の政府権力（＝「官」の勢力）によって否定され、さらに地方を舞台とした政治運動（＝「民」の勢力）からも離反せざるをえなかった原と陸にとって、当座の帰属先となったのは、やはり「放廃社」であった。放校を通じて生まれた「放廃社」だが、しかし藩閥権力への敵愾心によって、彼らの思想と行動がそのまま自由民権運動に直結することもなかった。敵の敵は味方、ではなかったのである。それぞれに未だ先のみえない友人たちと将来を模索していた間に、彼らは既存の政府権力への再接近をはかり、それを相対化しながら自己の思想を醸成していた。本書全体の観点から贅言すれば、これは、明治啓蒙主義が唱えていた「文明の精神＝独立の気力」の具現化である一方、漢学的価値意識で重んじられる「衆酔独醒」「豪傑の士」への自己同定とも評価できるだろう。こうして「放廃社」は、安易に周囲の論調に応じることのない思想家集団へと成長していく。

【写真 3】
「明治 15 年春」（個人蔵）
右より、原敬〔カ〕（26 歳）、加藤恒忠（23 歳）、
国分豁（25 歳）、陸実（25 歳）

明治一五年一一月二一日、原敬は井上馨の引きで外務省に入省する。一方の陸実も、品川弥二郎に仕官斡旋の依頼をなし、翌明治一六年（一八八三）六月一三日、太政官文書局に入り中央政府の官僚となる。二人はここにようやく、放校という過去の清算を果たした。さらに同年七月一四日付で、原は太政官文書局兼務となっている。こうして、原と陸は同僚として、ともに草創期の『官報』編纂業務に携わることになったのである。[51]

この時、原敬二七歳、陸実二六歳。放校からは四年五か月が経過していた。

六　おわりに

以上、「放廃社」というカテゴリーのもとに、法学校放校から太政官文書局出仕に至る原敬と陸羯南の軌跡を追ってみた。「放廃社」において、青年原敬と陸羯南の実体験と、それを通じた共感の実在を確認することができたように思う。

原や陸の場合、反藩閥・反権力の思想を確立していたために法学校を放校されたのではなく、また、保守的思想を確立していたために郷里の自由民権運動から離反したのでもない。二人はともに行きがかり上、エリートとしての挫折を経験し、また郷里に対しても屈折した感情を抱えることとなったが、その挫折・屈折が、彼らの思想形成における支柱の役割を果たしたのである。直面させられた現実によって新たな自己形成を迫られた二人は、「放廃社」に拠ることで同志を得て、安易に周囲の風潮には迎合しない、既存社会の実状に対する批判者としての立場を維持したのだ。彼らは「学士」とは異質の存在であった。ここに、「放廃社」とは、政教社や民友社に先行する明治一〇年代の特異な思想集団である、と評価することができよう。

一方、同じ「放廃社」という場において相互に影響を与えあった原と陸が、やがて異なる進路をとることになる事実もみなければならない。原と陸それぞれの辿った四年五か月において、現在状況・周囲環境に制限されながら、自分にとってよりよい道を模索し行動した個人の姿をみることも、また可能だからである。

既存の政府権力からの否定を受け、さらに既存の郷里的連帯や学閥的連帯からの乖離を個々に経た二人は、友人たちとの邂逅と自己分析の結果、再度個々に、既存権力への接近を果たした。意志と偶然とが作用し、それぞれ井上馨と品川弥二郎という知己を獲得した原・陸は、ともに中央官庁の同僚となった。だが、やがて陸は官を辞し、「放廃社」同人の国分青厓・福本日南を同志として生涯ジャーナリズムの世界に身を置くことになる。他方原は、パリ時代に合流した同人の加藤恒忠と同じく政府官僚としての生活をしばらく続け、陸奥宗光（天保一五～明治三〇年〈一八四四～一八九七〉）や伊藤博文（天保一二～明治四二年〈一八四一～一九〇九〉）らとの出会いを経て、政党政治家へと転身してゆく。こうして、「放廃社」はその歴史的使命を終えて解体し、ある理念を共有した一個の政治結社なり、また、ある理想を掲げた一個の文学団体なりとして、歴史にその名を残すことはなかった。

「放廃社」は、何よりも「精神の独立」を旨とする、主体的個人の結盟であった。したがって、それがやがて分裂し、結社として無名に終わったのは何ら驚くに値しないありうべき帰結であったといえよう。だが、そうであるからこそ、「放廃社」には、「立憲政友会」を主宰した個人と、そして「国民主義」を体系化した個人という、二つの個性を生んだ母胎としての大なる価値——一つの雑誌を出版することで一つの思想集団として特立した政教社や民友社とは趣をまったく異にする——が存するのである。

（1）陸羯南に関するもの、そして原敬に関するものともに、膨大な量の研究蓄積がある。序論の註（26）・（27）・（28）を参照のこと。かつては、特に陸羯南研究の場合において、明治一〇年代における事跡がほとんど省みられない傾向が強かったのだが、二〇〇七年以後、有山輝雄・松田宏一郎・稲葉克夫などの研究成果があらわれたことによって、それは克服されつつある。もっとも、『日記』『文書』など該時期における史料がまとまって残る原と違って、陸の場合は史料的な制約がかなり大きい。そこで本文で論じてゆくように、「放廃社」というカテゴリーを活かし、青年期の原との関係を重視することで、当該時期における陸の思想形成についても、より深い洞察が可能であるとしておきたい。

（2）中野目徹『政教社の研究』思文閣出版、一九九三年。

（3）同前一〇六頁。

（4）同前一〇九頁。ここで中野目は、「明治二十年、政教社に結集する「同志」たちは様々な理由により東京に集結してきていた。彼らが学士社会とでもいうべき結合を始めたことを重視すれば、ここに政教社と民友社の相違点が存するという予測を立てることができる」と述べ、政教社と民友社との質的違いを指摘している。民友社の結集原理に関しては本書が論じるべきテーマではない。しかし、本章での考察で明らかにするように日本新聞社も「学士社会」の特徴を共有しない。このことは、いわゆる「明治ナショナリズム」の担い手たちが実に多様な背景をもっていたことの証左である。

（5）ここには、かつて橋川文三が指摘した近代日本思想における「ナショナリズムとパトリオティズムとの異同」（前掲橋川『ナショナリズム』序章）という問題を考えるための糸口がある。いわゆる「明治ナショナリズム」が、中野目のいう「学士」によって唱えられたものでしかないならば、地方出身者の旧藩情や郷土愛――すなわちパトリオティズム――は彼ら「学士」個人の優越感とともに解消され、中央権力による概念の操作――すなわちナショナリズム――において整理されてゆくものとなる。この理解に基づくならば、「明治ナショナリズム」は中央権力による一方向的な作為である、という側面を多分に汲みとらねばなるまい。

（6）佐藤能丸『明治ナショナリズムの研究――政教社の成立とその周辺』芙蓉書房出版、一九九八年、広瀬玲子『国粋主義者の国際認識と国家構想――福本日南を中心として』芙蓉書房出版、二〇〇四年など、近年においても政教社及び日本新聞社を同じ「国粋主義」の担い手として一元的に把握する見方がある。だが、そこでは陸個人の用語である「国民主義」の意図が十全に考慮されているとはいえない。

（7）司法省法学校に関しては、『東京大学百年史』通史一、東京大学出版会、一九八四年、七〇〇～七三四頁、及び手塚豊「司法省法学校小史」一九六七年『手塚豊著作集〈九〉明治法学教育史の研究』慶應義塾大学出版会、一九八八年を参照。

（8）前掲原「不窺園録」『原日記〈六〉』一三～一四頁。以下、本章における引用資料中の傍線付人名は、法学校放校後の原や陸たちが取り交わした書簡に登場し、「放廃社」の社員と認められる面々である。それを列挙すると、本文九五頁の【表2】のようになる。

（9）前掲手塚「司法省法学校小史」『明治法学教育史の研究』五八頁、九七～九八頁にある第二期生の小宮三本松談によれば、「八百名計りの志願者」とあり、他方、前掲『東京大学百年史』七一一頁によれば、入学志願者は「四二〇名に及んだ」ものの諸々の事情により「結局三〇五名」が試験せられたとあるため、第二期生の正確な志願倍率は記しがたい。だが、本書では原敬個人の自負心の確認が目的であるため、『原敬日記』の記載を重視したい。

（10）明治四年（一八七一）、一五歳で離郷・上京の後、フランス人宣教師の従卒を務めるなどして西洋の学問に接した原に対して、少年中田実は、明治六年（一八七三）、一六歳でまず、郷里弘前の東奥義塾に入学したことによって英学に触れている。だが、その翌年、明治七年（一八七四）には、東奥義塾を退学して離郷、仙台に新設された宮城師範学校に入学する。しかし、明治九年（一八七六）三月、卒業を待たずに退学、上京となった。

（11）この入学試験についてはすでに前章第五節でもみているのだが、以下要点のみ確認しておきたい。原敬によれば、「通鑑綱目約ね一枚半許に句を切り点を付す」ことと、「論語、「子謂子産有君子之道四焉」章に、章意と解義とを区別して弁書せしむ」ことが試験された。原は自身の解答文も残しており、論語についての答案文の冒頭には「凡そ国家に相たる者は独り君上に奉事するのみに非ず。又独り人民を使用するのみに非ず。君民の間に中立して、上下の宜を制するの義務あり」（以上、前掲「不窺園録」一三頁）とある。被試験者は「国家に相たる者」としての自負と心構えとを試されたのである。「君子之道四」は「恭・敬・恵・義」であり、原恭《ゆたか》・敬《たかし》兄弟の名前の典拠として考えることもできる。よって、該試験において原は日頃の自負心を存分に開陳したといえる。原は那珂通高、中田は工藤他山と、ともに両藩随一の儒学的学識者を師匠にもつ。

(12) 福本日南「原敬」明治四一年（一九〇八）『日南集』明治四三年（一九一〇）、加藤拓川談・池辺吉太郎記「故陸羯南」『朝日新聞』明治四〇年（一九〇七）九月六日号四面『陸全集〈一〇〉』を参照。ここで福本は、植村を「薩摩ポー」（三五一頁）とよび、反藩閥的感情を表明している。なお、『原日記〈六〉』には、福本の評論に対する原自身の注釈が載るが（一〇〇～一〇四頁）、「日南と余とは同窓なりしも、退校の頃を除きては日南のいふが如くその類を異にせり。退校後といへどもその進路を異にし、而して彼は多く批評の位地にあり。故に余の心事は彼れこれを解せざることもあらんか。他日一夕の閑談をなさば、彼亦釈然たる所あらん」（一〇四頁）とある。お互いの思い違いと信頼関係がともにあることを看取でき、興味深い。

(13) 前掲福本「原敬」『日南集』三五一頁。この点については、原自身による注釈でも反駁はない。後の原敬もこの「心服」問題を記憶していたことがわかる。前掲前田『原敬伝』もこの内容を紹介している。

(14) 同前三四九～三五一頁。

(15) 「司法省法学校に居たころの事である。陸羯南と加藤拓川と福本日南と僕の四人で富士登山をやつた事があつた。……別にこれといふ目的があつた訳ではない、学校が休みだから「一つ富士にでも登つてみるか」といふので出かけたのである。当時東京横浜間だけしか汽車がなかつたので、横浜からテク〱と歩いた。登る時は御殿場の方から登つて頂上で一泊した。服装は今日のやうに登山服だの何だのといふものは無論ない、多くは蓑菅笠に金剛杖といふ服装であるが、我々は浴衣の裾をからげて草鞋穿きといふ至極簡単な身装であつた、その中でも僕は一人下駄穿きで登つた。何しろハチ切れるやうな元気を有つた青年時代の事であるから、見るもの凡てが血を湧かす、愉快な事、憤しいこと、すべては得堪へぬやうな心持であつた。四人は高かに笑ひ、大声にどなりして旅をつゞけた」（「追憶　国分青崖」『拓川集』追憶篇、拓川会、昭和八年〈一九三三〉、一四～一六頁）。

(16) 前掲川村「明治の津軽びと――陸羯南〈その五〉」参照。

(17) この点、原の注釈では、「日南等と余等とは必ずしもバンカラとハイカラとの訳を以て分れ居たるにはあらず。入学試験及第の順序にて居室を定めあり。余は最初吉原三郎等と共に一号室にあり、日南等は東の方何号かの室にありて大分隔り居たるにより、自ら疎遠になり居たり。賄騒動の頃は各室変更後にて、余は中央の二階にありたれども、なほ日南等とは多少隔り居たり」(『原日記〈六〉』一〇一頁)とある。原の記憶によれば、在校時の彼らが疎遠だったのは「バンカラ」と「ハイカラ」の差というよりも、単に部屋が遠かったことの方に主たる理由がある。ところで、法学校在校時の彼らが撮影させた写真をみてみると、福本や中田実たちのグループが和服姿のいわゆる壮士風に近いスタイルであるのに対して、原の方は洋服姿である。「出発点より既に其カラを異にした」から疎遠だったのだという福本の実感についても、一面ではやはりうなずけるものがある。

(18) 前掲加藤談・池辺記「故陸羯南」『陸全集〈一〇〉』二一一~二一二頁。なお、『陸全集』のこの部分は『朝日新聞』による翌日の訂正を受けたものである。参考までに『朝日新聞』の翌日号、すなわち明治四〇年(一九〇七)九月七日号三面の訂正文をここにあげておく。「昨日の文末、原は翩々たる才子に過ずとあるは非ずの誤植」。原は「翩々たる才子に過ず」なのか、それとも「翩々たる才子に非ず」なのか。つまり、「あいつは軽薄な才子にすぎない」のか、それとも「あいつは単なる才子ではない」のか、中田実の真意がどちらに近いものであったのかはわからない。本文に後述するように、当初中田と原とが疎遠だった理由に旧藩がらみの因縁をあげることもできる。法学校第二期生において、青森県出身者=津軽藩出身者は中田実・乙部多吉の二名のみであり、岩手県出身者=南部藩出身者は原敬ただ一人であった。

(19) 前掲前田『原敬伝』上巻、一八八~一九〇頁。大原恒忠の改姓、及び平民としての分家独立は明治一二年(一八七九)正月のことである(「加藤恒忠略年譜」『拓川集』拾遺篇、拓川会、昭和八年〈一九三三〉、附四頁)。また、これ以後別行動をとる福本巴の事跡については、広瀬玲子「福本日南の思想形成――明治一〇年代ナショナリズムの一側面」『日本史研究』第二一四号、日本史研究会、一九八〇年を参照のこと。

(20) 大原恒忠の改姓、及び平民としての分家独立がなされたのは司法省法学校放校の直前だったが、そこに、法学校入学以前において平民として分家独立していた原敬からの影響をみるのは無理なことではないだろう。大原あらため加藤恒忠にとって、原は同期生である一方、三歳年長の頼るべき兄貴分でもあった。なお、大原恒忠は、伊予松山藩の儒学者、大原観山(文政元~明治八年〈一八一八~一八七五〉)の三男である。彼の場合も、原家の次男だった敬に同じく、大原家の長男ではなかったからこそ、旧来の家秩序を離れて独立する決断をくだすことができたものと評価できる。なお、この問題については、中田実の分家独立の場面に即して本章註（31）のところでも述べる。

（21）永島貞「放廃社記」『原文書〈四〉』四八～四九頁。原漢文。「放廃社者何。吾党放廃人之結社也。結放廃之社者何。欲顧於其号而相責〈善〉相励也。嚮者。吾党之放廃〈於法学〉也。……嗚呼。吾党者何。法学所放廃之人也。酒色宴安怠惰者何。君子所放廃之事物也。以放廃人放廃放廃事物。誠可謂善矣。雖然。社中如日酒色宴安怠惰者実吾党同類也。同類〈而〉相疎。豈〈可〉所能忍哉。則非吾所敢知也」。訓読においては、傍線のある文字を省き、山括弧でくくられた文字を挿入した。

（22）社員中田実稿「詩歌稿」『原文書〈四〉』五〇頁。原漢文。「賈生　青年楽事須相歓、漢帝恩深便放臣、可是長沙不無酒、如何却学独醒人」。なお、この詩は陸羯南の第一詩集『咳声余韻』にも収録されているが、一文字異同がある（第二句目「便↓遠」）。この詩の解釈については、高松亨明『陸羯南詩通釈』津軽書房、一九八一年、四八～四九頁を参照のこと。「独醒」は、楚の屈原「挙世皆濁我独清、衆人皆酔我独醒」（「漁夫辞」）より。賈誼は左遷先の長沙に赴く途上で汨羅を通過する際に、屈原を悼む「弔屈原賦」を作成した。当時の中田実が詠んだ漢詩にはしばしば賈誼が登場する。

（23）さらに、中田実が試験の点取屋を嘲る内容の漢詩「忽点者言」（『陸全集〈一〇〉』二三四頁）を残していることにも注目しておきたい。このような漢詩からも、永島の「放廃社記」にみられた内容と同じく、政府が定義した上下の序列化を冷笑する態度がうかがえ、やはり、既存の価値基準や秩序に相対する主体としての自分たちが意識されていることがわかる。

（24）源了圓「幕末・維新期における「豪傑」的人間像の形成――変動期の人間観と人間像の問題をめぐって」『東北大学日本文化研究所研究報告』第一九集、一九八三年、七四～七五頁。

（25）前掲前田『原敬伝』上巻、一八三～一八四頁。「斯くて今度の東北同盟は、見事に成功した。ところが、それは一時の成功で……原敬は戊辰の際の南部藩よりも、一層ひどい目に会つた」とある。

（26）戊辰戦争時に津軽藩と南部藩との間でなされた戦闘については本書第一部第一章ですでに触れた。東北地方における戊辰戦争の概略については、前掲佐々木『戊辰戦争』を参照のこと。

（27）陸実「加藤恒忠宛書簡」『陸全集〈一〇〉』一八～一九頁。

（28）加藤恒忠「陸実宛書簡」同前一一六～一一七頁。

（29）当時の原敬も、山梨県在住の「放廃社」同人に「在京諸子皆無事、客月新年宴会を松原に開き、会する者、秋〔良〕・依田・原田・小見・永島なり。吉田・大原（加藤恒忠）事故あり会せす、誠に盛会なりき。都下梅花漸く可観の色あり、御地は如何」（原敬「矢野道雄・竹内九郎宛書簡」明治一四年〈一八八一〉二月一四日、前掲山本『評伝原敬』上巻、七四頁より引用。「秋月（カ）」については「秋良」と考えられる）と、東京での新年会の様子を報告しており、あらためて「放廃社」の紐帯を確認することができる。

(30) 「羯南先生年譜」鈴木虎雄編『羯南文録』昭和八年（一九三三）に「明治十二年己卯……九月八日絶家陸家を再興し、其の戸主と為る」とある。

(31) 前掲松田『陸羯南』三頁。中田家にはすでに俊次郎《しゅんじろう》という跡取りがいた。最新の伝記研究においては、「敢えて姓を改め、一戸をかまえようとした直接的契機は、中田家の家内事情であろう。……前妻の長子である羯南の中田家における居場所は、もともと不安定であった。そこに、出世の階梯から外れ、学位も職もなく帰ったのであるから、居心地がよいはずはない。彼は、自らの居場所を独力・自力で作ろうとしたのである」（前掲有山『陸羯南』四五～四六頁）と描写されている。この時の「家内事情」は確かに「不安定」だったといえるが、前章第四節で原敬の場合に即して捉えたように、従来居候の身分に甘んじてきた「次三男以下の人々」にとって、新しい明治の世はようやくめぐってきた「社会的上昇の機会」だった。よってこの「家内事情」のためにこそ、青年中田実は、中田家の家秩序を離れた自由な進路選択が可能だったのだという積極的評価もできる。

(32) 前掲鹿野「ナショナリストたちの肖像」二三頁、前掲川村「明治の津軽びと――陸羯南〈その六〉」、前掲小山『陸羯南』二七～二九頁。

(33) 陸実「中田敬太郎宛書簡」『陸全集〈一〇〉』八〇頁。

(34) 漢学の価値基準で、韓愈は「豪傑の士」として讃えられる人物であり、その超俗的な精神のあり方は安積艮斎のような江戸期の儒者に尊ばれた。この点は、荻生茂博「安積艮斎の思想――幕末官学派における俗と超俗」玉懸博之・源了圓編『国家と宗教――日本思想史論集』思文閣出版、一九九二年、三七一～三九三頁を参照のこと。同論文は、後、荻生茂博『近代・アジア・陽明学』ぺりかん社、二〇〇八年、二二六～二五〇頁に再録。以下引用は『近代・アジア・陽明学』より。「韓愈の進退論の特徴は、……経世に力を発揮できない者の任を「立言」に求めたことにある。「立言」とは、『左伝』襄公二十四年の「立言不朽」、曹丕「典論論文」の「文章経国大業、不朽之盛時」に基づき、文章それ自体のもつ政治的な重さをいう。韓愈は……「豪傑の士」は自らの文章に自負をもって出処の節操を守り、隠逸の中で後世に残る文を著わすとの考えを示している」（二四二頁）。中央での挫折を体験したこの時の陸も、「放廃社」の紐帯と併せて、このような「立言」への志を拠りどころとして自分を支えたことを推察できる。

(35) 「寒帆余影序」『陸全集〈一〇〉』一九五〜一九六頁。原漢文。「偶読大学。至日欲治其国者。先斉其家。欲斉其家者。先修其身。又日。孝者所以事君也。余於是翻然而悟焉。嗚呼。人生不能尽孝於其父。而欲輸忠於其君。固既惑矣。況不能自保。而欲済人。不太過乎」。

(36) 青森新聞時代の陸実、そして彼と郷里との関係については、詳しく検討したい問題を含むため、本書第三部において集中的に論じる。

(37) 前掲前田『原敬伝』上巻、一九〇〜一九一頁。

(38) 原が韓愈を見本としたのは単にその文体のみではないだろう。註（34）でも確認した、自らの文章に拠って出処進退の節操を守り、時を得なければ隠遁の内に過ごしつつもそれに倦まず、やがて時を得て経世に力を奮う日が訪れるのを待つのみという精神的境地こそ、この時点の陸や原に共感されたものである。

(39) 前掲前田『原敬伝』上巻、二三〇〜二三三頁。

(40) 『原文書〈四〉』一六八頁。

(41) 報知社時代の原敬がいかなる政治思想を形成していたのかについては、本書第二部で詳しく述べる。

(42) 本章では「放廃社」を通じた陸と原との共感同情の存在を重視しているが、両者における思想形成の契機はまったく同一のものとはいえず、特に郷里に対する姿勢においてかなりの温度差を看取できる。この問題について詳しくは第二部及び第三部で考えたい。

(43) 陸実「品川弥二郎宛書簡」『陸全集〈一〇〉』五八頁。

(44) 『原日記〈一〉』九頁。

(45) 同前一〇頁。

（46）前掲品川宛書簡において、陸は「〔郷里からの〕書面には、県地にても……田舎文吏に学力及才識の相応なる人に乏しく、中々政党組織にも不容易状態と遙々悲嘆致居候」と記している。ここには郷党から自立した彼の認識が示されているといえよう。

（47）原は、前年一一月二八日付の八角彪一郎宛書簡で「郷里の事は疎遠に相成様にして遺憾に御座候」（『原全集〈上〉』一一八〇頁）と述べている。陸に同じく、この頃の原も郷里からは乖離しているのである。

（48）加藤恒忠『拓川集』日記篇、拓川会、昭和六年（一九三一）、八頁。原漢文。「開放廃会於神田開花楼来会者原敬、吉田義静、陸実、深野辰次郎、臼田律、久保田洋平、福本巴、依田鐐五郎」。

（49）陸実「加藤恒忠宛書簡」『陸全集〈一〇〉』二一頁。

（50）佐々木隆『日本の近代〈一四〉メディアと権力』中央公論新社、一九九九年、一六八〜一七二頁。

（51）しかし、任官時において、原は准奏任月俸八〇円、陸は准判任同五〇円であったから、待遇において決定的な格差があった。このことは、陸がやがて官を辞し、民間の新聞業者として自立することになる遠因の一つとしても考えることができるだろう。

第一部　総括

以上、本論第一部では、明治初期に思想形成を開始した原敬と陸羯南にとって所与の前提条件としてあった社会的状況の要点と、その状況にあって運命的な出会いを果たした二人がどのような共感を得ていたのかを理解すべく、三つの章で論じた。

明治維新以後の近代日本を通じて、原敬の故郷である「南部」と陸羯南の故郷である「津軽」の両地域には、戦国期由来の対立感情が残存し、しかも再生産されていた。この地域間対立の場は、「南部」や「津軽」といった郷里に対する原初的愛着の感情である「愛郷心」の発生根拠であり、その感情は郷国「日本」に対して向けられる「愛国心」に近似するものであった。しかしその一方で、この同じ地域間対立の場こそ、自分の郷里・郷国に対する偏愛を克服して他郷・他国の人々と共存しなければならないと考える「国際心」の理念を生み出す母体でもあった。「愛国心」と「国際心」は、どちらも近代日本において一定の説得力をもちえたのである。ところで、地域間の対立の原因だった旧藩秩序とは、本来、「武士」対「農工商」、そして「上士」対「下士」という階層間の断絶を生む淵源でもあった。明治啓蒙主義を代表する思想家の一人福沢諭吉は、こうした階層間の断絶を問題としてその解消を目指したのであり、それは確実に明治の新社会に浸透した。明治における旧藩秩序とは、他藩・他地域の人々に対抗するべく郷里を同じくする人々の団結を訴えたり、それに反対して郷里を異にする他藩・他地域の人々との協調を唱えることで、地域間の対立構造の存在を際立たせた。だがそのことによって、旧藩内部における旧来の階層間の対立構造は問題とされず、そ

の劇的な忘却という結果に至ったのである。（第一章）

そうした旧藩秩序の再編が進みつつあった明治ゼロ年代において、当時まだ一〇代の少年期にあった原敬は、新しく整備されたメディア環境の恩恵を受け、読者／投書記者として積極的に新聞と関わっていた。西洋由来の近代的利器たる活版印刷と、漢籍由来の伝統的論理形式に基づく思考様式を媒介に、啓蒙思想家、特に福沢諭吉からの影響を受けた原は、明治八年（一八七五）、士族から平民へと族籍を移りつつ分家独立を実行している。南部藩の上級武士の家の出身であった原は、周囲に対してそうした家柄を誇ることもできたはずである。だが、彼はそれを拒絶して一平民として自立することを決意し、明治啓蒙主義の神髄たる「文明の精神＝独立の気力」を内面化した。一方、分家独立の翌年において、彼は司法省法学校の入学試験を突破して国家官僚候補生の立場を獲得する。このことによって武士的な「名誉意識」の充足にも成功し、自然、当時在野の「民権派新聞」が唱えていた士族民権論には与せず、との態度を固めた。つまり原は、族籍としてはかつての特権階層であった士族から脱しながらも、官僚候補生として伝統的治者たる「国家に相たる者」「君子」としての意識を維持することで、明治以後の日本社会に適合する新たな政治主体としての意識を確立したのである。（第二章）

そうして入学した明治九年（一八七六）の司法省法学校において、原敬は、後の陸羯南こと津軽藩出身の中田実と出会っている。前時代における敵国の生まれであることを互いに意識し、出身階層にも違いがあり、ハイカラ党とバンカラ党というように所属グループを異にしていた彼ら二人は、在学時において必ずしも親密ではなかった。だが二人は、「賄騒動」とよばれた校内事件で共闘し、学校当局者に反抗する。その際、彼ら学生は、権力の命令に対して形而下で「屈従」することがあったとしても、形而上で「心服」する／しないは個人の自由であり、「精神の独立」が守られなければならないという主張において結託した。結局、明治一二年（一八七九）二月、原と陸は、法学校からの放校処分に連座する。中央省庁の官僚として出世する道に挫折し、経済的自立と精神的独立の危機に直面し、武士的な「名誉意識」をも奪われてしまった彼らは、ここで新たな自己形成の必要に迫られた。同じ放校処分を受けた仲間たちによって結成された「放廃社」という名の結社に参加した人々は、漢作文や漢詩文を介して、中央から地方への左遷にあいながらも捲土重来を果たした過去の文人たちに共感した。そして中田実は、同社のリーダー格であった原敬に倣いつつ、平民として分家独立し、陸実とあらためる。すなわち、四年前の原敬によって成し遂げられた〝士族の超越〟の再生であり、明治啓蒙主義に由来する「文明の精神＝独立の気力」の内面化である。こうして、原と陸は「放廃社」での共感を通じて、既存の藩閥的連帯だけでなく、自由民権運動を推進する地方の士族的連帯や、中央の学閥的連帯を相対化する目を養ってゆく。やがて、明治一四年政変後の政治的混乱の中、「放廃社」の原と陸は、個々別々に再び既存権力に接近し、明治一五～一六年（一八八二～一八八三）において相次いで中央政府の官吏としての地位を回復したのであった。（第三章）

以上第一部では、若い思想者の行動追跡に紙幅を割き、その政治評論の解析はあえて行わなかった。明治一二年の司法省法学校放校から明治一五～一六年における原と陸それぞれの政府任官までの行動を概観してみると、両者が既存秩序に対して無前提に埋没する同調主義を嫌い、同時代の社会的状況の支配下にありながらも、その中で、精神的な意味においても経済的な意味においても独立しなければならないと努めていた道程が浮かびあがる。

ところで、原や陸が参加した「放廃社」とは、そこに集った個々人にとっては周囲環境であり、小さい規模ながらも社会的状況といえる。個人の主義主張やそれを表現するための行動様式とは、こうした学生仲間のような自分にとって身近な環境からかえって大きな影響を受け、その内実が規定されがちなものである。結社の仲間内での取り決めやリーダー格の人物の発言や行動に盲目的にしたがっているだけでは、個人ならではの識見など到底発現しえない。陸実の〝士族の超越〟にしても、もし、それが自分より一歳年長だった原敬の主義主張なり、行動なりをただ模倣しただけのものであるのならば、それは陸実個人の「精神の独立」の証とはならない。

だが、原と陸が「放廃社」で取り結んでいたのは、そのような癒着関係ではなかった。明治啓蒙主義由来の「文明の精神＝独立の気力」の発揮。「天爵」や「恭敬」の修養を重んじる伝統的漢学の価値基準において「衆酔独醒」「豪傑」と讃えられるべく、己の主義主張に合わなければ大勢には同調しないし、順応もしないメンタリティ。そのために必然化した藩閥権力に対する反感と反骨。地方で自由民権運動を推進する士族の連帯に対する違和感――「放廃社」に集った彼ら二人には、このように列挙できる、きわめて重要な認識が共有されていたといってよい。しかし、そうであるからこそ、この結社の内で互いに信頼に足る友人と認めあうためには、自分がその友人とは異なる考え方をもっていることを示さなければならないのである。同じ行動をとることも許されない。西洋近代と東洋伝統の思想的共鳴によって発揮される「精神の独立」とは、そうした緊張感を伴うものでなければならなかった。

事実、結果として、原敬と陸羯南の両人は明治二〇年代以後の活動において、それぞれ別の職業を選び、異なる立場にあったのみならず、政治観や、あるべき「日本」と「日本人」のビジョンにおいても、それぞれ正反対といってよい構想を抱くことになる。あらかじめ結論的なことを示すと、後の陸羯南の政論において、国家や政党とは、結社内の情実や世間の大勢に流されない、独立した識見をもつ個人個人が集合して運営するべき、高度の政治組織として想定される。つまり、若かりし陸実自身が、原敬ら友人たちと共に参加した「放廃社」で実現した個人と結社の関係こそ、後の日本新聞主筆陸羯南が主唱する「国民」一人ひとりと国家の関係、そして「政事家」一人ひとりと政党の関係へと連続するのである。

＊　＊

やがてそのような理念を提起することになる陸に対して、では、「放廃社」の一員として活動していた当時の青年原敬は、一体どのような体験をし、実感を得て、そこからどのような国家観と国民観、そして政治観を獲得したのだろうか。すでに述べたように、司法省法学校放校後の原敬は、およそ九か月間の浪人期間を経て報知社への就職に成功し、民権派の中央紙記者としての人生をスタートさせていた。

続く第二部では、この報知社時代の原が発表した論説文や日記などに基づき、当該時期の原が形成した思想の内実に迫ってみたい。

第二部　原敬の思想形成
——あるいは「多元的日本国民観」の成立

第一章　福沢諭吉の二大政党制・議院内閣制理論の受容

一　はじめに

本章では、原敬の報知社記者時代における思想形成[1]を、福沢諭吉の二大政党制理論、及び議院内閣制理論の受容過程として把捉する。そして、福沢から抽象的政治理論を継承した原が、まさにその理論継承のために、具体的政治行動において福沢と決別するに至る歴史的展望を提示してみたい。

あらためていうまでもないことだが、福沢は私立慶應義塾を英学塾として設立し、運営した人物である。その福沢に対して、原はフランス法の教授を目的として設置された官立司法省法学校に学び、そこからの放校後の一時期において、中江兆民（弘化四〜明治三四年〈一八四七〜一九〇一〉）の仏学塾に籍を置いた[2]。したがってここに、両者には直接の師弟関係がなかったこと、また、修めた学問系統に英学と仏学の違いがあったことを指摘できる。さらに、福沢が生涯政府への任官を拒んで在野の教育家・言論人として政治権力からの独立を守ったのに対して、原は官僚・政党政治家として常に政治権力の近くにあり、一貫してその奪取と保持とを志向し続けた。である以上、自己に課した職分意識の上でも、政治権力に対する意識の上でも、両人には明白な違いがあったといわざるをえない。

そのためか、管見の限りでは、これまでの研究史において福沢と原との思想的連続を直接に扱った論考はみられない[3]。だが、上記にまとめたような額面通りの理解を疑い、青年期の原の思想形成を時局の推移とともに追ってみると、そこに継続的な福沢の影響を認めることができる。事実、第一部第二章でも検討したように、原が平民として分家独立を果たした背景には福沢諭吉の文明論からの影響があった。

以上を踏まえ、本章では、明治一二年（一八七九）一一月における原敬の報知社入社と、それ以後約二年間に及ぶ報知社記者としての彼の活動にスポットをあて、当該時期の原における福沢の論説との出会いを捉え返すことを試みる。この考察を通じて、明治期に醸成され、大正期にまで一貫して保存されることになるであろう原の思考と行動の様式について、新たな提示が行えるものと考える(4)。

二　福沢から原へ――学派をこえた政体構想継承の要因

明治初年における国家構想、中でも政体構想において、西洋から輸入された知識体系が大きな役割を果たしたことについては、ここに詳論する必要はないだろう。これらの知識は、西洋由来の新知識として一括りに捉えられていたのではなく、イギリス、フランス、ドイツといった国の名のもとに体系化され、理解されていた。山室信一が述べるように、「この時代、英学といい、仏学といい、決して語学としての英語やフランス語の教授に限定されていたわけではなく、イギリス、フランスの文化そして社会全般を学ぶ、疎漏でも総合を志向する学として存在していた」のであり、「それだけに、法律、政治を含め学ぶ国と一体化する傾きが現在よりもはるかに鞏固で、模範国・準拠理論の選択と政体構想とが実体を超えて結びつけられることが少なくなかった」のである(5)。

では、官立学校で仏学を学んだはずの原敬は、なぜ、英学を修めイギリスの二大政党制と議院内閣制を紹介した福沢諭吉の理論から最大の影響を受け、その政体構想を継承することになったのであろうか。学派をこえた情報の伝播、そして認識の共有がありえたとして、その要因はいかに考えることができるだろうか。

この疑問に対しては、以下三点から回答する。

まず第一の要因として、原敬の個人史から、明治一二年（一八七九）一一月における原の報知社への入社を取りあげたい。原が入社した当時の報知社は、主筆の藤田茂吉、そして箕浦勝人以下、慶應義塾の卒業者が集う、福沢門下生たちの活躍の場であった。そして、報知社が発行する『郵便報知新聞』（以下『報知』）には、福沢諭吉その人も、西南戦争以後明治一四年政変以前――福沢主筆『時事新報』の発刊以前――の政治的状況を踏まえた時論をたびたび寄稿していた。

ここで注目したいのが、『報知』社説の「国会論」である。よく知られているように、「国会論」の執筆及び『報知』掲載の経緯については、福沢自身が自伝に記している。有名な箇所ではあるが、本章の立論でも重要な記事であるため、あえて引用しておく。

明治十年西南の戦争も片付て後、世の中は静になつて、人間が却て無事に苦しむと云ふとき、私が不図思付て、是れは国会論を論じたら天下に応ずる者もあらう、随分面白からうと思て、ソレカラ其論説を起草して、マダ其時には時事新報と云ふものはなかつたから、報知新聞の主筆藤田茂吉、箕浦勝人に其草稿を見せて、「此論説は新聞の社説として出されるなら出して見なさい、屹と世間の人が悦ぶに違ひない。但し此草稿のまゝに印刷すると、文章の癖が見えて福沢の書と云ふことが分るから、文章の趣意は無論、字句までも原稿の通りにして、唯意味のない妨げにならぬ処をお前達の思ふ通りに直して、試みに出して御覧。世間で何と受けるか、面白いではないか」と云ふと、年の若い元気の宜い藤田箕浦だから、大に悦んで草稿を持て帰て、早速報知新聞の社説に載せました。[6]

『報知』紙上では「藤田茂吉・箕浦勝人同稿」となっていた「国会論」だが、実はその原文の執筆者は福沢だった。そして世の反響を獲得するや、この連載記事はただちに、「藤田茂吉・箕浦勝人述」の単行本『国会論』として出版された。『報知』社説「国会論」は、明治一二年七月二九日から八月一四日にわたって同紙上に連載されていた文章である。単行本『国会論』が出版されたのも同年八月。つまりこれらの論説は、原敬の法学校放校後、報知社入社（同年一一月）前の時点で公表されたものであった。

ここであらためて、この時の原敬が置かれていた状況を振り返りたい。福沢の回想にしたがえば、西南戦争以後明治一四年政変以前の当時は、確かに比較的「世の中は静になつて」いたのかもしれない。だが、原の個人史に照らしあわせてみた時、その内心は決して「無事に苦しむ」はずがなかったことに気づく。なぜなら、第一部第三章で確認したように、彼はこの時藩閥権力によって司法省法学校の放校に追い込まれ、中央省庁の官僚として立身出世する道が閉ざされた直後だったからである。時の政府によって挫折を味わわされた、まさにそのタイミングで、原は福沢の構想になる『国会論』を目にした。しかも彼はその三か月後の一一月に報知社の記者となり、福沢の高弟で当時は『国会論』の執筆者と目されていた『報知』主筆藤田茂吉の指導のもとで新聞記者としてのキャリアをスタートさせている。

この経緯をみれば、報知社に入社した二三歳の原敬が、福沢諭吉の論説文から強い影響を受けざるをえない状況にあったことは疑いない[7]。本章で、明治一二～一三年（一八七九～一八八〇）という限られた時期に着目し、福沢諭吉から原敬への政体構想の授受という、これまでの研究史において扱われたことのない問題を取りあげるのは、まさにこの経緯を重視するからである。このことがこれまでの研究史で見過ごされたのは、福沢諭吉が明治期の思想史研究分野において論じられたのに対して、原敬の方は大正期の政治史研究分野で論じられ、二つの学問分野がそれぞれ独立的であったことに主たる理由があるものと考えられる。後年の原敬は福沢諭吉とは正反対の政治的立場をとるため、その結果からみると、福沢と原の生涯がほとんど何の関係もない印象になるのもやむをえない。だが本章で明らかにするように、青年記者時代の原敬が書いた『報知』社説は、福沢諭吉の文章をモチーフに成立している。したがって、後年政党政治家となる原の政治思想の重要な一面を決定したものとして、明治一二年における原の報知社入社という事実を軽視するべきではない。

続いて第二の要因として考えたいのが、活版印刷技術の普及によって実現した新しいメディアの発達である(8)。明治ゼロ年代における原敬のメディア受容の実態に関しては第一部第二章においてもすでに論じている。それを受けた本章での考察の始点は、冒頭で述べたように明治一二年である。この年の八月に公刊されている福沢諭吉の著作『民情一新』をみると、当時新たに整備されつつあったメディア環境を最大限に利用した当事者自身が、それについてどのように理解していたのかが確認できる。以下引用するのは、同書第三章「蒸気船車、電信、印刷、郵便の四者は千八百年代の発明工夫にして、社会の心情を変動するの利器なり」の一節である。

古来世に発明工夫甚だ尠なからず。天文、化学、器械学等、何れも時代に随て面目を改めたるは諸書に抛て之を知る可し。古は地動の説、元素の発明、火器の製造より、近代には種痘、瓦斯灯、紡績器械等、其最も著しきものにして功徳も亦僅少ならずと雖ども、凡そ其実用の最も広くして社会の全面に直接の影響を及ぼし、人類肉体の禍福のみならず其内部の精神を動かして智徳の有様をも一変したるものは、蒸気船車電信の発明と郵便印刷の工夫、是なり。(9)

「蒸気船車」の発明が人々の「肉体」の移動を容易にし、「電信・郵便・印刷」の発明が人々の「精神」を動かして「智徳」を一変させる。福沢は同書の中で、四者の発明以前（「千七百年代」）の人類を「芋蠋」に、発明以後（「千八百年代」）の人類を「胡蝶」に喩えている。「胡蝶」となった人間は、学校や道場で師匠から直接に知識や情報を伝授されるのとは別に、「電信」と「郵便」によって各地に配られた新聞や雑誌などの「印刷」に載る論説文を自ら読み解くことによって、「精神」を揺り動かされ、「智徳」を一変させられる経験をもつ可能性に恵まれた。それがいかに画期的なことだったのかについては、後世の分析をまつまでもなく、当事者である福沢本人が喝破していた。事実、第一部第二章で確認したように、修学期の原敬も、慶應義塾に学ぶことこそなかったとはいえ「印刷」上の福沢の文章をよく読んでおり、そこで形成した自らの考えを新聞の投書記事に表明していたはずである。

最後、第三の要因として、明治期の知識人に共通の素養だった漢学に由来する思考様式をあげる。(10)福沢によって「千八百年代」の「社会の全面に直接の影響を及ぼ」すものの一つとされた「印刷」。その論説記事は、英文や仏文といった「千八百年代」に渡来した西洋の言語の書式ではなく、日本の知識人たちには「千七百年代」以前より馴染みの漢籍をモチーフとした漢文訓読体で叙述されていた。(11)日本において主に儒学のテキストとして読み込まれてきた漢籍には、その文体や用語によって規定されている固有の概念や論理形式があり、それらに基づいて現実を把握する記者と読者の思考様式に何らかの方向性を与えることになる。詳しくは次節以降で考察するが、福沢と原が、イギリスで行われている政治制度を叙述するにあたって漢文訓読体の論理形式に依拠している事実には、特別な注意が払われなければならない。先述の通り、福沢諭吉といえば明治思想史の学問分野が取り扱い、原敬といえば大正政治史の学問分野が取り扱ってきたため、従来の理解においては、福沢と原という近代日本を代表する二人の人物は各々まるで無関係であった。この通念を打開し、思想史分野と政治史分野との垣根をこえて新たな理解を生み出すためにこそ、福沢と原との間における漢学的思考様式の共有という視座が有効なのである。

以上、英学と仏学との学派の違いをこえ、青年期の原敬が福沢諭吉の政体構想を引き継ぐことになった要因として、①明治一二年一一月における原の報知社入社、②活版印刷の普及による新しいメディアの整備、③漢文訓読体の論理形式に方向づけられた思考様式と、三点をあげた。この内、①と②は既定事実であるため、これ以上の説明は不要に思えるが、③については単なる事実をこえる内容を含んでいるため、少し解説を要するだろう。

三　福沢及び原の論説文にみる思考様式

前節で、原が福沢の政体構想を共有できた要因の一つとして、漢文訓読体の文体に由来する思考様式を取りあげたが、これについてはなお説明すべき点を残した。本節の課題は、該時期の福沢及び原によって書かれた文章に即した分析を進め、両人に共通の思考様式を抽出することにある。

まずは福沢諭吉についてである。加藤周一は、「福沢の文章は、彼が少年のときに学んで意識的に捨てようとした漢学と、青年のときに採用して意識的に自己同定しようとした洋学とを、踏まえた上での、またその双方を踏まえた上でのみ成り立ち得たであろうところの、名文であった」と述べている。そして、「その文理路整然と痛烈な皮肉、観察の正確と分析の徹底は、おそらく英文の影響であった」としつつも、「その文体の簡潔と集中性、対句によって事の両面の対照を描き出す迫力は、模倣の対象としてではなく自己の血肉と化した漢文の影響なしには考えられない」と断じ、福沢の文章における「漢文の影響」の重要性を指摘している(12)。

そこで、加藤のいう「対句によって事の両面の対照を描き出す迫力」について、福沢の数多くの論説から、前節でも引用した明治一二年（一八七九）八月公刊の『民情一新』第一章「保守の主義と進取の主義とは常に相対峙して、其際に自から進歩を見る可し」冒頭部分における使用例を取りあげ、解析してみよう。

在来の物を保ち旧き事を守て以て常世の無事平穏を謀る、之を保守の主義と云ふ。新らしき事に進み奇なる物を取て以て将来の盛大を謀る、之を進取の主義と云ふ。或は之を改進と名《なづく》るも可なり。……若しも両様の働其平均を得ずして一方に偏し、天下の事物頑固に停滞して動かざる歟、若しくは遽に進動して止る所を忘るゝときは、大に人類の不幸を致すことあり(13)。

このように『民情一新』の冒頭で「保守の主義」と「進取（改進）の主義」とを対置した福沢は、続く第二章「人間社会の種族中、孰れか保守の主義に従ひ孰れか進取の主義に従ふ者ぞ」では、いかなる人々が「保守の主義」、もしくは「進取の主義」を保持するのかを、「一、都鄙の別」「二、智愚の別」「三、年齢の別（少年は情高くして理に乏しく、老成人は理密にして情に乏し）」「四、貧富の別」「五、官民の別」の二分法で整理する。その上で、「進取の主義に従て新奇変動を企望する者は、都会の状態を熟知して智術に逞しく年齢少くして家貧なる人民の中に之を見る可し。政府は富人と老成人とに依頼して田舎の愚民を味方に取り、以て保守の主義を維持するものなり[14]」と結論している。

　実際はより複雑であり、より多様でもある現実を、対句の論理形式によって二元論的に単純化する[15]。その整理の第一の目的は、対立する二つの原理の相対化であった。「人民」が是とする「進取の主義」は必ずしも万能とはいえず、そして「人民」が非とする「政府」の「保守の主義」も絶対悪ではない。「新奇固より取る可しと雖ども、或は旧物を保存し又これを変形して進取の道に利用す可きものも多[16]」いのだ。そして、その第二の目的は、自ら設定した二つの対立項の上位に、自らの立ち位置を定めることにあった。「官」（＝政府）対「民」（＝在野民権派）という構図で現実を把握した福沢自身は、それぞれが信奉するものとされた極端な「保守の主義」と極端な「進取の主義」のどちらかではなく、「両様の働き」の「平均」を求めた。対句的整理によって両極端を批判した福沢は、その両極端を鳥瞰的に眺めつつ、自分自身が両者の上に立っているのだということを暗に表明し、その高みから「官民軋轢」の緩和を主唱したのである[17]。

　さて、続いては原敬についてである。第一部第三章でも触れたように、法学校の放校後に論説記者を志した原は、報知社入社を果たすまでの間、唐代の文人政治家である韓愈の文章に倣いつつ、漢作文の熟成に取り組んでいた[18]。それでは、入社から約九か月を経過した明治一三年（一八八〇）八月時点の原敬によって書かれた『報知』社説「官民相対するの道を論ず」の、やはり冒頭部分における対句の使用例をあげて、分析を加えてみよう。

> 官民の間は、専ら理を以て交るべからず。又専ら情を以て接すべからず。専ら理を以て交らんか、上下離隔の弊、斯《ここ》に生ずべし。又専ら情を以て接せんか、官民萎惰の弊、茲に生ずべし[19]。

ここにみた「官民相対するの道を論ず」こそ、原敬の郵便報知記者としてのデビュー作であり、彼の処女論文というべき重要な一稿である。その冒頭に、「官」と「民」とは「専ら理を以て交るべからず。又専ら情を以て接すべからず」とあり、「理」と「情」どちらかへの偏重を戒める主旨がうかがえるわけである。この部分に限らず、原の『報知』社説には、例えば「天下豈全利あらんや。或は害ありて生す。天下豈全害あらんや。或は利ありて存す。灌漑の利ある沼沚は、潰裂の害なきを保す可らす。漂蕩の害ある江河、豈に舟楫の利なからんや[20]」「吾輩は固より人の為めに其言を取捨せす。又た言の為めに其人を取捨せす。然る後、始めて中正の道を得るを信するなり[21]」など、対句の論理形式に基づく現実の二元論的整理が多用される。二つの対立項をともに相対化し、その中間を「中正の道」として積極的に評価する思考様式が顕在化しているといえるだろう。

「官民相対するの道を論ず」の続きをみたい。

> 夫の真正なる官民の交接は則ち然らず。理を以て交るの間に情を存し、情を以て接するの間に理を存し、

彼我相扶け相匡し、以て官民の交接を其間に全ふし、然る後ち始めて共に治安の策を講じ、相扶助し相匡正して富強の基を立るを得べし。[22]

「真正なる官民の交接」を訴えるこの箇所でも対句表現が用いられるが、ここには、福沢が唱えていた「官民軋轢」の緩和論そのものがみられる。

そして、原が福沢に同じく、「官」対「民」との二元論的把握を行って両方を相対化し、そのどちらからも一定の距離をおいていたことに留意したい。この時藩閥権力に逐われ官立学校を辞めさせられたばかりだった原が、「官」の一員としての自意識を保持することができなかったのは当然である。他方、当時「民権派新聞」の筆頭として名高かった『報知』の論説記者になったはずの彼は、自分は断固「官」に対抗しなければならない「民」の一員である、との自意識に凝り固まっていたわけでもなかった。この時の原は、「官」と「民」の対立を鳥瞰的に眺め、双方をともに相対化する視点を獲得していた。

以上確認してきたように、本章の考察で注視するのは、いわゆる漢学的思考様式の中でも、特に、漢文訓読体の文章でよくみられる対句の論理形式によって方向付けられた現実の二元論的把握という手法である。[23]さらに考察を進めると、原の処女論文のモチーフである「理」と「情」との対置は、福沢が好んで用いていたものの一つだったことに気づかされる。前節で掲出したように、福沢は『民情一新』第三章で、「蒸気船車電信の発明と郵便印刷の工夫」が人間の「内部の精神を動かして智徳の有様をも一変」させたと論じていた。そして、続く第四章「此利器を利用して勢力を得るの大なるものは進取の人に在り。魯国及び其他の例を見て知る可し」では、ロシアの実例に依拠しつつ、これら四つの利器のために「人民の勢力と政府の勢力と相互に衝撞軋轢して一伸一縮其収局を知る可らず。……人民も政府も共に狼狽して方向に迷ふ[24]」現実があることを報じている。以下、三たび『民情一新』から引用しよう。

蓋し今の世界の人類は常に理と情との間に彷徨して帰する所を知らず、之を要するに細事は理に依頼して大事は情に由て成るの風なれば、其情海の波に乗ぜられて非常の挙動に及ぶも亦これを如何ともす可らず。唯人類に道理推究の資なきを悲しむのみ。然り而して其情海の波を揚げたるものを尋れば、千八百年代に発明工夫したる蒸気船車、電信、印刷、郵便の利器と云はざるを得ざるなり[25]。

こうして福沢は、ロシアを反面教師にした時の為政者が、「蒸気船車、電信、印刷、郵便の利器」の登場で激しく揺れ動く「今の人類の心情[26]」に適切に対処すべきことを訴えたのである。

そもそも書名の『民情一新』にも明示されているように、この時の福沢は、「官」(＝政府)と「民」(＝在野民権派)とが正論として譲らない各々の「理」を相対化し、その対極にある人間の「情」に対する注意喚起を最重要課題としていた。しかも同書でいわれる「今の人類の心情」とは、「旧を厭ふて新を悦ぶは人の心情」「他人の宝を見てこれを羨むは人情の常」「我に益する所なくして他を損ぜんとするの情」「他の難渋を見て悦ぶ〔心思〕」「政府の変革を好むは世界普通の人情」と枚挙されるような、きわめて俗的な「情」世界であった[27]。人間の理論的・理性的側面を善なるものとして称揚する一方、その感情的側面を悪なるものとして排斥、ないし無視することは、いわゆる近代啓蒙主義的正論の常套手段といえる。だがそうした通説に反して、福沢は人間が本質的に具有する負の感情を認め、それと向きあうのが不可避であることにあえて論及している。するところからは、かつて丸山眞男が喝破した、福沢の思考方法の特徴である、「時の「輿論」と反対の立場に立ち、わざわざ時代的風潮と逆の面を強調する様な「天邪鬼」的態度」(28)を再確認することができるだろう。

これを受けて、『民情一新』の翌年になった原の処女論文を通読してみると、原が福沢の著作を参照してその論理を踏襲している、という仮説がいよいよ提示できそうである。以下、三たび「官民相対するの道を論ず」から引用する。

専ら情を以て交接するは、草昧不文なる政府人民の交接のみ。故に吾輩は之をここに論ずるを要せず。唯専ら理を以て交接するものは、官民互に権を争ふを知るの文明社会に於て往々此弊あり。試に看よ、露国は専制の国なりと雖も、亦草昧不文の政府と謂ふ可らず。而て皇帝も亦不学無術の君にあらず。……斯くの如き英主にてありながら、屡々危厄に罹り殆んど弑せられんとするもの幾回なるを知らず。これ其故何ぞや。……これ他なし、政府は政府の権威を恃で専制の極度に走り、全力を与て自由の徒に抑圧するを以て、知らず識らず人民の感情を傷ひ、有識の士人と雖も鬱屈耐ゆる能はず、遂に憤して狂暴の匪類に変じ、暴挙を企るにあらざれば到底自由の人民あるを得ざるものと盲信し、終に此勢に馴致したるにあらざるを知らんや。果て然りとせば露国の官民は専ら理を以て相接し、抗争の間秋毫の余地を剰さざるものなり(29)。

ここで原は、「専ら情を以て交接するは、草昧不文なる政府人民の交接のみ。故に吾輩は之をここに論ずなうことの危険性について特別に論じる。

「理」の偏重に関しては、福沢に同じくロシアの具体例をあげつつ、「露国の官民」が「専ら理を以て相接し、抗争の間秋毫の余地を剰さざる」のは大きな問題であるとし、「政府」が「知らず識らず人民の感情を傷るを要せず」といい、「情」の偏重が不可であることについては、自明として議論しない。しかし、一方の

以上、明治一二〜一三年に限った上で福沢と原の論説文をみると、そこに意外なほど多くの共通点を認めることができた。両者はともに、「官」(＝政府) 対「民」(＝在野民権派) という現実の二元論的整理を踏まえた「官民軋轢」の緩和論を唱えていた。そしてその背景には、対句によって整理された二つの対立項を鳥瞰的に眺めてともに相対化し、両者をみおろすことができる地点に自らの立ち位置を定める思考様式が存在した。「理」対「情」の対句ロジックを用いたこと、その上で、人民の「情」を軽視するロシアを悪例として、「今の人類の心情」、あるいは「人民の感情」に対する配慮が必要不可欠だと論じたことも、明らかな両者の共通点であった。さらにその立論方法からは、世論が無意識の内に是としているものの反対面に光をあてようとする「天邪鬼」的態度を読みとることができた。

これらの要素を総合すれば、福沢と原が漢文訓読体の論理形式によって方向づけされた共通の思考様式を前提に議論していたことが明らかになるだろう。

四　『民情一新』『国会論』に紹介された二大政党制・議院内閣制

前節では、明治一二年(一八七九)八月に公刊された福沢諭吉の著作『民情一新』と、そのちょうど一年

後に発表された原敬の『報知』社説「官民相対するの道を論ず」とを比較し、二人に共通する思考様式を抽出した。だが以上の分析は、原の社説が福沢の著作にやや遅れて成立した点を最大限に考慮しつつ、両論説文の論理形式とそこにあらわれた思考様式が似ていることをいったのみであり、両者の政体構想を論じるべき本章の主題からは、やや外れた議論であった。明治一〇年代の論説文が漢文訓読体で書かれるのはごく普通のことであり、福沢と原に限らず、その他の数多くの同時代人――例えば、西洋道徳と東洋道徳との間に日本道徳の進路を見出した『日本道徳論』の西村茂樹や、「豪傑君」と「洋学紳士君」との間に「南海先生」を配した『三酔人経綸問答』の中江兆民など――からも広く同様の思考様式を認めることができる。漢籍由来の思考様式とは、政体構想の継承というテーマにおいてはあくまでもその前提条件に位置づけるべき事項である。

では、原が福沢から受け継いだ政体構想とは何だったのか。それこそ、イギリスをモデルとした二大政党制と議院内閣制の導入論に他ならない。明治一二年八月の二つの著作『民情一新』と『国会論』は、福沢諭吉がイギリスの二大政党制と議院内閣制の美点を世に向けて紹介した連作であり、そのことによって、これまで研究者たちの注目を集めてきた[30]。山田央子は、「『民情一新』を境に、福沢の政党観とそれに連動した立憲政体観に大きな転回があった[31]」と評価し、『民情一新』の執筆時が福沢個人においても重要なターニング・ポイントだったことを強調する。日本政治思想史上、イギリスを模範国とする本格的な政体構想をはじめて公にしたのは明治一二年八月の福沢諭吉であり、その功績を余人のものとすることはできない。

では、原敬によって継承されることになった明治一二年八月時点における福沢諭吉の政体構想の核心部分について、先行研究を参考にしながら確認してみることにしよう。まずは、『民情一新』の最終章である第五章「今世に於て国安を維持するの法は平穏の間に政権を受授するに在り。英国及び其他の治風を見て知る可し」の一節である。

英国に政治の党派二流あり。一を守旧と云ひ一を改進と称し、常に相対峙して相容れざるが如くなれども、守旧必ずしも頑陋ならず、改進必ずしも粗暴ならず、唯古来の遺風に由て人民中自から所見の異なる者ありて双方に分るゝのみ。此人民の中より人物を撰挙して国事を議す、之を国会と云ふ。[32]

この部分は、藤田茂吉・箕浦勝人稿「国会論第八」にもそのまま引用されており、[33]『民情一新』『国会論』両書を一貫する主題にあたるといってよい。その要点は、「英国」においては「守旧必ずしも頑陋ならず、改進必ずしも粗暴ならず」という一句にある。すでに確認しているように、福沢は対句の論理形式に由来する「平均」志向の思考様式から、「官」と「民」の対立が深刻化することを何よりも危惧していた。その思考は、「頑陋」ならざる「守旧派」と、「粗暴」ならざる「改進派」が国会という機会均等の場で争い、そして「平穏の間に政権を受授する」イギリスの二大政党制に対する積極的評価へと展開したのである。

なお、ここで福沢がいっているイギリスの二大政党制と、いわゆる「官民調和論」とは区別する必要がある。今度は『国会論』からの引用である。

英国政治の社会にも、保守党と改進党とありて、常に相対峙して一進一退一起一伏、一方に権力を得て政府の地位を占れば、一方は即ち非政府党なり、幾くも無ふして此非政府党復た政権を執るに至れば、

前の政府党は即ち今日の非政府党たる可きのみ。(34)

ここには、イギリスの「保守党」と「改進党」とは、ある時に一方が「政府の地位」（＝「官」）の立場を獲得すればもう一方は「非政府党」（＝「民」）の立場になるが、それほどの時間をかけずに両者の関係が逆転する、という事実が抽出されている。坂野潤治の指摘にしたがえば、福沢によって「〈「官民の衝撞」の〉緩和策として提唱される「英国の治風」は、「官民調和論」ではな」く、「「官官調和」でもあり、「民民調和」でもあるが、固定的な「官」と固定的な「民」との「調和」を計るものではなかった」のだ。(35)

右の点をより深く理解するために、再度『民情一新』第五章をみたい。

国会は両派〔守旧派及び改進派〕政党の名代人を会するの場所にして、一事一議大抵皆所見を異にして、之を決するには多数を以てす。内閣の諸大臣も固より此両派の孰れにか属するは無論、殊に執権の太政大臣たる者は必ず一派の首領なるが故に、此党派の議論に権を得れば、其首領は乃ち政府の全権を握て党派の人物も皆随て貴要の地位を占め、国会多数の人と共に国事を議決して之を施行するに妨あることなし。且政府に地位を占ると雖ども国会議員の籍を脱するに非ざるが故に、政府に在ては官員たり、国会に在ては議員たり、恰も行政と議政とを兼るの姿なれば、自から勢力も盛にして事を為すに易し。されども歳月を経るに従ひ人気の方向を改め、政府党の論に左袒する者減少して一方の党派に権力を増し、其議事常に多数なれば則ち之を全国人心の赴く所と認め、政府改革の投票（ウヲート・ヲフ・ケレヂート）を以て執権以下皆政府の職を去て他の党派に譲り、退て尋常の議員たること旧の如し。(36)

この箇所について、山田央子は、「これは日本で初めて、「紹介」という表面的な試みを離れて、倣うべき政治のあり方として主張された「政党内閣制」の大原則、すなわち国会で多数を得た党派が政権を担当するという「行政と議制」の兼務の主張であった[37]」と解読する。「行政と議政」の兼務とは、国会で多数党となった政党の党首が「執権の太政大臣」（＝内閣総理大臣）として「政府の全権を握」り、彼が政権を掌握する間はその政党の幹部も「内閣の諸大臣」として政府の「貴要の地位を占め」、「国会多数の人と共に国事を議決して之を施行」することで、つまり、これは議院内閣制である。

以上の整理からわかるように、明治一二年八月の福沢諭吉は、イギリスを模範国とし、そこで行われている二大政党制と議院内閣制とを、将来の日本における国会運営の亀鑑として提示していた。ここで、当時の福沢が認識していた現実の対立図式（【図A】）と彼が目標とした理論上の対抗関係（【図B】）を図示しておきたい。人間同士の争いは決してなくならない。なぜなら、それが「情」の束縛を受ける人の世の現実だからである。よって、固定的な「官」と「民」とが融和する挙国一致体制はありえない。であるのならば、上位にある「官」（＝政府）が下位にある「民」（＝在野民権派）を一方的に抑圧し、そのために両者の対立が先鋭化せざるをえない明治一二年現在の日本の体制ではなく、お互い対等な立場の「保守党」と「改進党」とが機会均等の場——国会——において競争して一勝一敗を繰り返し、各々が期間を限定して「官」（＝内閣）と「民」（＝国会）とを縦断支配するイギリスの政体こそが望ましい。前者の歴史的段階（【図A】）が認識され、その上で、後者の方向性（【図B】）が指し示されたのである。これこそ、明治一二年当時の「官」と「民」との対立を診断した福沢諭吉が、その治療のためにくだした処方箋なのであった。

五　『郵便報知新聞』社説にみる原の政体構想

国会議員を選出する選挙の結果に応じて、対立する二つの政党が「平穏の間に政権を受授」しあう二大政党制、そして、選挙に勝利した政党が「行政と議政とを兼」ねる議院内閣制こそ、福沢諭吉が紹介した明治一二年（一八七九）八月における最新の政体構想だった。そして、この政治体制が日本において導入されるためには、各々固定的な「官」（＝政府）と「民」（＝在野民権派）とが上下に分かれて争っている現在のあ

【図A】政論家の現実認識（歴史的段階）

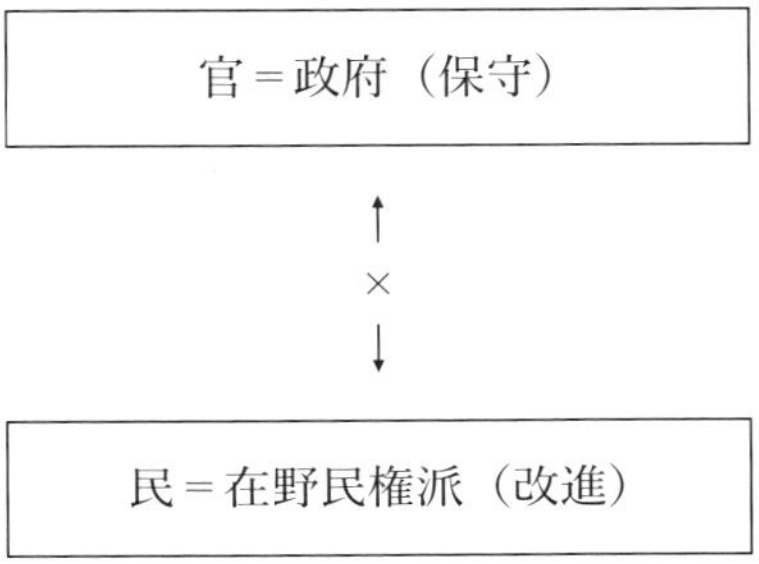

【図B】理論上の対抗関係（方向性）

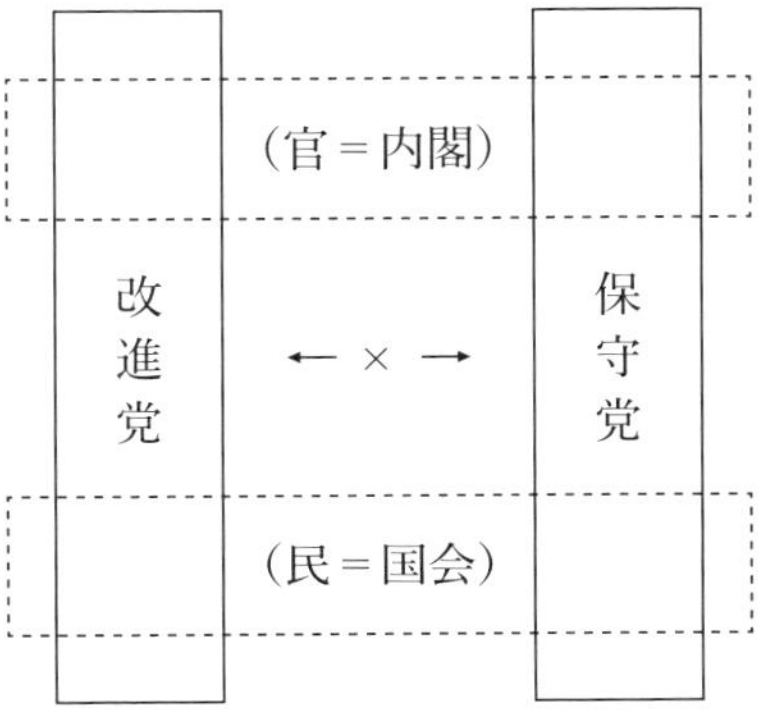

※選挙に勝利した方の党が内閣と国会とを縦断支配、ただし選挙の結果に応じて与野党が交替

り方は、根本的にあらためられなければならなかった。

福沢が提示したイギリスを模範国とする政体構想と、その実現のために必要であった認識転換とは、西洋由来の近代的利器たる「印刷」と漢籍由来の伝統的論理形式を媒介とし、英学を修めた修めないにかかわらず学派をこえて読者に読み解かれていく。そして、これまでの研究史ではほとんど言及されてこなかったのであるが、そのような読者の一人に当時二三歳の原敬がいた、ということになるわけだ。

報知社入社を果たした明治一二年の原は、上司であり先輩記者でもある藤田茂吉と箕浦勝人の薫陶を得て、他ではない福沢諭吉の論説から、イギリスをモデルとした政体構想を学んだ。その事実を証明し、若かりし原敬の政体構想を再確認するのが本節の目的となる。

『民情一新』『国会論』からちょうど一年後の明治一三年（一八八〇）八月。原敬はいよいよ、福沢と同様の理論を『報知』紙上で発信するに至る。ではその要点を引用してみよう。

〔露国に〕反て英国を観るに保守党と云ひ自由党と云ひ共に政権を争ふて止まず。然れども其争や君子にして更に私心を挟むなく、譬ば保守党にて輿論に全勝を制すれば直ちに自由党を排して政権を掌握し、一国の政事は其党より出ず。此時に当り、英国政府は即ち保守党の政府にして政府の権威は全く其党に属す。然れども一朝若し自由党に全勝を占めらるゝに至れば、此権威ある保守党の政府は其政府の権威を弄して自由党を仇視することなく、決然去て政権を自由党に譲るは猶自由党の時の如し。英国の政権受授斯くの如く平穏なる所以のものは必竟慣習の然らしむるところと雖も、亦安ぞ官民相接するに理と情とを並存するに因らざるを得んや。若し然らずして二党の間情を存することなく相抗争して各極度に

走り秋毫の余地を剰さざるあらば、其政権の得失受授ある毎に鮮血をロンドン城中に漲らす事なきを保すべからざるなり。(38)

以上は、本章第三節で取りあげた原の処女論文「官民相対するの道を論ず」の後半部分の一節である。すでに確認しているように、原は同論の冒頭において「官」(=政府)対「民」(=在野民権派)の軋轢を問題視し、その融和のためには「理」「情」どちらかへの偏重を戒めるべきことを主張していた。そしてロシアの例をあげ、政府は人民の「情」を軽視してはならないことを論じたのだった。その論理は、福沢の思考が辿ったのと同じルートを踏み、「譬ば保守党にて輿論に全勝を制すれば直ちに自由党を排して政権を掌握し、一国の政事は其党より出」て、「然れども一朝若し自由党に全勝を占めらるゝに至れば、此権威ある保守党の政府は其政府の権威を弄して自由党を仇視することなく、決然去て政権を自由党に譲る」イギリスの二大政党制の積極的評価へと連続していく。ここで原は、イギリスの二大政党制において政治闘争が「極度に走」らず「平穏」になされる点を第一に評価しているのであるが、前節でみた通り、この理由づけは福沢の場合と同様のものである。

さらに、「官民相対するの道を論ず」から約三か月後の原敬が書いた『報知』社説「治安策」の一節を取りあげたい。

政府の主義とする所、未た必ら〔す〕しも人民の主義なりと為す可らす。而して人民の主義とする所、亦た未た必らすしも政府の主義なりと為す可らす。夫れ既に政府の主義とする所、未た必ら〔す〕しも人民の主義なりと為す可らす、而して人民の主義とする所も、亦た未た政府の主義なりと為すを得すんは、則ち当さに如何にして以て其主義を一にすへきか。人民其主義を棄擲して以て政府と主義を一にするを求めんか。将た政府其主義を棄擲して以て人民と主義を一にするを務めんか。夫の政府は末なり、人民は本なり。本、未た末の為めに変すへからす。政府たる者宜しく其主義を棄擲して以て人民と主義を一にするを務むへきのみ。(39)

対句を駆使したこの部分で原が問題としたのは、「人民」の方が「主義を棄擲して以て政府と主義を一にする」のか、それとも「政府」の方が「主義を棄擲して以て人民と主義を一にする」のかであった。それを受け「政府は末なり、人民は本なり」という原は「政府」の方こそが「主義を棄擲」すべきだと断じる。

ところでこの箇所については、原の用語である「本末」に即した分析を加えなければならない。なぜなら、「本末」とは、『大学』冒頭第一章「物に本末有り、事に終始有り」(40)に登場する言葉であり、儒学において初学者がまずはじめに習得することになるもっとも基本的な概念だからである。

『大学』第一章は、「格物致知誠意正心脩身斉家治国平天下」で有名な八条目を経て、「天子より以て庶人に至るまで、壱《いつ》に是れ皆身を脩むるを以て本と為す。その本乱れて末治まる者は否《あら》ず」(41)と続く。つまり、「平天下」がもっとも「末」であり、その「本」が「治国」で、その「本」が「斉家」、さらにその「本」が「脩身」という様に連鎖するのである。逆にいえば、「脩身斉家」という「本」が達成されれば、すべからく「治国平天下」という「末」が実現することになる。以上の儒学的文脈を踏まえると、「本末」とは、「末」に対する「本」の優位性をいう概念である一方で、「本」を正せば必ず「末」も治まるという「本」と「末」

との連続性が大前提となる概念であることが知られよう。

したがって、一見「民権派新聞」の社説よろしく「政府」に対する「人民」の優位性を叫んでいるだけのように見受けられるこの箇所でもっとも重要なのは、「政府」「人民」が「主義を一にするを務むへきのみ」という主張であり、そこにあらわれた「政府」と「人民」との連続性、あるいは不可分性を前提とする原の認識なのである。「政府」と「人民」、すなわち「官」と「民」は、明治一三年現在そうであるように相容れない存在として対立するのではなく、今後は「一」になってゆかなければならない。「官」「民」の対立から「官」「民」の一致へ、という福沢の果たした認識転換をこの時の原が踏み行いつつあった事実は、彼がここで用いた「本末」という概念を読み解くことによってもうかがえる。

だが、「政府の変革を好むは世界普通の人情[42]」とする福沢によれば、既存の「官」と「民」とが大団結する挙国一致体制が恒常化する事態など到底現実化するはずがないのである。したがって、福沢の論理の影響下にあった原もそのような主張を決してなさない。『報知』社説「治安策」の続きをみてみよう。

英国に二党あり。保守《コンセルバチイフ》を以て主義とする、之を保守党と云ふ。改進《リベラル》を以て主義とする者、之を改進党と云ふ。此二党共に政権を争ふて已まさるは蓋し世人の熟知する所なり。然りと雖も此二党の争や争擾の極端に走らす、若し其一党にして輿論に全勝を制すれは、他党の内閣決然政権を棄擲して愛惜する所なき者の如し。これ其故何そや。顧ふに官民主義を一にせんと欲する者にあらさるを知らんや。若し然らすとせは、何故に其争ふ所の政権を棄擲して顧みさるか。且つ試みに一党の輿論に全勝を博して議員の多数は其党派なるの時に方り、他党の内閣猶ほ旧政を保持するものとせよ。軋轢の患、扞格の禍、朝に夕に蟻雑蜂屯、到底政務を調理するを得さるへし。此時に方り天下の治平を欲するも豈に得へけんや。官民の一致を欲するも亦た豈に得へけんや。(43)

イギリスでは、「輿論」の支持を失った従来の政府党は「官民主義を一に」するために「決然政権を棄擲」して反対党に政権を譲渡する。そうして「二党」間の「争擾の極端」が見事に予防されている。よって日本においても、「官民の一致」を実現するためにこそ、「輿論」の支持を獲得できない政府は政権を放棄し、国会で多数の議席を占めた政党の幹部が内閣の実権を握る議院内閣制が採用されるべきなのである。この構想が福沢のそれと同じものであることは明らかだろう。「政府たる者宜しく其主義を棄擲して以て人民と主義を一にするを務むへきのみ」「嗚呼世間政路に当る者よ、苟くも一国の治安を謀らんと欲せは、其主義を棄擲して務めて主義を人民と一にせよ」(44)――こう連呼する明治一三年一一月の原敬は、福沢の示唆を受けて、一四九頁で示した【図A】から【図B】への認識転換を実現していたのである。

以上、「官民相対するの道を論ず」「治安策」をはじめとする『報知』社説上に表明された原敬の政体構想を把捉した。原の構想が福沢の著作で述べられた内容を全面的に採用することによって成立した事実についてはここに証明しえたと思う。だがそれにしても、イギリスのみならず、フランスやドイツ、そしてアメリカやロシアといった国々の現状が報告される中、福沢と原は日本の規範となる国としてあえてイギリスを選択している。そうであるのならば、この選択がまったく無前提になされたわけではないだろう。

ここで、本章の第三節で論じた漢文訓読体の論理形式に方向づけられた思考様式の重要性にあらためて言及しておく。

一四九頁で図示したような対句の論理形式に基づく現実の二元論的単純化は、福沢諭吉の認識方法の特徴だった。福沢は、「官」（＝政府）対「民」（＝在野民権派）という上下の対立こそ批判した。だが、人類に宿命的な「情」の見地から、人間が二つのグループに別れて抗争する現実は否定できなかったのである。とはいうものの、二つのグループ間の抗争は可能な限り「平穏」になされるべきであった。だからこそ福沢は、既存の上下の対抗関係は「保守党」対「改進党（自由党）」という右左の対抗関係に転換され、機会均等の場における公平な競争に依拠した均衡がはかられるべきことを訴えたのだ。そしてここで注意するべきは、二項対立の構図による現実理解の方法そのものは明治一二年の認識転換前後で何の変化もないということである。

このような福沢諭吉の図式的理解方法の特徴が原敬にも共有されていることは本節で考察してきた通りである。明治の知識人において、極端な「保守主義」と極端な「改進主義」のどちらか一方のみではなく相反する二つの理念を信奉する集団が併存していることを望ましく思う価値観、そして、機会均等の場を前提とした競争によってその相反する二つの集団の掲げる理念が「平均」されてゆくことを美とする価値観は、イギリスに学ぶことによってはじめて了解されたものではない。それは漢籍の論理形式に規定された伝統的思考様式によって最初から備わっていた。イギリスを模範国とする二大政党制・議院内閣制の導入論は、この伝統的思考様式に接ぎ木されることによってはじめて完成をみたのだ。福沢と原、両者の間で政体構想の継承がスムーズになされる前提条件として、漢籍に由来する伝統的価値観の共有は決定的に重要なものだったのである。[45]

六　おわりに

明治一二年（一八七九）の原敬は、西洋由来の近代的利器たる活版印刷と漢籍由来の伝統的論理形式に基づく思考様式を媒介に、福沢諭吉によって紹介されたイギリスを模範国とする二大政党制・議院内閣制の採用論を受容していた。そして報知入社を果たした彼は、翌明治一三年（一八八〇）になるとこの二つの理論をモチーフとする自らの社説記事を『報知』紙上に掲げたのであった。

だが、未だ国会の設立をみていない当時の歴史的段階では、政論家を取り巻く現実の対立図式（【図A】）と理論上の対抗関係（【図B】）とでは明らかな次元の違いがあった。福沢と原が論じたイギリス流の二大政党制と議院内閣制の採用論は、この時点において即時的実現が目指された具体的政策案などではなく、あくまでも高度に抽象化された長期的展望にとどまる。では福沢諭吉の構想は、その後の原敬、ひいてはその後の日本政治史にとっていかなる意味をもったのだろうか。以下本章を結ぶにあたって、原敬を中心に、この時点以後の歴史的展望のラフ・スケッチを提示しておきたい。

翌明治一四年（一八八一）、原は地方の民権運動を視察してその実態を批判的に捉え[46]、ついで明治一四年政変の結果報知社に生じた体質変化を「主義急進」と断じて[47]立憲帝政党に参加し[48]、さらに明治一五年（一八八二）一一月、最終的には外務官僚へと転じている。准奏任月俸八〇円、上級官僚としてさらなる出世の可能性を確保した上での任官であった。

この時の原の進路選択を左に掲げる図にしたがって理解してみよう。報知社の記者原敬は、福沢諭吉と同じく抽象的理論世界の住人だった（【図C】）。だが彼は外務省入省を契機に、自らの拠るべき場所を具体的政治世界へと移している（【図D】）。これは、競争原理のもとで対抗して互いに一勝一敗を繰り返す二つの陣営を上から眺める観客の立場から、その二つの陣営の内の一方の「極」に所属して相手陣営に打ち勝たんとする政治的プレイヤーの立場への移動である。

【図C】 政論家福沢諭吉の立ち位置

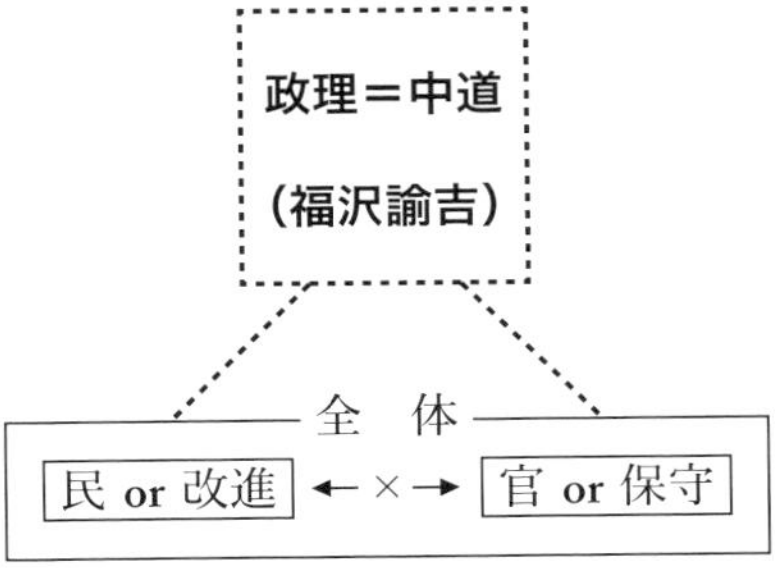

【図D】 政治家原敬の立ち位置

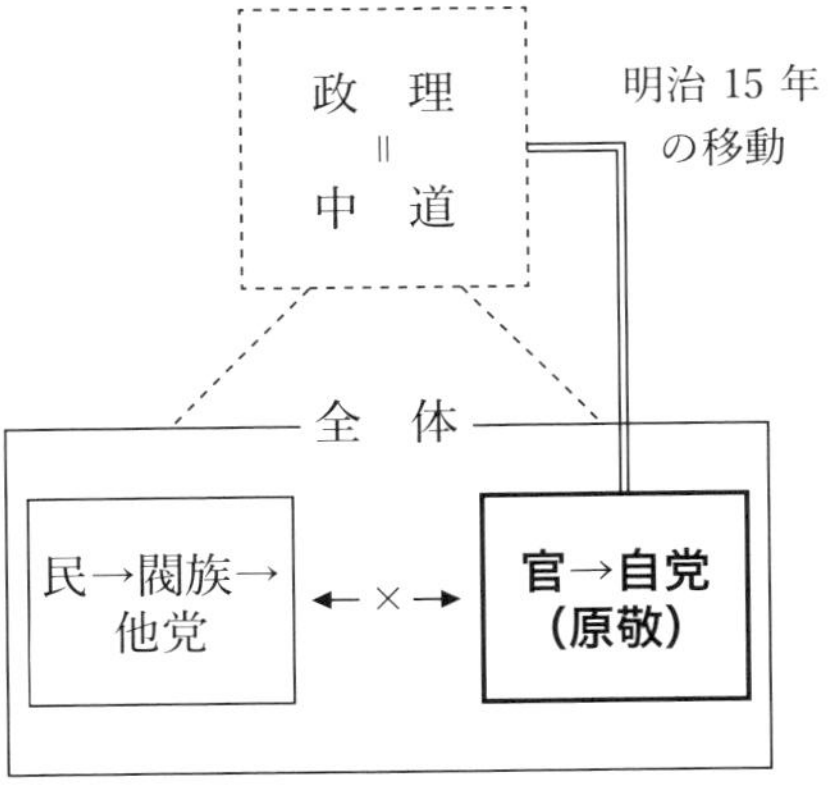

※点線＝抽象的理論世界
　実線＝具体的政治世界
　大枠＝国家全体、小枠＝部分たる党派

それにしても、福沢の論説に賛同していたからこそ、原は報知社に拠ることができたのであり、「極端」を排した「平穏」の論を張ってきたのであった。本章で、あるいは第一部第二章でも検討したように、福沢に対する原の共鳴は決して表層的なものではなかったはずである。そこで、在野民権派による「急進」的政治運動の盛りあがりを背景とした明治一五年における原の進路選択を福沢の言葉で捉え直してみると、「粗暴なる民＝改進」を忌避して「頑陋ならざる官＝守旧」に荷担した、と表現することができるように思う。メディアによって煽動された各地方の士族社会が極端な「改進主義」的風潮に一元化するのを危惧し、そのような世論の反対者となって「保守主義」の勢力に加わる。つまり、原における言論人から官僚への転身は、「民＝改進主義」と「官＝保守主義」の両者の均衡をはかろうと試みた「天邪鬼」的政治行動と考えられるわけである。

こうしてみると、この時の原敬による進路選択の背景にも、実は、本章で把捉した「中正の道」志向の思考様式とそれをモチーフとした「官民一致」の主張があったことが浮かびあがってくる。「民＝改進主義」の陣営を飛び出して「官＝保守主義」の陣営に加わったからといって、原の根本的な発想から進歩主義や民権論そのものが消え去ったわけではない。進歩主義や民権論の拡張と同様に、保守的な思考や国権の安定も重要なのであり、前者の論が度をこして強勢であるのならば、自身はむしろ後者の論の応援にまわらねばならないという選択がなされたのである。これはちょうど、「西洋の文明主義」を喧伝するためにあえて「東洋の儒教主義」を徹底的に批判した福沢の戦略的行動に通じるものがある。原敬は、理論的に福沢諭吉の思想の極意を受け継いでいたからこそ、現実的にはその門下生達と別々の道を選ぶより他なかったのだ[49]。以上にみてきた福沢から原への、戦略的行動とその行動を支えた思考様式の継承こそ、本章で論じてきたことの核心部分である。

かくして、明治一四年以前の原敬がその行動においても具現すべきであった「中正の道」は理想上・理念上のものへと後退し、政治的プレイヤーとなった彼個人の行動指針ではなくなっていった。その後の原敬は長きにわたって、外務省、あるいは農商務省の官僚だったが、やがて明治三三年（一九〇〇）九月、従来の「官」と「民」とを縦断した立憲政友会が結成されるや、そこに合流してゆくことになる。そして原は、それまでの「官」「民」双方が一堂に会したこの場において頭角をあらわし、福沢死後の政党政治の現場における最強のプレイヤーへと成長するのである。(50)

ここで再び、若かりし原敬による『報知』社説から引用したい。

二党の交迭は、之を外より推測すれは、徒らに党論に熱心にして愛国の至情に切ならさるものに似たりと雖も、殊に知らす、愛国の至情此より切なるものあらさるなり。(51)

これは前節でみた明治一三年一一月の『報知』社説「治安策」の一節である。イギリスの場合に限らずとも、二大政党制における政党の活動は「徒らに党論に熱心」でまるで国家全体を顧慮していないかのようにみえるが、実は「愛国の至情此より切なるもの」はない。原は、政党政治の現場において自党と他党との均衡は他党への同情ではなく自党への執着によって必然的に導かれ、その執着が国家経営にとって要となるという、競争原理を基礎とする政治理念について、明治一三年においてはやくも自覚していたのである。以後の原は一貫してこの理念を維持し続けたものといえる。である以上、まさにこの地点から、立憲政友会に拠った原の「党利党略」は評価されなければならないだろう。

実際、明治一五年以後の原敬は、自分が属している「官」の対抗相手に「民」があること、そして立憲政友会への参加以後は、自党の対抗相手に他派である長閥官僚派（桂園時代）、他党である立憲同志会／憲政会（大正時代）が存在していなければならないことを知っていた。その認識が原の政治思想を特徴づけていたことは先行研究においても指摘されている。三谷太一郎がいうように、「「政党内閣」は当然に反対党の存在を前提としなければならない。いいかえれば、反対党の存在に対する承認があってはじめて「政党内閣」は成立する」(52)のである。自党の力の蓄積は、他派・他党を駆逐して、自らの対抗相手を消滅に追い込むためになされたのではない(53)。他党を駆逐してしまえば、それは必然的に自党一元化、すなわち一党独裁体制となるからだ。原の思考において他派・他党の存在は不可欠であり、時に応じて自党が政権を放棄して野党にまわることの必然性と、その場合に自党が野党としての団結を維持することの重要性も自覚されていた(54)。

以上、本章で明らかにした明治初期における福沢諭吉から原敬への思想的継承――あくまでも部分である自派・自党と同じく部分である他派・他党との競争・均衡において全体たる日本国家を漸進させるという構想の伝授――は、大正期における二大政党制の現出にとって重要な前提条件であったといえる(55)。そして、福沢門下の報知社と決別した原が、明治一五年以後一貫して「官民一致」を実践し、政府構造を根本的に変化させてゆく――政府官僚獅子身中の虫となって立憲政友会結成後には元伊藤系官僚の党員たち（旧来の「官」）と旧自由党出身の党員たち（旧来の「民」）との間をよく周旋した――ことが、大正期における議院内閣制の実現のための大切な必要条件だったこともまた否定できない(56)。

現実政治家原敬の具体的政治行動は、抽象的理論世界の住人としての自己を全うした政論家福沢諭吉によっては決してなしえなかったことである。よって、『民情一新』『国会論』の執筆者である福沢諭吉の最大の功績は、そこに示された理念の実行者となる後の立憲政友会総裁原敬を生み出したところにあったといっても、それは決して過言ではないだろう(57)。

＊　＊

さて、原はまだ報知社の記者であった明治一四年に、一時東京を離れて、地方の視察旅行に出かけている。前述の通り、彼はこの地方行から帰京してすぐに報知社を辞めているため、その意味で、この約四か月に及ぶ視察旅行は原敬個人にとって転機となる出来事であったに違いない。だがそれはそうであるとして、この時の原が書き残した「海内周遊日記」を通読してみると、原が地方の実地見聞を通じて、メディアに依拠せず直接的に情報を集めながら、彼独自の日本国家観、すなわち、あるべき「日本」と「日本人」のビジョンをつくりあげていたことが伝わってくる。

そこで、章をあらためて、この「海内周遊日記」の分析をしてみよう。

（1）報知社の新聞記者時代の原敬に関する研究は、前掲前田・山本の評伝以外では、暉峻康人「天皇制国家造出過程における一東北出身青年のあゆみ――原敬を追って」『民衆史研究』第九号、民衆史研究会、一九七一年、有泉貞夫「原敬と自由民権――鷲山樵夫論説考」『明治政治史の基礎過程――地方政治状況史論』吉川弘文館、一九八〇年を数えるのみという時代が長らく続いていた。だが、本章の論述のもとである、拙稿「近代日本の政体構想と漢学的思考様式――福沢諭吉と原敬

を中心に」大韓日語日文学会編『日語日文学』第五〇輯、二〇一一年の発表後、伊藤之雄が、郵便報知新聞記者時代とそれに続く大東日報記者時代の原敬を網羅的に調査・考察した結果を公表し、進展をみた。前掲「若き原敬の動向と国家観・自由民権観」及び「若き原敬の国制観・外交観」を参照。

（2）第一部第三章で述べたように、原の司法省法学校入学は明治九年（一八七六）九月、同校の第二期生としてであった。在学年限は八年であり、前半四年間は語学、後半四年間に法学を履修するものとされていた。原の放校は明治一二年（一八七九）二月で、第三学年時のこと。原が中江兆民の仏学塾に通ったのは放校後の数か月間とされる。

（3）伊藤之雄は、郵便報知新聞記者時代の原を考察して、①報知社入退社の前後を通じた思想的一貫性、②中江兆民からの思想継承、③イギリスをモデル国としたこと、④女性やアイヌを含めた上での漸進的な国民育成の重要視、⑤外交問題に対しては積極的な言及がみられないことを読みとり、「自然の大きな流れに逆らわず、その大勢に適応し、人力の及ぶ限り努力して発展を目指すという、原の大局観が青年時代に形成されていることがわかる」（前掲「若き原敬の動向と国家観・自由民権観」一〇五頁）と結論した。だが同論文では、③「イギリスをモデル国としたこと」を考察した部分でも福沢諭吉からの影響については触れられない。その他、前掲暉峻「天皇制国家造出過程における一東北出身青年のあゆみ」、有泉「原敬と自由民権」、伊藤「若き原敬の国制観・外交観」のいずれにおいても、青年期における原の思想形成と福沢の国家構想との関連が論じられたことはない。

（4）明治期の国家構想が大正期にまで受け継がれてゆくという歴史展開を論じた先行研究として、坂野潤治『近代日本の国家構想――一八七一―一九三六』岩波書店、一九九六年を参照のこと。原敬及び大正期の政治史に関する先行研究は枚挙にいとまがないが、ここでは、前掲三谷『日本政党政治の形成』、前掲ナジタ『原敬』をあげておく。両書とも原の青年期に論及するものの、しかし福沢からの影響については考察していない。大正期における政党政治発達の理論的背景としては、美濃部達吉や吉野作造の理論が参照されることが多いのだが、単純に考えても、原が自分より一五年以上遅く生まれた美濃部や吉野の論説に教えられることではじめて政党政治の美点を知り、彼らの提出した理論に拠って自らの政治行動を定めた、とするのは適当でない。原はしばしば「理念なき妥協の政治家」と批判されてきたが、仮に彼が、美濃部や吉野といった後輩世代に政党政治の手法を教わるまで自らの政治行動の指針となる理念をもたずにいたのであるならば、それこそ彼は「理念なき」人物だったといわざるをえないことになる。

（5）前掲山室『法制官僚の時代』五九頁。

（6）前掲福沢『福翁自伝』『福全集〈七〉』二四七頁。

（7）原の報知入社の経緯については史料的な裏付けができず、前掲の評伝などの先行研究でも推論が述べられるに過ぎない。だが、明治一二年一一月当時の原が『報知』紙上の「国会論」――すなわち福沢の論説である――を読まずに報知社に入社したとは考えにくく、入社時点ですでに原は福沢の論説に触れており、その後報知社社員としての活動を通じて福沢の思想に対する共鳴を深めていったとみるのは、ごく自然なことであると思われる。この想定が妥当であるか否かについては、本章全体を通じて論証したい。

（8）近年のメディア史研究では、新しいメディアの享受者である新聞・雑誌読者の分析に重点をおく研究が進んでいる。この観点からの研究成果として、新聞については、山本武利『新聞と民衆――日本型新聞の形成過程』紀伊国屋書店、一九七三年、雑誌については、永嶺重敏『雑誌と読者の近代』日本エディタースクール出版部、一九九七年を参照のこと。また、新しいメディアと政治運動との関係については、前掲稲田雅洋『自由民権の文化史』を参照。上記著作に代表されるメディア史研究は社会文化史的見地に立つものが多く、新しいメディアの享受者として不特定多数の民衆一般を想定するのが通例である。これに対して本章の考察では、対象を原敬一人に限定した上で、彼のメディア受容の実質を論じることを目的の一つにしている。

（9）福沢諭吉『民情一新』明治一二年八月刊『福全集〈五〉』二四頁。なお、この部分はヨーロッパの事例に基づいた観測結果であり、日本に関しては、やがて同じ道を辿ることになるという展望が述べられる。

（10）村山吉廣『漢学者はいかに生きたか――近代日本と漢学』大修館書店、一九九九年、二〜一一頁。近年、明治初年の漢学に着眼した研究が進みつつある。その例として、齋藤希史の一連の研究を参照のこと。『漢文脈の近代――清末＝明治の文学圏』名古屋大学出版会、二〇〇五年、『漢文脈と近代日本――もう一つのことばの世界』日本放送出版協会、二〇〇七年。狭義の漢学者や漢詩人に対象を限らない研究、例えば、福沢諭吉のような思想家や原敬のような政治家において漢学が思想内在的にいかなる意味をもっていたのかといった問題については必ずしも具体的考究が進んでいるとはいえず、今後の研究のさらなる進展がまたれる。本書第一部第二章においても〝士族の超越〟を達成した原敬の場合に即して漢学的素養の重要性について指摘したが、本章の考察も、その一例たらんことを目指すものである。

(11) 前掲斉藤『漢文脈の近代』など近年の研究では、明治期の詔勅・法令・建白書・教科書・翻訳、そしてマスメディアなどの文体として新たに出現した漢文訓読体については、往時の漢文や候文に対する「今体文＝現代文」としての側面、つまり、伝統的文体ではない、革新的文体としての実用的機能が指摘されている。この点につき、近年上梓された中村春作・市來津由彦・田尻祐一郎・前田勉編『「訓読」論――東アジア世界と日本語』勉誠出版、二〇〇八年、同『続「訓読」論――東アジア漢文世界の形成』勉誠出版、二〇一〇年に収められた前田勉の二つの論文を参照のこと。「漢文訓読体と敬語」『「訓読」論』一七一～二〇〇頁、「明治前期の訓読体――言路洞開から公議輿論へ」『続「訓読」論』一〇六～一三二頁。前田は、「幕末から明治前期、漢文訓読体は否定されるべき旧套墨守の文体ではなく、むしろ身分的秩序を超える革新的な文体であった」(「明治前期の訓読体」『続「訓読」論』一〇六頁)としており、上下の身分制度によって強く規定され、敬語を多用する候文に対する漢文訓読体の革新性を強調している。本書も、旧藩秩序によって生み出される階層的断絶の解消を唱えた明治啓蒙主義について論じており、この思想に共鳴した青年たちが用いた漢文訓読体は、伝統的なものというよりも、むしろ革新的なものであったという前田の指摘には同意する。しかし本章の考察では、福沢及び原の両者が用いた漢文訓読体の文章に引き継がれている漢学の伝統的思考様式に注目するのであり、問題の次元が異なる。この文体の「伝統との断絶」という側面については、その指摘にとどめておく。

(12) 加藤周一『日本文学史序説』筑摩書房、一九八〇年。引用はちくま学芸文庫版上・下巻、一九九九年より。下巻、二五五～二五六頁。傍点は原文通り。

(13) 前掲福沢『民情一新』『福全集〈五〉』一三頁。

(14) 同前二三頁。

(15) 対句に基づく思考様式に関しては以下にみる概説書の記述をあわせて参照のこと。「それは「両面思考」ということ、「ものごとを一面的には見ない」という基本的な態度のことです。つまり、ものごとを考えるときに、必ずその裏側の対者のことも考えて、表からの一方的な見方だけでなくて逆の方からも考えるという総合的な態度をとることです」(金谷治『中国思想を考える——未来を開く伝統』中公新書、一九九三年、九三頁)。さらに金谷は、対句的両面思考を日本人的な発想とは異なる中国人的な思考の特色とし、「日本人はどちらかと言えば、ものごとを単純明快にするほうを好みますが、中国人は複雑性を好むのです」(同前九六頁)としている。だが、これらの評価は必ずしも妥当ではないように思われる。第一に、福沢や原の例をみてもわかる通り、漢文の影響を無視できない日本語文においても対句表現は多用されるのであり、この文体に規定されて、古来少なくない日本人が「両面思考」を美とする価値観を保持してきたものと考えられるからである。この点については、本文上で、福沢と原の思考様式に基づいた考察を進めつつ、本章註(23)でも後述する。第二に、対句的整理とは、現象の二元論的把握に他ならず、それは一元論ではないという意味において「複雑」なのであって、実際はより複雑かつ多元的な現実の「単純化」という側面の方をこそ、むしろ重視すべきだからである。事実、明治期の政治思想分析において、福沢がなしたような「官―民」「保守―改進」といった二元論的整理は、あくまでも過去の認識として意味があるのであって、現在の歴史研究ではこうした図式を取り払った分析が求められているはずである。

(16) 前掲福沢『民情一新』『福全集〈五〉』一七頁。

(17) 前掲坂野『近代日本の国家構想』一〇五頁。この態度のために、福沢は「官」の一員たる法制官僚の井上毅(天保一四〜明治二八年〈一八四四〜一八九五〉)からは危険視され、「民」の一員たる立志社の植木枝盛(安政四〜明治二五年〈一八五七〜一八九二〉)からも「官民調和論者」として批判される。

(18) 前掲前田『原敬伝』上巻、一九〇〜一九一頁。

(19) 原敬「官民相対するの道を論ず」『報知』明治一三年八月三日号『原全集〈上〉』三頁。

(20) 原敬「常置委員の権理を論す」『報知』明治一四年三月一四日号『原文書〈四〉』九二頁。

(21) 原敬「処世の要訣」『報知』明治一三年一二月六日号『原文書〈四〉』七二頁。

(22) 前掲原「官民相対するの道を論ず」『原全集〈上〉』三頁。

(23) 中国における対句の論理形式については、古田敬一『中国文学における対句と対句論』風間書房、一九八二年に詳しい。これに対して、日本の俳文史を研究した堀切実は、漢文体の対句と和文体の対句とを対比的に捉え、「〔中国の対句では〕相対する二つのものが全く反対の方向をとる「反対」と呼ばれるものこそが対句の生命だということになろう。これに対して日本の対句は、同種同傾向のものの畳み重ね、もしくは類似した内容のものの反覆による対句」であるとし、また、「和文体がスタティックな遠近法的視点を基本としているのに対し、漢文体ではつねに鳥瞰的、俯瞰的な視点をもってのぞむところに大きな特色がある」とまとめている（堀切実『俳文史研究序説』早稲田大学出版部、一九九〇年、二〇六〜二一二頁）。つまり、漢文体の対句は「対義語的」「鳥瞰的」であり、これに対して和文体の対句は「同義語反覆的」「遠近法的」である。近代以前の日本においては、漢文体と同様ではない和文体の歴史があり、漢学的論理形式＝伝統的論理形式とは必ずしもいえないことになるのだが、本章で扱った福沢諭吉及び原敬の対句使用法は、明らかに「対義語的」かつ「鳥瞰的」なものといえる。つまり、ここで検討した範囲では、福沢と原は、和文体の伝統ではなく、漢文体の伝統によって基礎づけられた思考様式からの発想を維持していることが知られる。そして後述するように、この漢文的対句の論理形式こそ、福沢、そして原が、イギリス式の政体構想の導入論を論じてゆく時の大前提になるわけである。

(24) 前掲福沢『民情一新』『福全集〈五〉』三九頁。

(25) 同前四一頁。

(26) 同前四六頁。

(27) 同前四六〜五〇頁。

(28) 丸山眞男「福沢諭吉の哲学」一九四七年、松沢弘陽編『福沢諭吉の哲学』岩波文庫、二〇〇一年、九七頁。

(29) 前掲原「官民相対するの道を論ず」『原全集〈上〉』三〜四頁。

(30) この点について、本書は、前掲坂野『近代日本の国家構想』第二章「三つの立憲政体構想――イギリス・モデルを中心に」、及び前掲山田『明治政党論史』第二章「福沢諭吉における政党内閣論の形成」から数多くの示唆を得ている。

(31) 前掲山田『明治政党論史』一四〇頁。

(32) 前掲福沢『民情一新』『福全集〈五〉』四二頁。

(33) 藤田茂吉・箕浦勝人同稿「国会論第八」『報知』明治一二年八月一一日号、後、藤田茂吉・箕浦勝人述『国会論』所収。『福全集〈五〉』八六頁。

(34) 同前藤田・箕浦「国会論第三」『報知』同八月一日号、後、藤田・箕浦述『国会論』所収。『福全集〈五〉』七三〜七四頁。

(35) 前掲坂野『近代日本の国家構想』一〇六頁。その他、「「政府」も「人民」も同じスタート点に立って政権を争奪するという『民情一新』の主張は、そうした固定的な「官」と「民」の対立軸を取り払い、いうなれば「民」における同レベルの争いの勝者が一時的に「官」になるという構想である。そこには、明らかに「官民」の対立を自明とした初期の政治観からの大きな転換が認められる」（前掲山田『明治政党論史』九六頁）との指摘も参照のこと。

(36) 前掲福沢『民情一新』『福全集〈五〉』四一～四三頁。

(37) 前掲山田『明治政党論史』九五頁。

(38) 前掲原「官民相対するの道を論ず」『原全集〈上〉』四～五頁。

(39) 原敬「治安策」『報知』明治一三年一一月二七日号『原文書〈四〉』七〇～七一頁。

(40) 『大学』第一章。引用は岩波文庫版『大学・中庸』一九九八年より。原漢文。「物有本末、事有終始」『大学・中庸』三一頁。

(41) 原漢文。「自天子以至於庶人、壱是皆以脩身為本。其本乱而末治者否矣」同前三六頁。

(42) 前掲福沢『民情一新』『福全集〈五〉』五〇頁。

(43) 前掲原「治安策」『原文書〈四〉』七一頁。

(44) 同前。

(45) もちろん「漢学的思考様式」とは、本章で検討した「対句の論理形式に基礎づけられた思考様式」のみにとどまるものではなく、またこの「対句に基づく思考様式」も、註（23）で言及しているように決して「対義語的」で「鳥瞰的」なもののみに限られるわけではない。「近代の漢学」、あるいは「近代における漢文脈」の全体像を捉えるためには、今後、さらに多くの論者による多角的な研究が蓄積されてゆかなければならない。

(46) 例えば、「夜民権家来りたれど、別に名論もなし」（原敬「周遊日記」明治一四年七月一四日於青森県藤崎『原文書〈四〉』一五一頁）、「夜演説会を聞く。誠に憫然の有様なり。白面書生の会のみ」（同九月一六日於福島県福島、同一七六頁）など。

(47) 「余の意見は報知新聞今回の主義に合せず、又余同社に在りて大に其意志を伸ぶるに由なき（彼等〔慶應閥〕に党せざるが為めに）に依り退社の意ある久し。而して今回同社に改革あり、其主義急進に傾く、依て断然退社に決し、左の書面を送り退社を申込たり。（以下「左の書面」略）」（原敬「雑記　明治一五年一月二五日の条」『原日記〈一〉』九頁）。

(48)「敬不肖百事人後に在りと雖も、窃に政事上に望む所は固より過激急躁にあらざりき」(原敬「大東日報入社の理由」明治一五年四月四日『原全集〈上〉』一八一頁)。この時創刊された『大東日報』紙は立憲帝政党の機関紙で大阪を拠点とした。

(49)皮肉な結末だが、この後原敬は一貫して、明治一四年政変後に報知社を根城とした大隈派をルーツとする政治勢力、つまり立憲改進党系の諸政党(立憲同志会/憲政会)とは敵対関係にあった。また、在野の教育家・言論人として生涯不偏不党を貫いた福沢諭吉とも次元を異にする政治的立場にあった。そのために、後世を知る歴史研究者たちには福沢と原の距離があまりにも遠いものと映る。報知社記者時代の原敬の思想的営為が見逃されてきた理由だろう。

(50)立憲政友会内の二つのグループ、すなわち「官僚派(伊藤系政府官僚出身者)」と「党人派(旧自由党出身者)」において、普通原は前者の「官僚派」の一員とされるのであるが、本書で青年期の原の遍歴を辿ったことでもはっきりするように、彼は終始一貫して「官」の身分にあったわけではなく、「民」の側からの主張を新聞などの記事に表明していた。彼は単に、「自由党出身者ではなかった」というだけである。原が他の「官僚派」の党員とは異なる態度で、「党人派」の党員たちに接することができた大きな理由であると考えられる。政友会における原敬の党内権力掌握過程に関しては、前掲伊藤「初期政友会の政策と組織の確立」を参照のこと。「原敬は政友会の組織改革や伊藤総裁と党人派との対立問題を重視し、伊藤系官僚でありながら、党人寄りの立場に立って組織改革問題を掌握し、伊藤総裁と党人派との調整を行って、政友会内に権力を定着させていった」(二二二頁)。

(51)前掲原「治安策」『原文書〈四〉』七一頁。

(52)前掲三谷『日本政党政治の形成』五二頁。

(53)ただし、「原は一方で「元老歿後」の政府交代の様式として二大政党制を予想しながらも、他方で原内閣の後継内閣として加藤憲政会内閣を拒けた」ため、「反対党を原理的には承認しながら、事実上これを承認しなかった」(同前五三頁。傍点は原文通り)のである。

(54)政友会の野党時における原の指導力については、前掲ナジタ『原敬』第一〇章を参照のこと。

(55)立憲政友会の動向を中心に進められてきた従来の大正期政治過程研究に対して、近年は、政友会と対抗関係にあって二大政党制を現出した憲政会、及びその党首加藤高明への注意喚起がなされ、新しい視角からの精緻な実証研究があらわれている。村井良太『政党内閣制の成立――一九一八～二七年』有斐閣、二〇〇五年、奈良岡聰智『加藤高明と政党政治――二大政党制への道』山川出版社、二〇〇六年などを参照。憲政会の働きを重視するこれら一連の研究においては、例えば、「日露戦争後の政党政治を牽引してきた政友会の原敬は、政党間での政権交代を想定していなかった。このことは、政友会を中心とする視点からでは、政党内閣の連続がいつどこで準備されたのか、といった第一次世界大戦後の日本政治を段階的に論じてゆく上で不可欠な問いに十分に答えられない」（村井『政党内閣制の成立』七頁）という理解が共有されている。本書は大正期の政治過程を取り扱うものではないため、政友会の政治家原敬が「政党間での政権交代を想定していなかった」ことについての論及は控える。だが、本章で検討したように、報知社記者時代の原が劇的といってよいかたちで福沢の理論を受容していたことを考えあわせてみると、大正期にあらわれる二大政党制の思想レベルでの淵源は、明治年間の潜伏期間を跨いで、はるか以前に遡ることができる。

（56）註（50）でも言及したように、原は立憲政友会内部における権力掌握において、あくまでも「官僚派」の一員として対抗相手の「党人派」との協調に当たっている。つまり彼は、党内政治のレベルでも、どちらの「極」にも所属しない「中立派」という立場を選択しなかった。本章で捉えた思考と行動の様式は、原において徹底されているといえるだろう。

（57）もちろん、ある一人の政治家が一生涯でなしたあらゆる実際行動の動機について、彼が青年期に形成していた思想に還元して、そのすべてを説明することなどは不可能であるし、本章での考察の目的もそういったことの論証にあったのではない。政治過程研究の分野では各年代各事件ごとの局面に応じて緻密かつ精緻な実証がなされねばならないことはいうまでもない。ただ、一人の政治家が、その青年期に確立した基本的な発想方法によって一生を大きく規定されるということはありえるのであり、彼の政治的立場が上昇しても、その基本的な発想方法そのものが揺らがなかったことについては、必ずしも言及不可能ではないはずである。本章ではこのような着想に基づいて、後の政治家原敬の政治行動の思想的背景について論じたのみである。

第二章　近代日本における「多民族国家」的日本観の起源

一　はじめに

明治一四年（一八八一）五月二三日。報知社の青年記者原敬は、元内務官僚の渡辺洪基が企画した全国視察旅行に同行すべく東京を出発した。当初は原も、渡辺にしたがって全都道府県に赴く予定だったのであるが、明治一四年政変の影響によるものか、その旅は、北海道・東北・関東地方を周り終えたところで急遽打ち切られている(1)。

原敬によるこの旅の紀行文は、「海内周遊日記」（以下「周遊日記」）として『郵便報知新聞』（以下『報知』）紙上に随時連載された(2)。その一方で、彼は新聞に載った完成版「周遊日記」とは別の草稿も残しているが、こちらは、当時公開されることがなかった私文書である(3)。完成版「周遊日記」と草稿とを比べてみると、内容に重複する部分があるのはもちろんであるが、相違する部分も多い。両者をあわせてみるとかなりの分量になり、ここから、当時における原敬の意識のあり方や思考様式を探り、その思想を分析することは充分に可能だと考えられる(4)。

旅とは新たな出会いを生むものであり、時に人はその出会いによって、以前の自分からは想像もできなかったまったく新しい知見を得ることがある。結論を先取りしていえば、明治一四年における原敬の旅は、「アイヌ人」（原の表記にしたがえば「アイノ人」）と出会うためのものであった。そしてその出会いは、やがて内閣総理大臣にまでのぼりつめる原の国家認識の、ある一面を規定してゆくことになるのである。

本章では、「周遊日記」とその草稿を素材として、二五歳当時の原敬が北海道・東北地方の周遊を経ることで新たな知見を獲得し、それに基づいて彼独自の国家認識を確立した過程を明らかにする。以下の考察を通じて、原における明治一四年の旅を意味づけることも、また可能となるだろう。

二　明治一四年における「アイヌ人」との出会い

1　周遊の所期目的——青年記者による殖産興業の視察

明治一四年（一八八一）当時は、在野において自由民権運動が大変な盛りあがりをみせ、その一方で、政府が推進する殖産興業が急ピッチで進められていた時代だった。ではまずここで、やがて訪れることになる北海道について、原が当初どのような理解をしていたのかを確認しておこう。

この年一月二〇日の『報知』社説である「富を欲する者は北海道に行け」は、原によって書かれた記事の一つである。そこには、「北地は殆んど無人の境なり、不住の地なり」「吾輩を以て之を観れば北海道は猶ほ未だ豺狼熊羆の遊園たるを免かれず」などとある。(5) 彼は、北海道を「北地」とよんだ上で、「無人の境」「不住の地」、さらには「豺狼熊羆の遊園」とまで表現し、以下にみるようにその地をさらに開発すべきことを訴えたのだった。

北海道の物産は之を昔時に比すれば、長足の開進をなしたりと雖も、翻つて之を天賦の富源に溯れば、物産猶ほ庫中に在りと謂ふべし。……嗚呼何故に世人は此富源を開発して豺狼熊羆の遊園を奪はざるや。吾輩故に曰く、富を欲する者は北海道に行け、と。其の富裕の源、斯に存するを以てなり。(6)

以上の社説記事から、原が周遊に出かける以前から北海道に注目していたことはわかるものの、それは、いわゆる「内地」の人間が経済的な利益をあげるために北海道へと移民し、その土地を開発することの必要を論じる殖産興業の文脈においてであったことが判明する。(7)だがその一方で、北海道に暮らし、やがて自分が出会うことになる「アイヌ人」たちの存在に、当初の原がまったく留意していなかったことも知られるのである。

2　旅は目的をこえる――「アイヌ人」との出会い

明治一四年七月一六日。原敬はその人生においてはじめて北海道の地を踏む。そこで「アイヌ」との出会いという意外な事態に直面した原は、これ以後、彼らの存在を無視できなくなるのであった。むろん、東北地方出身の原がこの時点に至るまで知識として「アイヌ」のことを知らなかったはずはない。ただ、若くして郷里を離れて上京し、中央を志向してきた彼にとって、郷里の盛岡よりもさらに北方の辺境に位置する北海道の現実は、すっかり意識の外に退いていたのであった。

「周遊日記」上にはじめて「アイヌ人」が登場するのは、同月二四日のことである。まず、以下にその記事を載せたい。(8)

（於北海道瀬棚）瀬棚に上陸して小憩し旧土人の家を見る、一五戸あり。矮屋不潔内地農民の最下等なる家屋に等し。然れども戸々大概納屋の如きものありて、内実は甚だ貧窮ならざる由なり。且つ聞く処に拠れば、近来此地方の土人は漸く移住人の風に化するものゝ如く、又交通も親密にて、争ふてジヤモ（和人のことなり）の風を学び、中には小間下駄などを穿きて浪歩する者もありと云ふ。果して然ることにや。吾輩の見たる土人中、文身・断髪・被髪・左衽、夷狄の風に欠処なき者もあれど、又之に反せる者もありき。又聞く処にては、近来学校に入る子弟も少なからず、其敏なる者は和人の及ぶ処にあらざる由なり。誠に喜ばしき事なり。(9)

これ以後の「周遊日記」において、度々「和人（ジヤモ）」という単語が登場することから、原も一般に同じく、「和人［自］―アイヌ人［他］」とする自他の意識を保持していたことは明らかである。だが、ここで問題としなければならないのは、この時の彼が、あらためて認識した自他の関係に基づいて、いかなる関心を示していたのかについてである。

まず原は、「此地方の土人は漸く移住人の風に化する」と、北海道の西海岸に暮らす「アイヌ人」たちの「和人」化が進む現状を報告する。そしてそれを踏まえて、「近来学校に入る子弟も少なからず、其敏なる者は和人の及ぶ処にあらざる」現実を知り、「誠に喜ばしき事」という思いを顕わにしている。ここに、原が「彼ら「アイヌ人」たちは我々「和人」に対して本質的・形質的に劣った存在である」という観察をしていなかったことがわかるだろう。他方、古来の「アイヌ」文化が残存している現状も報告されるが、それについては、「文身・断髪・被髪・左衽」と、「夷狄」を表現する際のステレオタイプな形容を付すのみで、その実態についてほとんど無関心であったことがうかがえる。
さらに原は、この日出会った「アイヌ人」の固有名を「周遊日記」上に書きとめる。

瀬棚より人夫を雇ふ、一女来る、名をウエンシユラといふ旧土人なり。能く和語を解するを以て行々風土を話す。固より鄙近の談に過ぎざれども亦和人を伴ふに異らざるなり。(10)

当時「アイヌ人」たちが「和人」風の名を名乗ることを強制されていた現実を踏まえると、「周遊日記」上に「ウエンシユラといふ旧土人」との記載があることは特筆されねばならない。そして原は、「ウエンシユラ」との道中が「和人を伴ふに異らざる」ものだったと報じているのである。
七月二四日の出会いが契機となって、原は北海道のさまざまな場所で、「アイヌ人」の生活に注意を向けるようになる。(11)以下の資料はその一例であり、北海道の旅が終盤にさしかかった八月一一日の「周遊日記」である。

（於北海道幌別）此地方アイノ人の住宅多く、而して其家屋を見るに、西海岸に比すれば数等其上にあり。又聞くが如くんば、此地のカンナリなど云ふアイノ人は和人を使役して漁業を営む者にて、相応の家産もあり。又其子は札幌の学校にありといふ。(12)

先の資料に同じく、「和人」の上に立つ「アイノ人」の存在が報告され、そしてここでも「カンナリ」と

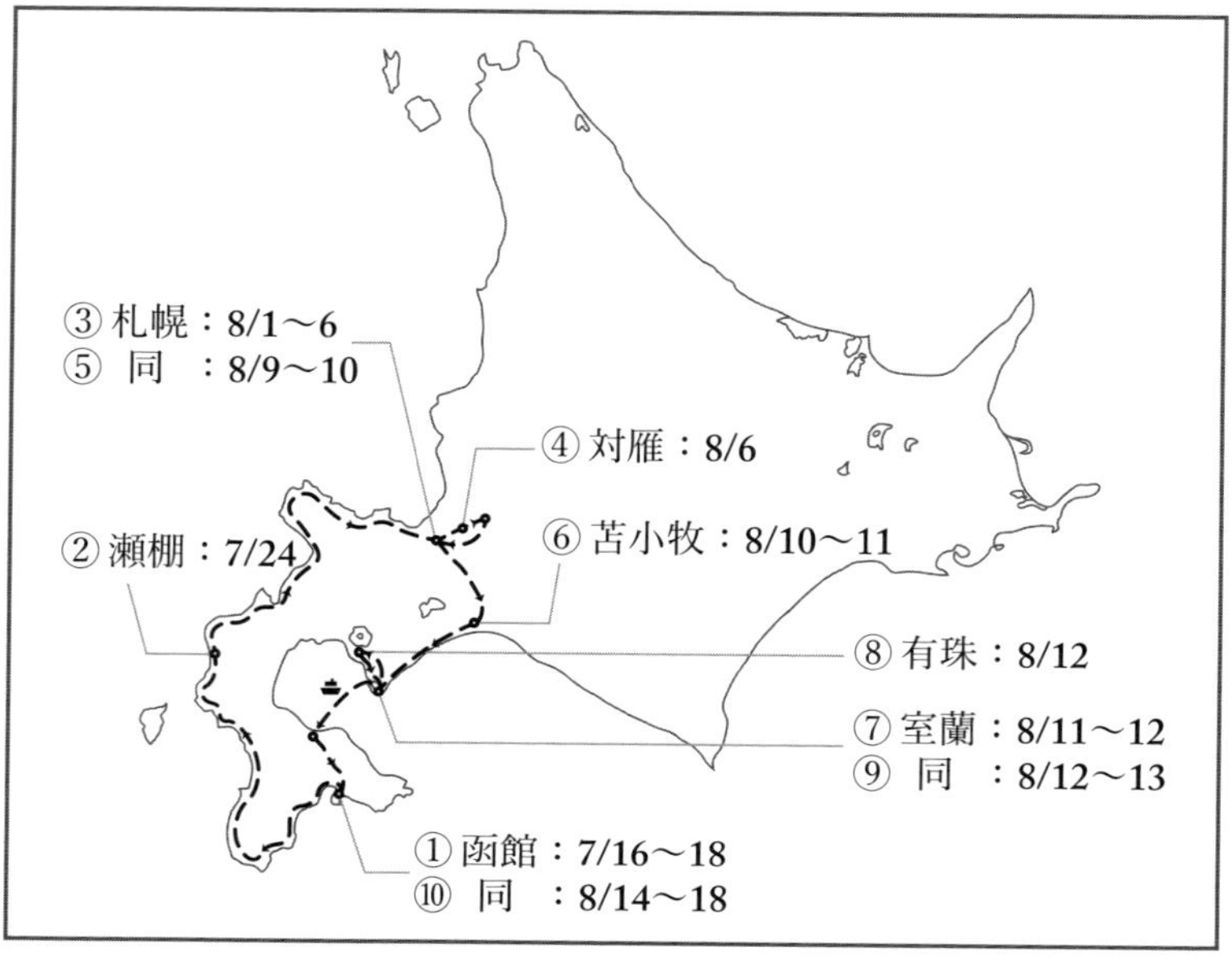

【地図 2】原敬の北海道周遊における主な訪問地
明治 14 年 7 月 16 日～ 8 月 18 日

いう固有名が記されている。そして原は、この二日後の八月一三日に、札幌の学校に通う「カンナリ」の子と実際に対面を果たすことになるのである。

（於北海道室蘭）　此地小学教員安田某君（余の同県人）来訪あり、談偶々土人の教育に及ぶ。安田君、カンナリと称する幌別旧土人の子、某なる者を招き示さる。此者は旧土人にはあれど、其父資産あり、且つ能く和事を好み、遂に小学の教育に委せり。今日に至り、稍々得る処あるに至らんとせしが、開拓使は更に官費を以て教育し、今札幌の某校に在りと云ふ。旧土人の学事に進むは、北地の為め、及び我日本の為めに、深く欣喜に堪へざる処なり。(13)

自身と同じ岩手県出身の教員安田との談話が「偶々土人の教育に及」び、その結果「カンナリ」の子と面会した原は、「旧土人の学事に進むは、北地の為め、及び我日本の為めに、深く欣喜に堪へざる処なり」と、最上級の喜びを示したのだった。

三　北海道周遊直後にあらわれた原の「アイヌ」教育論

北海道の周遊を終え、原はその終着地の函館で旅の総括を行っている（八月一五〜一七日函館滞在）。その内容は、「附記」として三項目（「アイノ人」「漁業」「開墾」）にまとめられており、『報知』紙上に掲載された「周遊日記」本文にみることが可能だ。この内「漁業」「開墾」の項は、殖産興業に関係するものであるから、旅の所期目的に沿った視察結果の総括であるといえよう。であればこそ、筆頭に掲げられた「アイノ人」項は、この旅によってはじめて獲得された知見であり、彼にとっては特記事項であった。以下、かなりの長文になるが、しかし重要な資料であるため、同項を全文掲載し、検討を加えてみたい。

（於北海道函館）　アイノ人　①アイノ人と爰に記するは余の欲せざる処なり。何となれば是れ我兄弟と称すべき日本国民なればなり。然れども実際の有様は猶ほアイノ人と記せざるを得ざるものあり、世人固より之を知らん。アイノ人とは旧土人の称にして此土人に就ては古来我史乗には深く講究せしものもなけれど、②外人などは或は云く、是れ日本元来の土人にして是ぞ真の日本人なりなどと遠慮もなげに論断すれど、是等は今日に於て軽々に論断するを得ざれば、暫く措て可なり。只だ此アイノ人の有様は数百年来圧制の下に屈伏され、権理自由などは夢にも知るを得ず。殆んど人類を以て遇せられざれば、亦人類を以て自らも居らざる如き有様なりしは今より僅か十余年前までの情況なり。時勢の変遷は誠に驚くべきものにて、③此禽獣視されたるアイノ人も維新の徳沢に浴して始めて人類となれば、昭代の美事と称するも猶ほ余あることと云ふべし。然るに旧習は俄かに脱せず、況や智見の俄かに進む理あらんや。今日西海岸に住するアイノ人等は其数甚だ多からざれど、殆んど和人の如き生計ありて、且つ和人との交際も親睦なり。

東海岸のアイノ人等は其数極めて多く、而して生計更に裕なるものと見え、家屋の構造より日用衣服に至るまで、西海岸に比して一等を超ゆるのみならず、或は和人を使役して漁業を営む者あり。前にも記せし幌別のカンナリなどと云ふ者は、資産ありて和人を使役し、其子をして学に就かしむるのみならず、一般アイノ人の文盲を嘆じて竊に導く処あらんとする由なり。此等は稀れなる人なるべけれど、一般に旧土人の進歩せしには相違なかるべし。然れども猶ほ未だ大に開進の道に就かざる如し。是れ余の深く歎ずる処なれば、④開拓使の人に遭ふ毎に、官私人となく旧土人は如何と問へば、皆云々致方なしと殆んど度外に置くが如し。是れ何故に然るか。余の見る処を以てすれば、⑤所謂アイノ人は容貌骨格実に上等の人種にして、其顔色の逞ましきなどは外人に比するも一歩を譲らざるべし（樺太の土人は少く下れり）。⑥此の如き人種を教育し、能く和人の地位を保たしめば、其国家の富強を益する蓋し量る可らざる者あり。⑦世人或は土人年を逐て減少すべし、是れ自然の理なりなどと称すれども、此等は全く亜米利加の土人の如きものならんと臆測せる西洋学を生喰にしたる者にて取るに足らず。アイノ人の年を記するにても、亜国の土人に異るを証すべし。然れども教育なるものは俄かに進歩すべきものにあらず。土人にあらずとも旧幕時代の老人に洋書を教へたらんには、アイノ人に国書を読ましむるよりも幾倍困難なるを知らざるべし。然るが故に、五年や十年アイノ人を教育したるまでにては、是も非も未だ判断を下すべきの時にはあらざるなり。⑧其務に当る者力の及ばん限りは此アイノ人をして遂に日本上流の偉丈夫たるに至らしむるを怠る勿れ[14]。

「周遊日記」では、「民族」という語がまったく登場しないのに対して、「人種」という語は度々登場する。これは、「民族」及び「人種」という用語・概念が当時において未発達なもので、原のいう「人種」は多分に〝同じ種類の人々〟を意味する言葉であるに過ぎず、「race」の翻訳語としての「人種」とは趣を異にしていたからである[15]。そのことを踏まえて原の論理を検討してみると、次の三点にまとめることが可能だろう。

A「アイヌ」同化論［①］。「人種」による区別を前提としない近代化＝国民化が意識されている。ここでは「アイノ人」の呼称を用いざるをえない現状がいわれつつも、やがては「アイノ人」も「和人」も同じ「日本国民」となるべきである以上、「アイノ」の呼称は避けたいとされている。

B「アイヌ」称揚論［②⑤⑦］。「人種」による区別が前提で、Aに反する認識となる。まず、「アイノ人」は元来の日本土着民という学説が流行しているが、軽々しい論断は支持できないと判断が保留される［②］[16]。さらに、「アイノ人」は「外人（＝白人）」に劣らない「上等の人種」であるが、「樺太の土人は少く下れり」とされ、「北地」の「所謂アイノ人」を称揚することが目的ではあるものの、明らかな「人種」差別的発想がうかがえる［⑤］。また、「アイノ人」の減少は「自然の理」なのかという予測に関しては、「取るに足らず」として完全に否定されているが、その際、「西洋学」において「人種」差別的に捉えられている「亜米利加の土人」をあげ、これと対比的にいうことで「アイノ人」の称揚に役立てている［⑦］。

C近代化＝国民化による「アイノ人」「和人」の差別解消論［③④⑥⑧］。「人種」による区別が前提となった原の主張の骨子といえる。まず、数百年来の圧制のもとに屈伏させられ「禽獣視されたるアイノ人」が、「維新の徳沢に浴して始めて人類」となったのは「美事」であるとされ［③］、続いて、「アイノ人」の存在を度外視していた「開拓使」の「官私人」に対して、「アイノ人」への注意を喚起した原の実践が紹介されている［④］。そしてその結論は、「国家の富強」のためには、「アイノ人」を教育し、「和人」との地位を等しくすべきだ、というものであった［⑥］。論の末尾も、「アイノ人をして遂に日本上流の偉丈夫たるに至らしむるを怠る勿れ」との語で結ばれており、読者に対して、「アイノ人」と「和人」との地位は等しくあるべきことが訴えられている［⑧］。

以上、三点にまとめた明治一四年当時における原の「アイヌ」論は、現在の見地からの総合的評価がきわめて難しい。

まず、「アイヌ人」たちへの差別感情を伴う「和人」の社会風潮に同調せず、そうした大勢から独立した一個人としての識見を保持する姿勢があり、そのもとに公然たる少数被差別民の擁護論が主張される。さらに「アイヌ人」は決して滅亡しない旨が明言されてもいる。よってこれらの認識は、民族差別解消論の立場から高く評価されるべきなのかもしれない。反対に、「樺太の土人」や「亜米利加の土人」に対する「人種」差別的言質に疑問を投げかけ、それを問題視することもできるだろう。

あるいは、少数民族保全論や近代批判論の見方からならば、原の「アイヌ」教育論のそのものを、近代化＝文明化を絶対正義とする多様性否定の典型例であり、他の民族に対する日本国民化の強制でしかないという負の側面から糾弾し、全否定してしまうことが可能である。そのような批判の典型は、例えば以下のようなものとなるだろう。

〔北海道開拓政策の展開について〕アイヌ民族への具体的対応のあらわれとしては、固有の文化・生活様式等の全面否定、それにつづく生活困窮の顕在化、その極限における勧農と教育をセットにした「同化」政策が展開する。……アイヌ民族への「同化」政策のいま一つの特徴は、政策立案者のなかに、民族固有の風俗・文化・伝統といったすべてを否定し、「帝国臣民」化することを自明の理として疑わないといったきわめて独善的発想が貫かれているという点である。したがって、アイヌ民族の政治的自立はもとより、民族固有の遺産はすべて「陋」であり、「醜」であって、そこから学ぶものは何一つないとして民族的伝統・文化総体が否定されることとなった。[17]

原敬は「アイヌ」固有の文化風習や生産手段の保存に何の関心も抱いていなかった。その彼が、「勧農と教育をセットにした「同化」政策」、すなわち「アイヌ」の文明化について、それが文明化であるということを根拠に絶対的な正義としていたことは、おそらく間違いないだろう。したがって、明治一四年時点の原敬が論じていたような近代化路線の「アイヌ」待遇案の思想は、この時点以後の日本政府による「アイヌ」の近代化政策（＝「アイヌ」の「同化」政策）の思想と本質的には同種である。そしてそれこそが、現実的にアイヌ固有の文化風習や生産手段を完全に破壊し、「アイヌ」民族を窮乏に追いやったものの正体なのだ、との結論は疑いようがないもののように思われる。

しかし、本書の考察では、このようなかたちで現在の結果から過去の限界点をあげつらうことや、価値づけることには意味を求めない。「帝国臣民」化を推し進めた近代における日本政府の政策立案者はともかく、こと明治一四年時点の原敬個人の「アイヌ」教育論については、それがまったくの「独善的発想」でしかないとはいいきれず、異なる解釈もできるのではないかと考えている。

そこで、原の「アイヌ」論の功罪を問うのはさておき、この時点における原敬一個人の意識構造について、別の角度からの分析を加えてみることにする。

四　「奥羽（奥州）」と「九州」「四国」「中国」――「プレ民族時代」の自他意識

1　「東北」「奥羽（奥州）」「南部」

そもそも、明治一四年（一八八一）時点の原敬は、なぜ「アイヌ人」の存在に留意することができ、しかも、「彼ら「アイヌ人」は我々「和人」に対して決して本質的・形質的に劣っているわけではない、「アイヌ人」も「和人」も「教育」さえ受ければ同じだ」という、当時の社会において必ずしも一般的ではない〝反「人種」主義〟的な感覚をもつことができたのだろうか。

本章の冒頭で述べたように、原の視察旅行は、ちょうど現在の北海道・東北地方を周り終えたところで中断している。東日本一帯をめぐる旅において、南部藩出身の原は、自分自身の出自にかかわる問題に無自覚ではいられなかった。ここで、現在原敬が「東北出身」、あるいは「東北人」と通称されていることに着眼してみることにしよう。まず、当時馴染みの薄かった「東北」という語は、「周遊日記」の本文と草稿とをあわせてもあまり用いられていないことを指摘できる。[18] 原が現在の東北地方を示す場合には、「奥羽」か「奥州」の名称が使われるからである。「周遊日記」とその草稿を読んでみると、原敬が自らを「奥羽人」、ないし「奥州人」としている記述が頻出する。

ではここで、原のいう「奥羽人」「奥州人」の具体的な用例を確認しておきたい。周遊の初期に「奥羽」に帰った原は、新たに西日本から移住してきた士族たちが、着々と開拓の実績をあげつつある現場を取材した。以下は、明治一四年六月一一日の報告記事である。

（於福島県郡山・猪苗代）此日過ぐる所の開墾地は概ね士族の事業なり、奮励従事するものの如くなれば、其他日に偉績を奏する疑ふ可らず。……而して余は奥州人なれば、此開墾土地を通観して喜びよりも寧ろ悲しみ多し。何となれば、之が開墾に従事する者、接近数里の奥羽人にあらずして、却て天涯万里の九州若くは四国中国地方の人士なればなり。嗚呼奥羽人は遂に何事を為すか。己れが園庭を挙げて他人に輸するを欲するか、一念斯に至らば、喜びは以て悲みに勝つ能はざるものあり。[19]

明治初年の政府事業として著名な安積疏水を利用した開拓原野に入植していたのは、旧久留米藩を筆頭に、因州・備州・土州の各藩を出身地とする「九州若くは四国中国」の士族たちであった。『報知』記事にはこの現実を受けて発せられた「奥羽（奥州）人」原の慨嘆があらわれている。つまり、原が「奥羽（奥州）人」としての自己を痛感するのは、他者たる「九州人」「四国人」「中国人」の活躍を目のあたりとし、彼らに対するインフェリオリティ・コンプレックス（inferiority complex ＝劣等意識）が伴われる場合だったのだ。

「己れが園庭」たる「奥羽（奥州）」に帰属心を抱いていた原は、そのために、旅の初期において悲観的な思いに支配されたのである。

だがその劣等意識は、この直後、彼が北海道に渡ったことで案外早くに解消のきっかけが与えられる。なぜならば、彼が出京前に期待していた北海道の開拓は、自分と同じ「奥羽（奥州）」出身の士族たちによって担われていたからである。

（於北海道有珠郡）伊達〔邦成〕君を始として、百折不撓、遂に大に其功を奏し、有珠山の下に一草を生ぜず。実に全道に冠たる美果を得たり、と。世人多くは奥羽人に善評を下さず、然れども、此地に入て開墾の状況を聞き、其名誉全道を圧するもの独り奥州人の手に成れる此開墾地あるを知らば、一概に品評を下す可からざるを知る。(20)

この記事が書かれたのは、原が北海道各地の「アイヌ人」たちを意識するようになった後の八月一二日である。「奥羽（奥州）人」たる自負心というべき原の感情は、伊達邦成《くにしげ》（天保一二〜明治三七年〈一八四一〜一九〇四〉）をリーダーとする旧仙台藩の士族たちが北海道紋別の地の開拓に成功しつつあることをあげて「実に全道に冠たる美果を得たり」と評価し、彼らに対する賞賛を隠さないことによくあらわれているだろう。

以上のことから、彼が「奥羽（奥州）人［自］―九州人／四国人／中国人［他］」の枠組みにおいて自他の区分を行っていたことがわかる。

さらに、原は「南部人」としての自己意識を保持していた。これは、現在いわれるところの県民性とはまったく異質なアイデンティティである。彼は自身を「岩手県人」などではなく、あくまでも「南部人」とみなした。旧藩の名称に由来する「南部人」としての自己意識は、「奥羽（奥州）」の内部にもさらに細かな区分があることを示すものだが、以下「周遊日記」草稿での一例をあげて、確認しておきたい。

（於青森県青森）旧津軽領は余の見る処にては山形に続きたる良地なり。是れ随分小国の常にて、隅から隅まで開きたるためなり。勿論南部の如き敵国あれは、自然用心を怠らさることにてありしならん。南部との間柄は今に脱せぬ風にて、誠に歎すべき事なり。(21)

ここでは、原の郷里である「南部」のことを長年「敵国」とみなしてきた「津軽」における「今に脱せぬ」対決心理が観察されている。すでにみたように、原は、「奥羽（奥州）」の一体性を前提とした自己意識を保持していたのだが、それのみならず、「奥羽（奥州）」の内なる多様性をも知覚していたことになる。「奥羽（奥州）」の内部には、「南部人」の原にとって明白な他者が暮らす領域が存在したのである。原の「南部人」としての自己意識は、「周遊日記」本文よりも草稿において顕著であり、それだけに、これが内に秘められるべき感情としてあったことを思わせる。彼の「南部人」意識は「奥羽（奥州）人」としての自負と同様に強力であり、簡単な忘却は不可能だった。

以上、原の用語にしたがってみると、彼の自己意識は「東北人」などではなく、あくまでも「奥羽（奥州）人」、ないし「南部人」だったのであるが、その自負心は意外なほどに強力なものであったことがうかがえよう。

2　「プレ民族時代」における原敬の自他意識

坪井正五郎らによる日本人類学研究の創始[22]に三年先立つ明治一四年は、後年確定することになる「大和民族」や「アイヌ民族」、あるいは「日本民族」といった「民族」概念が成立する以前の歴史的段階にあった。明治の前半期においては、実は、「民族」という言葉の用例がほとんどみられないのが特徴的である[23]。とはいうものの、明治一四年当時を生きた人々において、自分がある特定の地域・文化集団に所属していることを前提に獲得されて発現する自己意識がまったくなかったのかといえば、それはまた別の問題となる。原における「奥羽（奥州）人」あるいは「南部人」としての自負心にその典型をみたように、この種のアイデンティティは、当時の日本においてはむしろ強力に作用した。

現在の地域名である「東北」と、この名称が示す土地にルーツをもつ人々のことを指す「東北人」という用語は、明治以後、近代化の過程において発生し、今日定着しているものなのであり、これらの用語と、明治一四年当時における「奥羽（奥州）」「奥羽（奥州）人」、あるいは「南部」「南部人」という言葉とでは、歴史的な沿革を異にしている[24]。明治以前に発生した固有の地名を冠する「奥羽（奥州）人」という言葉に表明されているのは、この時新たに創造＝想像されつつあった、いわゆる地域アイデンティティではない、過去を淵源として、明治一四年現在まで綿々と保存されてきた歴史的な感情であった。吉崎祥司は次のように述べている。

歴史的には、氏族から種族、部族等への展開過程のなかから形成された民族集団のうちのいくつかが、成熟度と凝集力を高め、明確な政治的単位として自己形成を遂げたのがネーションであるとするなら、エスニシティは、一国を形成するまでの実力や凝集力をもちえなかったり、あるいはそのような志向を強くしなかったなどによって歴史の（とくに民族が活発な社会集団としての位置を大きくした近・現代史の）背景に退いていた民族集団と（さしあたり実体的には）重なるといってよいだろう[25]。

結局は「ネーション」としての自己形成を遂げることがなかったとはいえ、本書第一部第一章で「津軽」と「南部」の例でみたように、近代日本においては、ここで吉崎がまとめた「エスニシティ」としての旧国や旧藩の意味が捉え返される必要があるだろう。現に、本節前項に掲げた資料からうかがえるように、原敬においても、「奥羽（奥州）人」、あるいは「南部人」としての自己意識は容易に解消できるものでなく、また解消すべきものともみなされてはいなかった。

だが、それだからこそ原は、明治維新の勝者である「九州人」「四国人」「中国人」と比べて本質的・形質的に劣ると決定されかねない、敗者たる「奥羽（奥州）人」としての劣等意識にさいなまれていたのだといえる。現在政治的に優位にある人間が、その意味で現在劣位にある人間を支配し続け、一方的に吸収したり同化できたりするのであれば、自分たち「奥羽（奥州）人」は「九州人」や「中国人」らの都合でいかようにも扱われ、やがては滅亡させられてしかるべき存在となる。しかし原は、そのような将来図を思い描くことを当然に拒否しなければならなかった。

そしてまさにこの時、彼は北海道で、旧仙台藩の士族たちや、自分と同じ旧南部藩出身の小学教員安田の活躍を目のあたりにしたのである。「奥羽（奥州）人」たる彼らこそ、周遊出発以前の自分が期待していた、北海道の近代化＝文明化を実践する人々であった。かくして原において、「奥羽（奥州）人」は決して本質的・形質的な劣敗者などではないということが、具体的事実のもとに証明されたのである。

以上のように原の実感を捉え返してみた時――ここで本書第一部第二章で確認した「教育」によって後天的に実現される「文明の精神＝独立の気力」の内面化を想起すべきかもしれない――に、ようやく、前節で確認した彼の「アイヌ」教育論が生み出されることの必然性に考えが及ぶ。原が「和人」を使役する「アイノ人」の「カンナリ」を知ったのは八月一一日の幌別においてであり、紋別を開墾する旧仙台藩士族たちの活動を目撃して「奥羽（奥州）人」としての自信を回復したのがその翌日の一二日、そして、同郷の小学教員安田によって「カンナリ」の子に引きあわされたのは、そのさらに翌日、八月一三日の室蘭においてだった。明治一四年八月一一日から一三日の北海道胆振《いぶり》地方――まさにこの時この場において、優位にある他者を媒介とした劣位の自己認識〔奥羽（奥州）人〔自／劣〕―九州人／四国人／中国人〔他／優〕〕と、優位にある自己を媒介とした劣位の他者理解〔和人〔自／優〕―アイヌ人〔他／劣〕〕とが、原敬の中では目まぐるしく交錯していたのだ。

現に優れた「アイノ人」がいるのであり、すでに原は、すべての「アイノ人」たちを無条件に自分たち「和人」の下に位置づけるようなシュペリオリティ・コンプレックス（superiority complex＝優越意識）が完全な間違いであることに気づいていた。だが、そうである以上当然に、優れた「奥羽（奥州）人」も存在し、彼らを無条件に「九州人／四国人／中国人」の下に位置づけるのは間違っている。つまり原敬は、自分の内にあった、他者（「アイノ人」）への優越意識を解消することではじめて、他者（「九州人／四国人／中国人」）

人」）の存在による劣等意識を癒すことができたのだった。このテーマこそ、北海道周遊のクライマックスを迎えた原の内面を占めていた中心的課題だったといいうるであろう。

そしてここに、明治一四年にしてはやくも、彼の〝「人種」コンプレックス〟が克服されつつあったことがうかがえる。この基本的な発想から推して、原は、「九州人／四国人／中国人」に対する自分たち「奥羽（奥州）人」のみならず、自分たち「和人」に対する「アイノ人」についても、本質的・形質的な劣敗者とはみなさず、その衰亡を当然視することもできなかったのだ。

かくして、北海道の視察を終えた八月一五〜一七日の函館において、原は、後天的な自助努力の機会が「和人」と「アイヌ人」とに等しく与えられるべきとの持論、すなわち、「和人」「アイヌ人」間において「教育の機会均等」が実現すべきことを、その「アイヌ」教育論に託したのであった。

五　原敬の植民地政策論

北海道を離れ、青森から再び本州に入った原は、「奥羽」の地がかつて「アイヌ人」のものであったことにあらためて思いを馳せている。渡道以前はまったく意識の外にあった「アイヌ人」だが、[26]九月三日に通過した越喜来《エッキライ》（現岩手県大船渡市三陸町越喜来《おきらい》）で、原は感慨深げに「地名は頗る北地の地名に似たり。顧ふに皆なアイノ人の遺伝なるべし[27]」と記す。自身の出生地である「奥羽」の地にも「アイノ人の遺伝」が実感でき、原はそのことを受け入れた。このような観察が可能になったのは、彼が北海道で「アイノ人」との出会いを果たしたればこそであったといえよう。

北海道での体験は、原に微妙でありながらも深刻な影響を及ぼし、彼の国家認識に直接的に反映されることとなる。それは、周遊の感想として原が残した次のメモ書きからもうかがえる。

〇言語地名は活歴史なり　此事西人の既に称する処なり。故にアイノ人の言語及ひ其地名を講究せは日本の歴史に大なる変更を見るべし。(28)

右にあらわれているのは、明治一四年（一八八一）現在の歴史的段階とは別な時点を設定する通時的認識であり、現時点で学問的に明らかにされることが困難で、断定が不可能である物事については、判断の保留を加えおくという思考である。原は、日本という国家の成り立ちについてもきわめて動態的に理解するようになっていたのである。

以上にみた原敬の思考様式は、彼自身にいかなる国家認識をもたらしたのであろうか。

前章で確認した通り、明治一四年政変後の原敬は報知社を辞めて外務省の高級官僚へと転身してゆく。そしてそのことで、北海道の現実からは遠ざかる。一方、明治二〇年代のナショナリズムが、日清戦争以前の国内状況に応じていわゆる「単一民族国家」的な日本観を提示する中で、「アイヌ人」の存在は多くの「和人」から忘れ去られてゆく。だが原は、現在一般に疑いないものとされている「マジョリティの大和民族」対「マイノリティのアイヌ民族」という静態的な二項対立の図式では捉えられない、自他認識の重層性を基調とする思考を後々まで維持し続けた。

彼の考えに基づけば、日本という国家は、多数優位者の「大和民族」に「アイヌ民族」のごとき少数劣位者を同化してゆくことで成立するような単純なものではなかった。なぜなら、原は、いわゆる「大和民族」が、本来的に「自分は奥羽人だが、彼は九州人だ」、そして「自分は南部人だが、彼は津軽人だ」などというような重層的自他意識を保持することを知悉し、その一方で、「アイヌ人」の内にも、北海道の「アイヌ」と樺太の「アイヌ」とでは異なるというような細かな「人種」の区分があることを認知していたからである(29)。原によれば、人々はそういった多重のアイデンティティを放棄する必要はなく、だが共時的に教育を受け、近代化＝文明化、すなわち日本国民化を成し遂げるべきであったのだ。

こうした原敬の思考は、日清戦争以後の日本がさらなる植民地を得た後に立ち現れる「日本人」対「台湾人」、そして「日本人」対「朝鮮人」という自他の関係に対処する際に、再び前面に登場することになる。むろん、政治家となった原敬が現実になした政策決定の基本理念と、本章で捉えた青年記者時代における原の構想とが、完全に一致することはないだろう。周囲のさまざまな政治勢力との駈け引きが必要である政治家の行動が彼の個人的理想のみで決定されるようなケースは稀であり、まして「妥協の政治家」としての政治技術に定評のある原敬に関しては、なおさらこの点を考えなければならないからである(30)。

だが人間は、その若年期の周囲環境に規定されて思想を形成し、それを自らの行動指針とするのである。青年期に確立した基本的なものの見方がその人物をある一面で決定づけることは往々にあり、やがて彼の地位や社会的責任が上昇するにつれ、そのような基本的なものの見方が、今度は逆に、彼の周囲環境に対して大きな影響を与えてゆくことになる。

このような観点から、最後に一つの試論を提示してみることにしたい。

明治四三年（一九一〇）の日韓併合時、すでに五四歳となっていた原敬は、植民地の経営に直接・間接に関係してゆくことになる。ここでは、その時点における原の認識の内、「朝鮮人教育」に関する資料のみを取りあげることにしよう。

朝鮮は之を普通の植民地視せず、遂に日本に同化せしむべし。又朝鮮人は同化し得べき人民なり。故に台湾に於ける支那人などを遇する如き方針は甚だ不可なり。随て教育も朝鮮人に対しては別種のものを施さんとする者ある由なるも、是れ大なる謬見なり。日本人と毫も異らざる教育を施すべし。只だ日本人と異る所は、日本語を十分に教ゆる事の必要あるのみ。斯くせば将来府県会の類も望み、又国会議員を出す事も望むならんが、毫も差支えなし。恰も内地に於ける琉球又は北海道の如きものとなして妨げなきなり。(31)

以上は、明治四四年（一九一一）四月二四日の『原敬日記』の記事である。第二次桂内閣のもとで野党政友会を指導する立場にあったこの時の原は、現政府の「台湾に於ける支那人などを遇する如き方針」を批判した上で、今後あるべき植民地経営策について、特に「教育」をあげて、「日本人と毫も異らざる教育を施すべし、只だ日本人と異る所は、日本語を十分に教ゆる事の必要あるのみ」との私見を書きとめている。さらには、「斯くせば〔朝鮮人たちが〕将来府県会の類も望み、又国会議員を出す事も望むならんが、毫も差支えなし」とまでいい切るのである。

やがて内務大臣、そして内閣総理大臣として植民地経営のトップに立ち、「内地延長主義」を掲げることになる原敬の基本的態度は、近代化＝文明化を絶対的正義とし、その時々の日本国家の領域内に住む人民において「人種」「民族」の差に拠らず、等しくこれを推進してゆこうというものであった(32)。そのための前提条件として、若かりし彼が「アイヌ人」と出会った時に確立したであろうところの、日本国家の領域内に暮らす「和人」以外の人々に対する「「和人」と毫も異らざる教育」環境の整備、教育の機会均等が主張される。明治一四年以後、原はこうした発想を終始一貫保存し続けていた。

そしてこのような基本的なものの見方ゆえにこそ、彼は植民地の文化的同化を否定した一方で、その支配を正当化することができたのである。

六　おわりに

近代化＝文明化の過程では、新知識の伝達や伝統的な価値の転換といった現象が当然に発生する。そしてその過程において、新しい価値基準と対立する旧慣や歴史的な自他意識のあり方が、保存されるべきか破棄されるべきかといった議論も必然的に湧起する。

かつて丸山眞男は、「今日世界中において「ネーション」は忠誠市場における、たとえ独占体ではなくとも、少なくとも寡占体として公認されている。しかし人類史の長い発展過程から見れば、これはきわめて新しい現象(33)」である、と述べた。「周遊日記」上において、民族同化論的傾向と民族保全論的傾向の相反する二つの要素が併存していることの背景には、「和人」と「アイヌ人」の別はいうに及ばず、「和人」の内にも「アイヌ人」の内にも、さらに細かな「人種」の違いが実在していた明治日本の歴史的段階があった。明治以後、新たに「汝、日本国民たれ」との自己意識の確立が求められたのは、「アイヌ人」に限らない、「南部人」「津軽人」「薩摩人」「長州人」、あるいは「奥羽（奥州）人」「九州人」「四国人」「中国人」など、それまでさまざまなアイデンティティを保持していた人々だったのである。

だが、明治一四年（一八八一）当時の原は、意識的な「歴史の忘却」――〝旧国・旧藩の超越〟――による論理化を行わなかった。彼自身、終生「南部人」「奥羽（奥州）人」としての自己意識、そして「和人」としての自己意識の滅却を必要としなかったし、もしそうであるのならば、彼からみて他者となる、例えば「津軽人」「九州人／四国人／中国人」「アイノ人」たちによっても、同様に意識されていた重層的かつ歴史的なアイデンティティが担保されるべきものとなる。マジョリティにマイノリティを同化するのではなく、さまざまなアイデンティティをもつ人々が共時的に近代化＝文明化を達成するため、政府はただ「教育の機会均等」を、その領域内に住む人々に対して、「人種」の別にはよらず等しく保障するべきであった。そのため原は、各地域・文化集団古来の風俗と慣習の人為的廃滅を推進しようとはしなかったのだが、他方で、その人為的保存の必要を声高に訴えることもなかったのだ。明治一四年当時の歴史的段階の支配下にある原敬は、後代の民族同化論者とも、あるいは民族保全論者ともまったく異なる発想から、当時にあって可能な限りの柔軟性を発揮していたということが理解されなければならないだろう。

こうして確立した彼の「多民族国家」的日本観こそ、後の内閣総理大臣原敬が掲げる植民地経営政策へと連続し、時の日本政府によって台湾や朝鮮半島の政治的支配が正当化されるための強力な思想的根拠となったものに他ならない[34]。以上の歴史的展望を顧みた時、明治一四年における原敬の北海道周遊は、彼の「多民族国家」的日本観とそれに基づく植民地経営政策、すなわち「内地延長主義」を決定づけた歴史的起源として、特記されなければならないのである[35]。

（1）渡辺は福井県出身で、やがて東京府知事・東京帝国大学総長を歴任することになる。同行者にはもう一人、岡山県出身で後に内閣統計局長として第一回国勢調査を実施する花房直三郎（安政四〜大正一〇年〈一八五七〜一九二一〉）があり、三人旅であった。周遊の大まかな足取りは以下の通り。五月二三日東京府出発・千葉県→六月三日茨城県→六月九日福島県（中通り・会津）→六月一七日山形県→六月二七日秋田県→七月一三日青森県（旧津軽領）→七月一六日北海道南部→八月一八日青森県（旧南部領）→八月二六日岩手県→九月四日宮城県→九月一四日福島県（浜通り・中通り）→九月二〇日栃木県→一〇月二日周遊中止、帰京。

（2）「挨拶文」『報知』明治一四年五月三日号、「周遊日記」本文『報知』同年六月一〇日号〜一二月二二日号に不定日連載（『原日記〈六〉』二〇〜八七頁、『原全集〈上〉』四五〜一八〇頁）。以下本章での引用は、『原日記〈六〉』による。

（3）『原文書〈四〉』一一五〜一八七頁。原はこの草稿を基礎として『報知』に「周遊日記」本文を送ったものと考えられる。

（4）明治一四年における原の周遊に関する先行研究として、前掲前田・山本の評伝と前掲伊藤「若き原敬の動向と国家観・自由民権観」を参照のこと。前田・山本の著作は評伝であるため、原の事跡を追うことに主眼があり、「周遊日記」にあらわれた原の思想に対する考察は充分でない。また伊藤の論文は、報知社時代の原敬を網羅的に取り扱ったものであるため、本章で論じる原の「アイヌ論」についての集中的な考察はなされていない。ここであらためて断っておきたいのだが、本章の考察の目的は原敬一個人の認識の分析にあるのであって、民衆一般や国家権力の解析にはない。一新聞記者に過ぎなかった明治一四年当時の原敬が「アイヌ人」をどうみたかということと「アイヌ人」の実態とでは相違するのが当然であるし、また、原が構想した「アイヌ」待遇策案と日本という国家が「アイヌ人」をいかに遇してきたか、そして現在、いかに遇しているのかという現実とでは、やはりまったく異なるはずである。

（5）原敬「富を欲する者は北海道に行け」明治一四年一月二〇日『原全集〈上〉』二〇〜二一頁。

（6）同前二一〜二二頁。

（7）なお、千島・樺太交換条約の交渉が進む明治八年（一八七五）三月において、当時一九歳だった原は「辺境論」なる短文を作成している（『原文書〈四〉』二一〜二三頁）。そこでは、人口過小の「南蝦夷〔＝北海道〕」を確保するためには樺太を放棄せざるをえない旨が述べられており、政府の外交方針が支持されている。そして、六年後の『報知』社説と同じく、北方への移民が少ない現状が憂慮される一方で、「アイヌ人」のことはまったく意識されていない。原の郷里である南部藩は、旧幕時代の寛政年間以後、日本沿岸への外国船の出没を受けた幕府によって蝦夷地出兵をたびたび命じられるなど、蝦夷地との縁が深かった。そのような出自をもつ原の関心のあり方がこの「辺境論」にもうかがえる。つまり、『報知』社説上に表明された経済的な関心の背景には、帝国と帝国との境界をめぐる外政上の問題があった。明治一四年の周遊以前におけるこうした原の見方は、基本的には時の中央政府のものと同様であったといえる。

(8)「周遊日記」上では、「アイヌ人」を指すにあたって当時の法律用語である「旧土人」のみでなく「土人」「アイノ人」と三種の用語がみえるが、その使い分けに特別な意図はないようである。「旧土人」「土人」ともに現在では不適当な表現だが、以下歴史的呼称としてそのまま引用する。

(9)『原日記〈六〉』五六～五七頁。

(10)同前五七頁。

(11)北海道の各地をめぐる中で、原は自分たち「和人」からみた時には同じ「アイノ人」としかうつらない人々にもさらに細かな「人種」の違いがあり、また、彼らにも差別感情があるのだという現実を報告している。以下は八月六日の記事である。「(於北海道対雁《ついしかり》)土人の容貌を見るに、是まで歴観せる地方のアイノに似ず、殆んど支那人の如き容貌にて、一般に逞ましき顔色なく、誠に柔弱なる気風あり。北地〔北海道〕のアイノに比すれば、其状貌稍々下るものの如し。然る故にや、アイノ人と雖も往々之を嘲笑して、樺太のアイノは不潔甚だしく、醜気の為めに其屋に入るを得ずなど云へり。余の見る処にては両土人とも不潔の度に差等なき様なれど、其大体に就て較論せば、人種に差等あるが如し」(『原日記〈六〉』六四頁)。この部分は、原の会話の相手だった「北地のアイノ」が「樺太のアイノ」を嘲笑して差別的発言をなしたことに対して、原が「両土人とも不潔の度に差等なき様」と軽蔑の念を吐露する場面である。ここで注目すべきは、「其大体に就て較論せば、人種に差等あるが如し」と、「アイノ人」に「北地のアイノ人」と「樺太のアイノ人」との「人種」の別があると認知されていることである。そもそも、「アイヌ」が単一民族であると理解されるようになったのは、近代以後における「和人」側の都合によるものであり、「アイヌ」には、かつていくつもの「民族集団」が存在していた、とされる。例えば、原のみた「樺太のアイノ人」の固有名は「エンチゥ」であり、対する「北地のアイノ人」の内、「ウエンシユラ」たち「西海岸のアイノ人」の固有名は「シュムクル」、「カンナリ」たち「東海岸のアイノ人」のそれは「サルンクル」であるとされている（河野本道『「アイヌ」――その再認識　歴史人類学的考察』北海道出版企画センター、一九九九年、一七～二一頁）。これなどは、原の実地見聞が、現在における一般常識をこえて真に迫ったケースの一つだろう。なお、対雁は、明治八年の千島・樺太交換条約の結果、日本政府によって樺太から北海道に強制移住させられた「樺太のアイノ人」たちが新たに住み着いた土地の名前である。

（12）『原日記〈六〉』六六～六七頁。

（13）同前六九頁。

（14）同前六九～七〇頁。

（15）この点について、與那覇潤「近代日本における「人種」観念の変容――坪井正五郎の「人類学」との関わりを中心に」『民族学研究』六八巻一号、日本民族学会、二〇〇三年を参照。同論文は、後、與那覇潤『翻訳の政治学――近代東アジア世界の形成と日琉関係の変容』岩波書店、二〇〇九年、間章α「国民の翻訳論――日本内地の言説変容」（一一〇～一三七頁）に部分的に再録。「周遊日記」上でしばしば用いられている「人種」という単語は、後述する旧国や旧藩による人々のまとまりを指す場合ではまったく使用されず、微妙な使い分けがあるようにも感じられる。だがともあれ、この時点の原が想定している「人種」概念は、現在通用しているものとは異質であるといえる。

（16）興味深いことに、「外人などは或は云く」などと「西洋学」を踏まえた分析がみられるが、これはその方面の学識をもっていた同行者の渡辺洪基の教示に依るところがあった可能性がある。渡辺は、旧幕府の奥医であった坪井信良（文政八～明治三七年〈一八二五～一九〇四〉）に師事し、明治一二年（一八七九）の東京地学協会の設立に関わった経歴をもつ。やがて東京帝国大学総長となってからは、自分の師であった坪井信良の息子である坪井正五郎（文久三～大正二年〈一八六三～一九一三〉）の人類学研究を援助している。「渡辺氏は……坪井氏の先代に教えを受け恩義のあることを感じ、その結果は坪井氏の学問とその人物に注意せられ、他の反対あるに拘わらず人類学なる学問を大学に入れ、それの教授として坪井氏を見出し、氏をして官費留学せしむるまでに至ったのであります。……この学問に対しての最も同情者でありました」

（鳥居龍蔵「日本人類学の発達」昭和二年〈一九二七〉『鳥居龍蔵全集』第一巻、朝日新聞社、一九七五年、四六二頁）。
(17) 海保洋子「「異域」の内国化と統合——蝦夷地から北海道へ」一九八二年『幕末維新論集〈九〉蝦夷地と琉球』吉川弘文館、二〇〇一年、一四八頁。
(18) その一例をみておきたい。「(於北海道有珠郡)紋別製糖所は伊達氏の開墾地の内百二十町歩に作るものを製する処なり。……欧州よりもよき大根なりと聞く。東北砂糖に乏し、若し此等の場盛なるに至らは大に東北を利することなるべしと思はる」(『原文書〈四〉』一六一～一六二頁)。従来、広く東日本一帯を意味する地域概念として用いられていた「東北」だが、明治三〇年代に入ると全国的に現東北六県が呼ばれるようになり、「東北」は東日本一帯を指す概念から「奥羽」のみを指す概念に縮小する(河西英通『東北——つくられた異境』中公新書、二〇〇一年、一〇～一一頁)。上掲の北海道での用例からもわかるように、この時の原も、「東北」を広義の意味(北海道を含む東日本一帯)で使っている。
(19) 『原日記〈六〉』三三二頁。
(20) 同前六七頁。
(21) 『原文書〈四〉』一五一頁。
(22) 坪井らによる日本人類学会の創始は、明治一七年(一八八四)一〇月一二日とされている。日本人類学の通史的理解については、坂野徹『帝国日本と人類学者——一八八四～一九五二年』勁草書房、二〇〇五年を参照のこと。
(23) 安田浩「近代日本における「民族」観念の形成——国民・臣民・民族」唯物論研究協会編『思想と現代』三一号、白石書房、一九九二年、六二頁。
(24) 明治三〇年代に定着したとされる「奥羽」から「東北」への用語変化の背景には、当該地域はあくまでも「日本の東北に位置する一地方」でなければならないとする当時の思潮傾向があった。そしてこの思潮傾向を象徴するのが、本書のもう一人の主人公である陸羯南によって書かれた「東北」論となる。陸の「東北」論については、本書の最終章である第三部第二章の中心的テーマとして後述する。
(25) 吉崎祥司「エスニシティとしての民族」唯物論研究協会編『思想と現代』三一号、白石書房、一九九二年、三六～三七頁。
(26) 渡道以前の「周遊日記」では草稿・完成本文のどちらにも「アイヌ」に関する記載は一切みられないのだが、北海道から本州に帰ってからはそれらの記載が散見されるようになる。

(27)『原日記〈六〉』七九頁。

(28)『原文書〈四〉』一八二頁。

(29)「個のアイデンティティは特定のひとつの継ぎ布にしっかりと縫いとめられているのだという描きかたは、いくつかの強力な異論にさらされている。そうした社会像・アイデンティティ像は、エスニック文化がつねに多様で変容しつつあるものではなく、全体論的《ホーリスティック》で静止的《スタティック》なものであるという印象をかもしだす。それはまた、諸個人が多重のアイデンティティを現に上手にやりくりし、集団に共有されたアイデンティティの性質を場合によっては再定義する、そうした過程を理解しにくくする」（テッサ・モーリス＝鈴木〈大川正彦訳〉『辺境から眺める――アイヌが経験する近代』みすず書房、二〇〇〇年、一六二頁）。明治一四年当時の原も「南部人」「奥羽（奥州）人」「和人」という「多重のアイデンティティ」を「上手にやりくり」しようとしていたのであり、その努力は、彼が「津軽人」「九州人／四国人／中国人」「アイノ人」といった他者と関係しようとする際にも同様に発揮されたのだといえるだろう。

(30)政治家原敬の政策決定過程に関する研究は数多くあるが、ここでは特に、春山明哲「近代日本の植民地統治と原敬」春山明哲・若林正丈『日本植民地主義の政治的展開――一八九五―一九四三年　その統治体制と台湾の民族運動』アジア政経学会、一九八〇年を参照。同論文は、後、春山明哲『近代日本と台湾――霧社事件・植民地統治政策の研究』藤原書店、二〇〇八年、一五五～二二一頁に再録。近年の植民地政策研究における原敬の評価に関しては、前掲小熊『〈日本人〉の境界』七〇～一四六頁、二四〇～二七七頁を参照のこと。

(31)『原日記〈三〉』一一四頁。

(32)政治家原敬の植民地観及び植民地政策の基本理念については、すでに数多くの研究蓄積がある。ここではその代表的見解として、春山明哲と小熊英二のものを掲出しておく。「原の考え方を「内地延長主義」と呼ぶことにする。「同化主義」という、戦前の植民政策学上の、あるいはしばしば標榜された植民地イデオロギー上のタームを使用しない理由は、「同化」を直接の目標にするというよりも「同化」（むしろ近接性と言うべきか）の可能性を前提条件として制度を先行させる原の考え方の特質を「内地延長主義」という表現によって、より際立たせることができると考えるからである。また、原自身、

「同化主義」よりも「内地延長」「内地同様」というタームを好んで使用したのである」（前掲春山「近代日本の植民地統治と原敬」春山・若林『日本植民地主義の政治的展開』二四頁）。「原は議会での答弁で「私は同化主義と云ふ言葉は一遍も用ひませぬ」と述べ、「内地延長主義」という言葉で押し通していた。この言葉の真意を彼ははっきり述べていないが、おそらくこれは彼が外交官として滞在したフランスがアルジェリア統治で掲げた prolongément de la métropoles の訳語であり、文化的な「日本化」よりも制度的な「文明化」を意図したものだったと思われる。と同時に、これまで総督府の権限内で行なわれてきた同化策と一線を画し、総督府特権との闘いに内地制度の延長によって決着をつけることが、つよく意識されていたこともまちがいないだろう」（前掲小熊『〈日本人〉の境界』二四五〜二四六頁）。明治一四年という時点に限定した本章第四節までの考察によって、原におけるこのような政策理念、すなわち文化的「非同化主義」の淵源の一つが明らかにされたであろう。

(33) 丸山眞男「忠誠と反逆」『近代日本思想史講座』第六巻、筑摩書房、一九六〇年、四六二頁。

(34) ここでいう「多民族国家」的日本観とは、日本という国家がさまざまな人種・民族によって現実に構成されているとする認識のことであり、日本という国家が同一人種であり同一民族である日本人によって構成されている／構成されるべきだとする、いわゆる「単一民族国家」的日本観を否定するものである。

(35) なお、本章でみた原敬の構想になる「多民族国家」としての日本は、それが運営される段階で、結果的に、完全に破綻せざるをえない性格のものでもあった。自他共存の理想は、それが制度として現実化する時点で、その構想者とは別の運営主体によって他者への強制と化すものだからである。その結論については、筆者も、先に引用した海保洋子ら諸先学と立場を同じくしているのだということを記しておく。

第二部　総括

以上、本論第二部では、原敬の思想形成の過程を二つの章で論じた。

法学校入学から三年後の明治一二年（一八七九）に、原は、司法省法学校からの退校を命じられて、一度獲得した官僚候補生としての身分を失う。この時点でその本領が発揮されたのが、彼において内面化されていた「文明の精神＝独立の気力」であった。放校後しばらく浪人生活を送った原は、福沢諭吉が『報知』上に紹介したイギリスを模範国とする二大政党制・議院内閣制の採用論を読み、それを受容した。その理論は、当時の日本の政治社会を規定していた「官」対「民」という上下の対立構造を分解して、「保守」対「改進」という右左の対立構造に再編成すべきことを主張するものだった。この時「官」（＝政府）の勢力からの離脱を余儀なくされていた原は、福沢の影響下にあった報知社への入社を果たすことで「民」（＝在野民権派）の勢力へと移動したことになる。だが彼は、福沢から受け継いだ理論をモチーフとする自らの社説記事を翌明治一三年（一八八〇）の『報知』紙上に掲げつつ、それを内面化することによって、現前の「官」対「民」の対立を相対化し、そのどちらからも距離をとることができた。やがて、明治一四年政変をきっかけとして「民」の側の反政府運動が空前の盛りあがりをみせ、世論の支持を獲得する中、原は在野の新聞記者という立場を棄て、あっさりと中央政府官僚の地位に回帰していく。とはいえ、原が政府官僚の身分を獲得したその目的は、単なる自己保身のためだけではなかった。なぜならば、これより後、原は政府官僚獅子身中の虫として、従来の上下構造を解体すべく「官」「民」を縦断する政党勢力の作為に積極的に携わることになるからである。原敬が、福沢諭吉の描いた未来予想図に沿って、それを現実化してゆくための活動に参入することは、この時点ですでに宿命づけられていた。（第一章）

その一方で、原は、未だ報知社の一記者だった明治一四年（一八八一）に東日本一帯を旅した際、彼独自の日本国家観を確立していた。明治一四年の視察旅行で北海道を訪れた原は、その地に暮らす「アイヌ人」たちの存在に注目し、彼らに「和人」と同等の教育機会を与えなければならないことを訴える論説を『報知』上に発表した。この論説発表の背景には、「和人」と「アイヌ人」の別はいうに及ばず、「和人」の内にも「アイヌ人」の内にも、さらに細かな「人種」の違いが実在した明治期日本の歴史的段階があった。さらには、「奥羽（奥州）人」である原自身が明治維新の勝者である「九州人／四国人／中国人」に対する劣等意識にさいなまれていた事情もあった。しかし原は、自分が「奥羽（奥州）人」であり「和人」であるという自己意識を放棄しなければならないとは思わず、原からみて他者となる「九州人／四国人／中国人」、そして「アイヌ人」たちについても、そのような自己意識が当然維持されるものと考えていた。歴史的、そして重層的なアイデンティティは保存しつつも、日本国家の領域内にある人々は、共時的に教育を受けて、ともに文明化を達成してゆくべきである。このようにして、原は彼独自の「多民族国家」的日本観を確立したのであった。（第二章）

以上、青年時代の原敬の遍歴を追った時にあらためて気がつくのは、まず何よりも、原の思想形成に対して明治啓蒙主義が継続的に影響していたこと、特に、その思想形成が福沢諭吉の論説によって大きく規定されていた事実であろう。明治八年（一八七五）の原において実現した〝士族の超越〟は、その数年前に福沢自身が果たしていた〝士族の超越〟の再生版といえるし、明治一三年の『報知』紙上に発表された原の「治安策」は、その前年の福沢によって記された「国会論」とほとんど同じ論旨のものであった。また、明治一四年に北海道周遊を体験した原が主張したのは、北海道に暮らす「アイヌ人」たちへの〝学問のすすめ〟に他ならない。ただ一点、明治一五年（一八八二）において、原が中央政府に出仕して最終的に「官」の地位を得たところだけが、あくまでも在野での「私立為業」にこだわり「民」の地位を守った福沢とは違ってくるのみである。

だが、こういった個々の局面ごとにあらわれた論説や行動よりも、その論説や行動が生みだされる根幹にあった思考様式について、青年原敬が福沢諭吉から受け継いだものはきわめて大きな意味をもっていた。「改進主義」対「保守主義」のような二項対立によって生じる競争に高い価値を置き、二つの理念の併存を「中正の道」として高く評価したこと。それぞれの政治理念を「官」対「民」のような上下の序列から解放して、機会均等の場において競争させるべきだと考えたこと。そのような機会均等の原則が担保された競争原理に依拠することではじめて文明化が達成できると信じたこと。これらの認識が共有されている以上、福沢諭吉に対する原敬の共鳴は決して表層的なものではなかったはずである。

原は明治一五年に「民＝改進主義」の立場を放棄して中央政府に出仕し、最終的に「官＝保守主義」の立場を選択しているが、だからといって、彼の根本的な発想から進歩主義や民権論が消えたのではない。進歩主義や民権論と同様に保守主義や国権論も重要なのであり、前者の強勢が度を過ぎたものと実感された以上、むしろ後者の応援が必要である。ここにおいて、原は観客としてではなくプレイヤーとして、己が拠るべき場を選択したのであった。在野民権派による「急進」的政治運動の盛りあがりを背景とした原敬の記者から官僚への転身は、日本社会の全体が極端な「改進主義」の思潮に一元化することへの危惧によって引き起こされたのである。それは、あえて世論の反対者となって「保守主義」の勢力に参加し、そのことよって「民＝改進主義」と「官＝保守主義」の両者の均衡をはかろうと試みた「天邪鬼」的な政治行動だった。

そして、この時の原敬における政治的行動とそれを支えた思考様式が、ちょうど、日本における「西洋の文明主義」浸透のためにあえて「東洋の儒教主義」を徹底的に排斥した、プレイヤーとしての福沢諭吉の戦略的行動と、その行動を支えた「天邪鬼」的な思考様式に通じていると評価できる。「官」と「民」、そして「改進主義」と「保守主義」、そのどちらかが主でもなければ従でもない。対抗関係にある二つの政治理念の併存と、この理念を掲げた二つの政党が互いに切磋琢磨することで全体としての日本国家が漸進してゆくという信念こそ、福沢諭吉の理念を継承した原敬にとっての正義であり、その文明論の核心部分である。彼はそうした文明論を奉じた上で、プレイヤーとしてあえて、どちらかの「極」――しかも現在の世論の支持を受けず劣勢にある「極」――に参加することを選ぶ。「極」たる場における奮闘を通じて対抗関係にあるもう一方の敢闘を促し、そうした自他の競争の活性化によって、全体の進歩は必然的に導かれるのである。

こうした明治啓蒙主義由来の思考様式に支えられた正義＝文明論は、政治理念や政党ではない、「人種」的「民族」的人間集団にも適用される。すなわち、「南部人」と「津軽人」、あるいは「奥羽人」と「九州人／四国人／中国人」、さらには「和人」と「アイヌ人」という、いずれかが上位でもなければ下位でもない複数の「人種」ないし「民族」が併存し、それぞれの人間集団がそれぞれのレベルで競争することによって「日本」全体の向上が実現するという国家像が構想された。重層的複数の人間集団に帰属する個人、その一人ひとりが共時的に教育を受け、可及的速やかに文明化を達成すべく互いに切磋琢磨する。このような機会均等の場と、その場における公正な競争の保障を前提とした「多元的日本国民観」こそ、後に近代日本を代表する政治家となる原敬がその青年期に形成したあるべき「日本」と「日本人」のビジョンであり、彼の思想の原形であった。

＊　＊

以上を第二部の結論としておくとして、続く第三部では、陸羯南の思想形成の考察に移りたいと思う。まず、第一章では、原敬と別れて郷里に帰った陸実が、その地でいかなる体験をしていたのかについて、詳しく振り返ってみることにする。陸が原とは決定的に異なる政治思想を抱くようになるにあたっては、陸において、原の場合とは決定的に異なる個人的体験がなされねばならなかった。郷里青森県での約一年間に及ぶ新聞記者生活は、陸羯南が彼自身の政治思想を確立するための重要な前提条件になる。その考察結果を踏まえ、陸羯南の政論で提起された、原敬のものとは正反対となる、あるべき「日本」と「日本人」のビジョンについて、本書の最終章となる第二章で考えたい。

第三部　陸羯南の思想形成

——あるいは「一元的日本国民観」の成立

第一章　帰郷体験と〝旧藩の超越〟

一　はじめに

本書第一部第一章で概観したように、明治前半期を通じて、旧藩という地域カテゴリーは徒らな解消を許さぬ概念として実在した。「藩閥打破」というスローガンの流行からもうかがえるように、その伝統的共同体原理が害悪とされ、消極的に捉えられる場合も確かにあった。だがそれとは裏腹に、日本ナショナリズムが形成されようとしていた当時、旧藩は人々の原初的な郷土愛の淵源となり、自らのルーツを地方にもつ人々の求心を生む磁場、すなわち「故郷」としての、積極的な価値をあわせもっていた(1)。

明治期に体系化する日本ナショナリズムの論理の前提として特殊条件となるのが、旧藩という明治日本に特殊なコミュニティの実在なのである――このような観点から、明治期における旧藩という地域カテゴリーの具体的実情に着目した研究が近年多くみられるようになったということも、すでに紹介した(2)。諸先行研究の蓄積により、日本ナショナリズムの作為を主導した中央政府の意向のみでなく、地方自治体や地方の名望家たちによる日本ナショナリズムへの主体的参加、「官」の勢力のみではない「民」の勢力による日本ナショナリズムへの能動的参入の事例が、数多く明らかにされている。中央と地方、「官」と「民」の協同によって、「故郷」である旧藩と「故国」である「日本」への帰属意識は、共に原初的・自然発生的であり、自明かつ当然のものとなっていった。

しかしながら、問題はそれのみにとどまるものではないと考えるべきである。

ここで注目したいのが、明治二〇年代にメディアが体系化した日本ナショナリズムの論理、その中でも、本書の主人公の一人である陸羯南が唱えた「国民主義」の論理である。

結論的にいえば、陸の政論においては一貫して、自然発生的な郷土愛や原初的な「故郷」である旧藩への帰属意識が問題となることはなかった。あわせて、彼は自身の「故郷」である旧藩「津軽」のことを生涯を通じてほとんど語っていない[3]。他の明治人たちに倣うならば、陸は「津軽」に帰属して「津軽人」たる自己意識をもつことができたはずだったし、むしろ当然そうあるべきだった[4]。しかるに彼は、自らの「国民主義」を説くにあたって、自分の「故郷」が「津軽」であり、自身が「津軽人」であるという条件を完全に無視した。ここには、ナショナリズムの論理に特徴的な「歴史の忘却[5]」を髣髴とさせる〝旧藩の超越〟が内在していたといえる。これは、原敬が実行した〝士族の超越〟をさらにラディカルにつきつめた、陸羯南独自の精神的境地として認めるべきものである。

そこで本章の考察では、明治二〇年代に体系化した日本ナショナリズムの一派である「国民主義」が、旧藩という当時実在の概念を自らの論理に組み入れなかった事実を前提に、その原因を、明治一〇年代における陸羯南の実体験に求めてみようと思う。そして、陸個人の体験を通じて成り立った「国民主義」の論理を規定しているものを捉えたい。

以上の試みによって、明治期における日本ナショナリズムの成立過程を、より多元的に把え直すことができるはずである。

二　陸羯南の「故郷」――「津軽」「弘前」「青森」

陸羯南は幕藩制崩壊以前の安政四年（一八五七）に、津軽藩士中田謙斎の長男実《みのる》（幼名巳之太郎《みのたろう》）として出生している。戊辰戦争のあった明治元年（一八六八）、彼はすでに一一歳になっており、津軽藩はその後明治四年（一八七一）、中田実が一四歳の時まで存続している。この事実をみただけでも、陸羯南の「故郷」は旧藩「津軽」だった、彼はかつて「津軽人」だったということは紛れもない[6]。

では、陸の「故郷」である旧藩「津軽」の具体像は、現存している資料からいかに捉えてゆくべきなのだろうか[7]。

まず、すでに第一部第一章でも取りあげた、戊辰戦争の津軽藩対南部藩戦線（野辺地戦争）において戦死した一藩士、山田要之進楯雄にまつわる資料について、ここでもう一度みておきたい。

> 而して其の死の尤も憐れむべく又尤も嘉みすべきもの、斥候山田要之進なりとす。此の人天資堅実にして虚飾なし。進軍の前夜同勤の知己、斎藤治郎作氏（現今、璉と改名す）に語りて曰く、今夜の進撃僕初めて、多年の積欝を消散するなりと喜色満面に溢れ、豪気勃然剣を抜き、舞ふて戸壁を乱斫す。又曰く、兄よ、明日の戦は私戦に非ずと雖も、一は朝恩に報い、一は藩祖以来の怨敵を屠戮せん時と思へば、実に千載得がたき好機なり。僕明日潔く決戦し、南部人の心胆を挫折すべしと。滞陣中に於ける数十通の書類を焼棄して一物を遺さざりき。当時、辞世一片を帛布に書して之を戦砲〔ママ〕の肩に結べり、曰く、

落葉なす　あだを見ながら　散らさずば　吹き返さじな　外のはまかせ　　楯雄[8]

第一部第一章では、この資料にあらわれた山田楯雄の発言から、「津軽」の武士による自藩（＝自国）に対する帰属意識と、敵藩（＝他国）の「南部」に対するおさえがたい反感とが、ともに原初的なものとして表出していることを確認した。さて、ここで注目してみたいのは、戦死してしまった山田ではなくて、その「同勤の知己」として登場している、エピソード報告者の齋藤漣《れん》（天保一四～大正六年〈一八四三～一九一七〉）[9]の方である。

齋藤は天保一四年生まれであるから、明治元年には二五歳であり、この時一一歳だった陸より一四年ほど年長だったことになる。つまり、齋藤は「津軽」における陸羯南の先輩筋にあたる人物である。齋藤漣という人物について残された史料は少なく、その内面について具体的に知ることはできない。しかし彼は、少年時代の陸羯南が在学していた東奥義塾[10]の教師だったことがあり、また、陸が青森新聞記者時代に関係した弘前の政治結社である東奥共同会の会長を務めた[11]。そしてその後、明治一五年（一八八二）頃からは、津軽伯爵家の家従を三〇年の長きにわたって務めた関係で、陸とその友人との間で交わされた書簡の中でたびたび名前があがる人物である[12]。陸と齋藤との間に面識があったことだけは間違いない。陸にとってそう遠くない人物が、「南部憎し」の感情を胸に野辺地戦争に参加していた事実を指摘できるのである。

また、『野辺地戦争記聞』という書物[13]に、やはり第一部第一章で登場した「津軽」出身の歴史学者の外崎覚[14]が序文を寄せている。その一節に、「余は当時十歳の幼児にて、其の事に与らずと雖も、戦争の実況は多少見聞する所なしといふべからず[15]」とある。外崎は、陸羯南が少年時代に通った漢学塾思斉堂の同窓生であり、当塾の師匠である工藤他山の次男だった。そして、齋藤𨗉に同じく、工藤他山・外崎覚父子も東奥義塾の教師を務めたのである。

陸羯南は、後に野辺地戦争についてまったく言及することがなかった。しかし、以上に取りあげた齋藤𨗉や外崎覚といった陸の周囲の人々をみれば、「津軽」に暮らす人々が「津軽人」として「南部人」に敵対したこの戦争の記憶と、彼が決して無縁ではなかったことがわかる。野辺地戦争のあった明治元年時点において、齋藤をはじめとする多くの「津軽人」が、山田楯雄のいっていた「南部人」に対する「多年の積鬱」を保持したであろうことは想像にかたくない。この戦争で死んだ友人、あるいは先輩の記憶を胸に、その意志を受け継ぐかたちで、齋藤や外崎は明治以後の「津軽」の地で学校の教師や政党の重鎮として活動する。

「津軽」に生まれた人々における「津軽人」意識は、こうした学校や政党という装置を通じて連綿と再生産された[16]。明治初年以後二〇年代に至るまでは、殊「津軽」の士族たちにおいて、旧藩への帰属意識や旧藩を磁場として発生する結集原理は、自明かつ当然のものであるとして、確かに実在していた[17]。そしてこの東奥義塾が、後述するように、明治一〇年代における青森県下の政治闘争の一大拠点となるのである。

明治七年（一八七四）、一七歳の時に郷里の弘前を出るまで、陸羯南は「津軽人」——ごく一時期においては弘前県民、または青森県民——中田実としての少年期を送っている。この時まで、中田実には「津軽」以外の郷里をもつ体験がなかった[18]。よって、彼は以上にあげた事情を周囲環境として、郷里や郷国に関して、内面に複雑な、この時点では決して解決されることのない葛藤を抱えて成長したものと考えねばなるまい。少年中田実において自己は未だ確立しておらず、それは、彼のとりあえずの進学先が宮城師範学校だったところからも推測できる[19]。

さて、ここで、留意しておきたいのが、旧藩「津軽」と県制施行以後の地域概念「青森」との相違である。「青森」は明治四年の廃藩置県後にようやく成立した官製の地域カテゴリーであり、「津軽」とその宿敵「南部」の一部分とが包摂される、まったく新しい地域概念だった。明治初年の「津軽人」にとって、「青森」とは「故郷」として偲ぶべき対象ではなく、自分たちが新たに参画することになり、その創業が求められた対象だったといえる。事実、青森県成立後の該県民——別の言葉でいえば、多くの「津軽人」や「南部人」たち、そして新たに他地域から移住した人たち——が、不可逆な時代の流れに戸惑いつつも、新たな枠組を受け入れ、そのもとでの地方政治社会の運営に苦闘を重ねたという、確かな歴史が存している。

ところが陸羯南個人は、司法省法学校の放校後に帰郷し、青森新聞社（＝真文舎）に勤務したことでこの現実に直面させられた体験をもちつつも、郷里の政治活動には積極的な関与をみせることなく、その場から決定的に乖離してゆくことになる。それを理由に、彼の思想を考察する者も、彼の「故郷」を無視してよいことになるのだろうか。いや、そうではあるまい。陸は「津軽」「弘前」「青森」といった名で表象される郷里社会の現実を認識しつつ、それに対してあえて何も言及することがなかった。彼は自らの政論において、意識的に自分自身の歴史と沿革とを忘却してみせたのだ。ここに、陸羯南と彼の主張した「国民主義」における「故郷」の位置を考察すべき意味があると考えるのである。

では、次節以下「津軽」（ないし「弘前」）と「青森」との差異に留意しつつ、陸羯南個人が郷里でなした具体的活動を追ってみよう。

三　帰郷と出郷

後の陸羯南こと中田実が、原敬や加藤恒忠らとともに司法省法学校から放校処分を受けたのは、明治一二年（一八七九）二月、彼が二二歳の時のことだった。その後、在京新聞社への就職活動に失敗した中田は、放校から約半年を経た同年八月末（ないし九月初）に郷里へと帰っていった。帰郷後の彼は、平民として分家独立して陸実と名をあらため、この年創立されたばかりの青森新聞社に編輯長として迎えられている。以上の事実は、すでに第一部第三章でもみた。[20]

さて、陸における「故郷」を考える際、第一に確認しなければならないのが、この後約一年に及ぶ在郷体験である。なぜなら、彼は『青森新聞』の編輯長として実際に明治一二～一三年における青森県の政治活動に携わり、その場から立ち去るという決断を自らくだすことになるからだ。

まず青森新聞社の性格について。その機関紙の名が『青森新聞』と冠せられたことから、同社が中央政府によって強請された地域カテゴリーを受け入れ、そのもとでの立論を目的としていたことが判明する。陸実の編輯長という肩書きは名目上のものであり、実質的な編集責任者は旧会津藩出身の小川渉《わたる》（天保一四～明治四〇年〈一八四三～一九〇七〉）だったといわれる。周知のごとく、青森県は、西部地方の旧津軽藩と東部地方の旧南部藩のみでなく、下北半島の旧斗南藩（戊辰戦後に転封を受けた旧会津藩）を包括し、あわせて三つの旧藩のエッセンスが合流して成り立っている。旧会津藩出身の小川による青森新聞社の経営は、明治における新しい地域カテゴリー「青森」の出発を象徴する事件の一つであったといってよいだろう。発刊当初の同紙は県政に協力的であり[21]、本社も「津軽」の中心地である弘前市ではなく、県庁所在地の青森市内に置かれていた。

ところで、明治一二～一三年当時の青森県では、大阪における国会期成同盟の結成や岡山県有志による国会設立建白を受け、「津軽」地域を中心に自由民権運動が非常な盛りあがりをみせていた。この運動の実質的指導者は、旧藩「津軽」の士族であり、陸にとって先輩筋にある本多庸一・菊池九郎だった。[22] かつて慶應義塾に学んだ菊池は、当時それを模範とした東奥義塾を本多らとともに主宰しており、運動の賛同者は東奥義塾に参集していたので、彼らのグループは通称「義塾党」とされる。[23] 元々東奥義塾は旧津軽藩校だった稽古館を母胎として出発しており、旧津軽藩士の子弟養育を目的としていた。そして明治一三年（一八八〇）当時も、津軽伯爵家からの年金を受けていた。前節で紹介した、「津軽人」の典型である齋藤璉や外崎覚が教師を務めたのがこの塾だったことをみても、「義塾党」と通称されるこのグループは、新しい地域カテゴリー「青森」ではない、旧藩「津軽」を根拠とした連帯であったことがわかる。東奥義塾の所在地は青森市ではなく、「津軽」の中心弘前市である。

明治一三年のはじめ、「津軽」主導の自由民権運動は旧「南部」地域を含む青森県全体に影響を及ぼそうとしていた。陸及び青森新聞社に対して、彼ら「義塾党」の側から接触を試みたという事実が、現存する『青森新聞』の記事から確認できる。

右委員方〔「弘前の国会論者」〕より青森近辺の十八名へ書簡を送られしが、[24] ……十八名の内に弊舎の〔陸〕実《みのる》〔小川〕渉《わたる》もありましたが、五《（ママ）》返事は別に。（二月一四日）

さらに、以下は同年三月二七日に青森の蓮華寺でなされた国会開設建白協議(25)の模様を伝えてくれる「建白書」の一節である。

青森県陸奥八郡有志人民三千人の委員本多庸一等謹んで書を元老院議官諸公閣下に上る……今の時に及で早く国会を起し、以て民心を和し元気を振はしむるに如かず。(26)

そしてこの建白書は、本多庸一と旧南部藩出身者である中市稲太郎を総代として、同年四月一二日、元老院に提出されることとなったのである。

ここで、当時の陸実自身の実感をみておきたい。

まず注意したいのが、彼は帰郷した時点ですでに、司法省法学校の放校という事件を通じて、原初的・自然発生的な共同体原理に貫かれた既存秩序に対する違和感から、それに拠らない独立個人としての主体性に目覚めつつあったことである。彼と彼の友人たちを放校に追い込んだ藩閥勢力こそ、こうした既存の共同体の典型例であった。第一部第三章で検討したように、彼ら放校者が、既存秩序との対決を密かに決意し、個人としての主体性を自覚していたということは、法学校入学以前に士族としてではなく平民として分家独立していた原敬に、放校前後の加藤恒忠と陸実とが相次いで倣ったという事実が象徴している。本書はこの事実において、「文明の精神＝独立の気力」を訴えた明治啓蒙主義の具体的発現を捉えた。

また、彼ら放校者たちによって新たな共同体原理が模索されはじめていたことにも着目したい。その原理の特質は、彼らによって組織された「放廃社」なる結社が、旧藩の因縁から解放された独立の個々人によって取り結ばれた――「津軽」出身の陸実と「南部」出身の原敬とが結託したような――ものであったという事実にうかがうことができる。

したがって、陸実における放校後の帰郷とは、新しい仲間との離別と原初への回帰に他ならず、それは当時の彼にとってもっとも耐えがたい現実だったと考えられるのである。

先行研究も指摘している通り、この前後の陸は、自分が郷里にあることの不本意を家族・友人に対して盛んに書き送っている。あらためてその内容を確認しておこう。まずは、彼が家族に送った書簡からである。

当地は深雪にて且つ厳寒其上無聊、韓退之〔韓愈〕が潮州に貶せられし時の思あり。毎日書と酒とに因て慰懐罷在候。御憐笑是祈る……早く辛抱して出国仕度日夜頓足罷在、御推察あれ。〔傍圏点原文通り〕
（明治一三年一月二五日）[27]

ここで注意すべきは「無聊」と「出国」の語である。ここでの「国」は藩、もしくは県レベルのものとして意識されているが、陸はその「国」での生活を「無聊」とし、かつて中国の辺境潮州に流罪の憂き目にあった唐代の文人政治家韓愈に自分をなぞらえる。[28] 傍圏点は原文通りであるから、「退屈している」現状について彼自身が強調しているのである。続いて、在京の親友加藤恒忠に宛てた書簡の方をみてみたい。

帰郷の後百事皆な相違容易に出関する能はず、不得已当地の新聞社へ身を寄せ消債の謀をなせり。猶ほ婦女子が拠なき場合に至り身を遊郭に寄せるが如きか。之を思ひ彼を憶ひザラ〱然たるもの満身に襲

入し来る、而して共に快談すべきものなし、惟書と親しむのみ。（同二月一六日）[29]

家族に対するものと同様、ともに法学校を放校された仲間にも、「不得已当地の新聞社へ身を寄せ」たのだと、やはり自己の不満を強く訴えている。「共に快談すべきものなし」「惟書と親しむのみ」との言から、「無聊」の原因を探ることが可能だろう。それは友人の不在による孤独である。

そもそも、津軽藩の下級士族だった中田家に生まれた彼は、分家独立して陸実となったとはいえ、明治初年の「津軽」の士族社会において――例えば、歴とした上士身分の家督を相続し、しかも年長者であった本多庸一ら同郷の先輩を前に――自分の意志を自由に表明できたとは考えにくい。東京の官立学校で学んだものの、結局は放校処分をこうむって何の学位も取得できなかった以上、自身の能力を客観的に証明できる手段もない。この時の陸のような挫折青年は、地方の士族社会において「所詮は軽輩」との蔑視にさらされる存在ではなかったか。

それはともかく、資料から読みとることができるように、在京時の朋友たちとの充実した交遊に比して、郷里における人間関係は、他ならぬ陸実個人の主観においてはあまりにも不毛なものと映った。法学校の退校仲間と取り結んだ「放廃社」が発していた斬新な共同体原理の磁場に引きつけられることによって、陸の心理的離郷、原初からの乖離が加速的に促されたものと考えられる。前に示した通り、自由民権運動を推進していた「弘前の国会論者」である「義塾党」の人々が、陸実と青森新聞社に接触を試みたのは、明治一三年の二月一四日のことだった。つまり、陸実が加藤恒忠に「共に快談すべきものなし」としたため、そのわずかに二日前のことだったのである。

以上のように、陸が鬱屈していた当時、青森県という新体制及び地域社会の現実が、「青森」的側面と「津軽」的側面とが交錯した、過渡期の混沌の中にあったことをみなければならない。そして、「津軽」地域を中心に自由民権運動が興隆しつつあったのだから、当時の青森県は陸実一個人の主観を別とすれば「無聊」と断ずべき状況にあったとは限らない。だがそうであるからこそ、陸実が実感し、言明していた明治一三年一月における「無聊」の意味が、彼個人の思想形成を考えるにあたっては、殊に重視されなければならないのだ。

しかし、なおしばらく、陸は青森新聞社にとどまった。以下、この前後における彼の状況がうかがえる当時の『青森新聞』の記事（以下［資料①②］）をみたい。特に［資料②］の方は、従来知られていなかったものであるため、やや長文になるが全文を掲出しておく。

［資料①］　弊舎の実《みのる》は、第百卅五号新聞に、県下西津軽郡穂積村の戸長秋元佐助、聯合会議長石郷岡権蔵殿が学校建築費を出すに及はずと云れしとを掲載せしが、お気に障りて告訴せられ、例の讒謗律第四條により罰金五円申付られましたが、毎度ハヤ。（二月八日）[30]

［資料②］　弊社の実《みのる》は、去月廿七日弘前警察署へ出頭申付られたるに爾時病気に付社員山鹿元次郎氏を代人に依頼せしが同廿八日弘前裁判所へ引渡され左の通り申渡されたり。

青森県陸奥国中津軽郡富田村平民青森新聞編輯長　陸　実

病気に付代人　山鹿元次郎

本人実儀、其新聞第二百壹号雑報欄内に弘前本町辺にて云々の一行を記載し、対馬源二郎の栄誉を害する科、讒謗律第五條に依り罰金五円申付る。

但し本人記載の行事に付、津田仙庵、及楠美太素に於て己の栄誉を害したる旨、告訴に及たりと雖とも、右一行に付ては確然したる者と認定しかたし。依て尤に及はす。

右の御処断に付ては一言して看官に告くべし。彼の二百一号雑報の内に弘前本町辺の或る医者殿云々と云ふを、津田仙庵氏は是れは自分の事なりと揚言し、また在府町の或るヤンコトなき先生云々を楠美太素氏は是れは自分の事なりと揚言し、共〳〵に記者を告訴されしが、右の一行は皆な弘前の報道を委托したる我が信任せる通信者の報知なれば、記者はその医者と先生とは何人を指したるか少しも頓着してあらぬを、是れは我なりと断然明先へ持出されて一時驚きたりしが、流石公平無私を以て我等の生命幸福を保護すべき国法を司とる法官の明断に因り、両氏も始めて猜疑の心を解きしならん。記者も始て恐惑の念を消せり。（六月三日）[31]

この後に性格が変じ、青森県における自由民権運動を担うこととなった『青森新聞』の編輯長という肩書きと、［資料①］の記載にある通り讒謗律第四条によって罰金を命ぜられた事実とを過大に評価すると、陸実は、郷里において在野民権派の活動家（＝「民」の勢力）の一員として、県庁官憲（＝「官」の勢力）と対決し、後年新聞『日本』主筆時に発揮されることになる反権力の精神を涵養したものと解釈することができそうである。しかし、［資料②］の方をあわせてみれば、そうした理解が一面的であり、正確なものとはいえないことがわかる。なぜなら、傍点部「流石公平無私を以て我等の生命幸福を保護すべき国法を司とる法官の明断に因り」には、官憲に対する謝意――県官吏の仕事振りに同調する記事が散見できる該時期『青森新聞』の性格からこれは皮肉交じりではない――が表明されており、しかもここで陸は、「官吏の職務」に関する讒謗律第四条ではなく、「華士族平民」に対する讒毀について定めた第五条によって罰せられているからである。(32)

［資料①・②］に登場した秋元佐助・石郷岡権蔵・対馬源二郎・津田仙庵・楠美太素はいずれも旧津軽藩士（＝「津軽人」）と考えられるため、明治一〇年代における彼らは、「官」というよりも多分に「民」の側に立つ人々であった。彼ら明治の「津軽人」たちによる自由な権利主張、とはいえ、「お気に障りて告訴」してみたり、また「己の栄誉を害したる旨、告訴に及たり」というまったく私的な主義主張がかたちとなって表れたのが、これらの資料にうかがえる裁判沙汰だった。陸実はその矛先の一部を直接に受けていたのである。「恐惑の念を消せり」という言葉とは裏腹に、彼らに対する陸の違和感は決して解消することがなかったのだろう。

そしてこれらの現実と、先の書簡に表わされた「無聊」「共に快談すべきものなし」といった陸の実感とをあわせ考えれば、結局、陸実は、「義塾党」が青森新聞社への勢力浸透を果たしつつある中で彼らと連携してゆくことに失望し、その一方で、「津軽」の士族たちと相対する官製の「青森」創業に対して自身が参加してゆくことにも積極的意義を感じることができなかったのである。その結果、彼は郷里社会の現実と向きあうことそのものを拒絶してしまった。こうして、［資料②］の時点から二〇日後の六月二三日号を最後に、『青森新聞』から「編輯長陸実」の名が消えることになる。

その後上京し、再度中央での就職を夢みた陸だったが、なお、その望みを果たすことはできなかった。やがて別の就職口をみつけた彼は九月になって北海道に渡ることになる。とにかく、陸は「出国」しなければ──「故郷」を出なければ──ならなかったのだ。そしてこれは同時に、青年陸実が地方において、自由民権運動の現実を旧態依然とした旧藩的共同体原理に支えられたものと理解し、やがてはそれとの対抗に至ることを予告するのである。

四　「弘前事件」と陸実

1　事件の概略と評価

前節で検討したように、明治一三年（一八八〇）の夏、「津軽」地域を中心に青森県での自由民権運動が活性化する中、一人陸実は「故郷」を後にした。

　翌明治一四年（一八八一）五月。前述の「義塾党」メンバーが主体となって弘前に政治結社の東奥共同会（以下、共同会）が発足した。共同会は、かつて陸が編輯長だった『青森新聞』を正式に機関紙とし、それによって共同会＝青森新聞社のラインが完成する。[33] 以後このラインが青森県における自由民権運動を担い、同年一〇月には、自由党結党全国大会に代表者の服部吉之丞を参加させるなど、該地域の民権家たちをリードしていく。

　一方、この動向に反対する県会議長大道寺繁禎《しげよし》（弘化元～大正八年〈一八四四～一九一九〉）や中津軽郡長笹森《ささもり》儀助《ぎすけ》（弘化二～大正四年〈一八四五～一九一五〉）といった一派があり、民権派の勢力拡大とともに、その反対運動の側も力を蓄えつつあった。陸が離郷した後に、「津軽」における自由民権運動は佳境に入り、また、「津軽」の士族同士の葛藤、その党争が深刻な局面を迎えるのである。[34]

対立する両派の調停を試みた、時の青森県令山田秀典《ひでのり》（熊本県出身）は、明治一四年一〇月二八日、本多・菊池・大道寺・笹森らを集め、一致団結を要請した。しかし大道寺・笹森は、県令の民権派寄りの姿勢を批判して相次いで辞職し、その後任として共同会のメンバーが任命されることになる。ところが、翌明治一五年（一八八二）一月、山田の急死によって反民権論者の郷田兼徳《ごうだたかのり》（鹿児島県出身）が新県令となり、共同会系の吏員は辞任に追い込まれてしまう。さらに、津軽伯爵家から東奥義塾への資金援助も問題となり、同年暮、家令西館孤清《にしだてこせい》（文政一二～明治二五年〈一八二九～一八九二〉）の辞職と津軽家による東奥義塾への助成金廃止、塾長本多の退任となり、共同会、及び「津軽」における自由民権運動は衰退していった。以上が、いわゆる「弘前事件（弘前紛紜事件、弘前紛糾事件）」の概略である。

河西英通が指摘しているように、「津軽」における反自由民権運動は反東奥義塾というかたちをとってあらわれた。[35] 以下は、反民権派の原田敢・乙部敢によって津軽伯爵家に提出された、東奥義塾排斥を訴える嘆願書の一節である。

> 今春、我弘前の紛騒は実に東奥義塾の自由党に加入し、生意気にも県官郡吏に抵抗したるより起れり。其後菊池九郎、本多庸一出京せり、而して侍臣等〔津軽伯爵家家令西館孤清ら〕之を保庇して敢て譴責せざるのみならず、却て今日にも猶ほ保庇を加ふるにあらずや。（明治一五年一〇月）[36]

当時の東奥義塾教師陣は、本多庸一・菊池九郎・外崎覚ら二七名である。彼らを告発する反民権派による東奥義塾排斥運動の波紋は単なる地方の一政争という見方から想定される規模以上に広がっていった。まず、津軽家と縁戚関係にあった近衛家の顧問海江田信義（天保三～明治三九年〈一八三二～一九〇六〉）と右大臣岩倉具視（文政八～明治一六年〈一八二五～一八八三〉）の津軽家家政介入をまねき、さらには、太政大臣三条実美（天保八～明治二四年〈一八三七～一八九一〉）や大蔵卿松方正義（天保六～大正一三年〈一八三五～一九二四〉）ら中央政府の権力者も事件の関係者としてあらわれている。そして、義塾の規模縮小と共同会の解散[37]という決着をみたのである。

以上概容をみた「弘前事件」について、河西は、「重要な側面は明治政府による民権運動弾圧」であり、「基本的対抗関係は明治政府対民権派士族（共同会＝東奥義塾[38]）」であったとし、旧藩主津軽家も「弘前事件では明治政府から民権派士族層との〈封建的つながり〉を否定され、国家権力との〈近代的つながり〉を要求された[39]」と結論づけている。

これを受けて、次項では「弘前事件」における陸実の立場と行動とを追跡したい。

2　事件と陸実との関わり

まず注目したいのが、陸と笹森儀助との関係である。北海道に渡った陸が笹森に対して送った「在郷中は万端御厄介に相成、御陰を以て碌々と座食罷在、難有奉謝候」（明治一四年一月一九日[40]）という文面からもうかがえるように、従来二人は付きあいの深い関係にあった[41]。また、陸実在社時の『青森新聞』明治一三年六月三日号も、弘前市内で起きた大火災に際して精力的に消火活動を指揮した笹森が、「事務を弁ずるの軽捷なるに感心せり」という市中の評判を得たことを報道し、「一郡の長となるべき人」と評価している[42]。「弘前事件」の反民権派筆頭だった中津軽郡長の笹森儀助は、陸実にとって畏敬すべき年長の友人だったのだ。

北海道から笹森に礼状を送った陸は、渡道後約八か月の明治一四年五月に上京を果たした。ここで彼は、内務省勧農局管轄の製糖所に勤務した経歴と、所長である山田寅吉の紹介を得て、農商務少輔の品川弥二郎に接近している。以後、陸は品川のもとで農林業関係のフランス語文献の翻訳を任され、生計を立てることになったのだが、その矢先に前述の「弘前事件」が起きたのである。

以下二つの資料は「弘前事件」が進展しつつあった明治一五年の四月から七月にかけて、陸から品川に宛てられた書簡である。品川に対する陸の報告からは、陸実と「津軽」の反民権派である笹森儀助や原田敢との、かなり親密な連絡がうかがえる。

まずは四月一四日の書簡からみてみたい。

陳は笹森儀助来京、此頃尋来り、県下事情委細被話、且彼本多〔庸一〕、菊池〔九郎〕等の挙動も大略探居候様子、原田〔敢〕生の事も同意の旨被表、乍去同氏は専ら開墾の事に尽力中なれば、可成彼の小児輩と争ひ度なしと被陳、一応尤の様に承候得共、当時世勢の有様に照して見れば、碌々世事外に逍遙すべき事情にも無之、幾分か政事区域内に其思想を運ばざれば、其業も自然妨害せらるゝ事も可有之旨、懇々説破致候処、同氏は頗る覚悟の様子に相見候。然るに同氏は小生に問ふ様、誰か首領を仰ぎ万事其教誨を蒙る人は無きや。小生答ふるに其事は固より然り、然りと雖も当時新聞記者及演説者中にも相応の人あるべけれども、突然の交際には少しく嫌疑もあるべし、足下の既に知る所の品川〔弥二郎〕少輔は如何にと申候処、同氏は頗る賛成、何分にも左様被運度旨小生に委任せり……郷田兼徳〔新青森県知

> 事〕君も小生在郷の時より相識の誼も有之候間……本多、菊池の徒は郷田県令を追ひ、赤川〔贛助〕書記官を県令と仰候志にて種々周旋中の趣承候間、是亦御参考の為申上候。現今郷田君を追ひ候事は県地（就中弘前）の人心も幾分か響影を及すへき有様も有之旨、笹森氏被申候。是も尤もと被存候。原田氏より書面には県地にても大分同志者を得頗る尽力中なる由、併し田舎丈吏に学力及才識の相応なる人に乏しく、中々政党組織にも不容易状態と遙々悲嘆致居候。(43)

陸が請け負った任務である翻訳についての連絡以上に、陸の郷里である「県地（就中弘前）」――本書の用語における「青森」（就中「津軽」）と同義といえる――の状勢に関する話題が続く。本多庸一や菊池九郎を「小児輩」といい放つ友人笹森への同情がまず目につく。だが、ここでそれ以上に注目するべきは、「開墾の事に尽力中」であるから「可成争ひ度なし」という笹森を説き伏せ、笹森と品川弥二郎との仲介を「委任」されて率先して引き受け、さらには、『青森新聞』編輯長時代に培ったであろう新青森県知事郷田兼徳とのパイプをアピールするなど、反「義塾党」・反共同会の運動にむしろ積極的だった陸実の姿勢である。そして、「田舎丈吏に学力及才識の相応なる人に乏しく、中々政党組織も不容易状態と遙々悲嘆致居候」とある部分からは、陸がこの時、在京の「津軽」出身者という視点から、郷里の人材不足を嘆いていたことも知られる。

続いては七月一五日の書簡である。

> 一昨日原田敢義上京、昨夜参館の旨承候へば、其趣意も大略申上候半、弘前旧城郭御払下の事は県令初

父老とも協議の上取窮め、全く教育勧業の目途に御座候由、且彼等の反対論者は頻りに自党派を募るの場合に御座候へば、右城郭を本として之を防がさるへからずと申事、小生も至当の理と被考……原田等の事は実に至急を要すると申事、其訳は彼等上京跡にて、又々何等の邪魔もの出て地方の人気を乱すかも難計候故、急雷不暇掩耳の勢を以て県下に帰らせ度候間、御多忙の際恐入候得共、何分にも御取計被遊度、此段奉泣願候。余は拝堂にて可申陳候。[44]

前の資料から引き続いて、原田敢と陸実との緊密な連絡がわかる。陸が原田を「急雷不暇掩耳の勢を以て県下に帰らせ」てから、やがて事件は、前項記載通りの同年九月・一〇月における原田と乙部敢による請願（＝東奥義塾排斥運動）へと展開したことになる。したがって、「地方の人気を乱す」と危惧された「邪魔もの」が、本多や菊池といった「義塾党」の士族たちを指し、陸が主体的に反民権派の運動に荷担していたことが明らかとなる。

注目すべきは、陸が先の四月一四日の書簡で「県地（就中弘前）」とわざわざ書いていること、つまり、陸が本多や菊池らの自由民権運動を「青森」ではなく「津軽」の運動として捉えていることである。ここにあらためて、中央政府の権力者である品川弥二郎が、駆け出しの青年陸実を必要とした理由を読みとることができるだろう。上記四月一四日の陸書簡に対して、品川はただちに「其他之件々は拝顔之上可申上、何卒明後日（月曜日）の朝九字《ママ》迄に拙宅へ御出被下か、又は午後三字《ママ》迄の中に役処へ御出被下候てもよろし」（四月一五日）[45]と返し、また、七月一五日の書簡の方には、「原田に明朝来りくれ候様申遣し置候間、何も同人へ可申含候間、先つ御安心可被下候」（七月一八日）[46]と送っている。陸は中央政府と「津軽」の反民権派層とのパイプ役として、明治一四年の政変を受け、地方における自由民権運動の動向に気を配る政府において有用な存在だった。「津軽」を離れざるをえなかった陸と、該地域を「青森」として統轄しなければならない品川は、旧藩を磁場とした政治党争の沈静化という意味で共感を得て、お互いの必要から能動的に結びつくことができたのだ。

結局、品川ら中央政府による「津軽」の自由民権運動に対する抑圧は奏功したのであるから、陸は品川の期待に充分応えることができたといえるだろう。書簡だけではない、直接対面した上での会話もあり、品川は、陸実個人の資質や能力を認め、陸も品川弥二郎個人を「長州人＝藩閥人」の典型例として断罪するのでなく、その人格を尊重するようになったのだと考えられる。両者が共に旧藩の下士階層の出身者であり、潜在的に旧藩の上士階層、門閥士族たちに対する反発を共有できたことも影響しただろう。それは旧藩や族籍といった既存の枠組みを離れた、個と個の際会であった。両者の間は次第に深まっていき、その関係は時限的な利用関係のみでは終わらなかった[47]。

やがて「弘前事件」が収束した後、陸は第三者の立場にあった親友の加藤恒忠に、「僕此頃は身事多端、或は帰県結党の依頼あり、或は在京就職の勧あり[48]」と書き送り、自分の進路について葛藤を抱えていた内心を吐露している。笹森・原田らの依頼によると思われる「帰県結党」、すなわち官製の「青森」を創出する帝政党系の運動への実際参加か。それとも、品川の勧めによると思われる「在京就職」、すなわち中央官庁出仕か。

結局、陸は「青森」という現場で政治党争に参加してゆく道を放棄することを決断し、品川の勧めによる東京での就職を受け入れた。その事実を示すのが、次の品川宛陸書簡である。

謹言、昨宵御繁忙の処え拝謁相願、乍毎度勝手次第の事申上候段、帰宅の上回考仕候処、就中抵当云々の義は最も申上間敷事柄と被考、恐愧交至の次第に御座候間、此事は何卒山田宣《ママ》〔寅〕吉其外の人に御話泄被成下間敷様奉希望候。仕官云々の義御話に相成、帰途熟らく考候処、実に御説の如く翻訳のみにては困入候故、御使用の途も有之候はゝ、何分宜敷様御取計被遊度此段奉希望候。[49]

こうして、陸実の中央官庁出仕が決まる。彼の太政官文書局への任官は明治一六年（一八八三）六月一三日、准判任月俸五〇円の待遇であった。陸における「故郷」を舞台とした政治運動との決別は、品川弥二郎との出会いを経て、こうして決定的なものになった。

他方、笹森儀助らによって同年九月に結成された陸奥帝政党は、特筆すべき業績もないままに消滅している。全国の風潮に同じく、陸の郷里においても、帝政党の運動は人気を獲得できなかった。

五　中央紙記者としての自立と「故郷」との決別

司法省法学校放校後の陸実において、とるべき進路は複数存在していた。『青森新聞』編輯長兼東奥共同会委員として郷里の自由民権運動に参加する、あるいは、郷里において発足した陸奥帝政党の運営・指導にあたる、そのどちらもありえたはずである。だが彼は、品川弥二郎のコネクションで、中央官僚として太政官文書局に出仕し、『官報』編纂に従事するという第三の道を選択した。前二者の道を拒絶する立場は、はじめから定まっていたのではない。それは、東京での遊学が前提となり、帰郷時の体験が踏まえられ、「弘前事件」が推移し、さらには品川弥二郎との関係が深まる中、徐々に固まっていったものである。

官僚時代の陸実の訳書に『主権原論』明治一八年（一八八五）がある。これはフランス（サルデーニャ王国領サヴォワ出身）の反革命的思想家ジョゼフ・ド・メストル[Joseph de Maistre, 1754-1821]の『主権についての研究』[*Étude sur la souveraineté*]を翻訳したものだった。この翻訳書に関しては、岡和田常忠と田所光男の先行論がある。(50)「国民」という概念の受容や西欧社会における反革命思想（＝反ルソー主義）に対する共感など、この時の翻訳作業が陸の「国民主義」の形成に一定の影響を与えたことが指摘されている。だが陸は、官僚として政府の意を受け、ド・メストルの著作に触れたことによってはじめて反革命思想の重要性に気づいたわけではない。これまで述べてきたように、旧藩「津軽」という現場での体験に基づいた自由民権運動の現状への反感が、読書による経験に先立つものとして重要だったのである。この個人的反感を前提に、陸はフランスにおける保守思想、反革命思想の内実を知ろうとし、フランス語文献の翻訳作業を通じてより詳細に理解するに至ったというように評価するべきであろう。

このような中央政府官僚としての仕事を通じ、陸実は精神的にも経済的にも充足したはずである。しかし彼は次第に、既存の政府機構の中では一人の下級官僚に過ぎない自分が、その意志を必ずしも存分に発現できないことに対する違和感を深めていった。判任官である自分を顧み、奏任官として着任した原敬に対する引け目があったかもしれない。そのため、彼独自の人脈を築きあげた後には、権力の庇護を離れ、独立する決断をくだす。それは、既存秩序の相対化とそれに伴う主体性の確立の、さらなる進展の過程である。結果的に、明治一六年（一八八三）における中央官庁への出仕は、陸実にとって緊急避難的な進路選択となった。

明治二一年（一八八八）四月。官を辞した陸実は谷干城《たてき》（天保八～明治四三年〈一八三七～一九一一〉）・

杉浦重剛《しげたけ》（安政二～大正一三年〈一八五五～一九二四〉）・高橋健三（安政二～明治三一年〈一八五五～一八九八〉）らの援助のもと『東京電報』紙を主宰し、晴れて中央言論人としての人生をスタートさせた。同年八月の同紙上に、この時点における陸の郷里に対するスタンスがうかがえる記事をみることができる。これも従来知られていなかった資料であるため、やはり全文を掲出しておく。

●青森県の大同団結　青森県にては去る明治十二年の頃に当り、弘前東奥義塾中の人士率先して国会請願の挙に従事せしも、地方の人心兎角萎微《ママ》として振はざりしが、明治十六年に至り「東奥立憲政党」なるものを表発して、頗る同県下の政治思想を発揮したり。当時之を組織せしは同地方中の一分の有志輩なりしも、東奥義塾などの賛助あり、其他実業者の同盟あり。此時に当り、一種の利己党にして常に官辺の鼻息を窺ふ□《をカ》以て定業と為せるもの、突然に「帝政党」の名を掲けて其反対運動を試みたり。何れの地方も同しことにて、此類の党派は内実神変不可思議の活動を有するに因り、正党か其機関に供せんとて、当時拡張を計りし秋田青森函館新聞と題せる新聞は、其発兌の中途にして廃絶に帰せ□《しカ》のみか、終に利巳《ママ》党は県会議場に於ても一名の多数を制するに至れり。爾来有志者の党は外面政党を解除したるも、隠然其勢を今日に維持せしが、今回各所に小結合を構へ、学術講究等を為し来りし無数の小社をば悉く団結し、一大政党を組織せし由。（八月一八日）[51]

以上は無署名記事であるものの、内容から明治一〇年代における青森県下の政治情勢を知る人物が書いたものと推定できる。陸実が直接書いたものかどうかは不明であるが、この記事を掲載した『東京電報』の主筆であった明治二一年時点の陸羯南自身の見方に近いものとみても、大きな問題はないように思われる。記事は、まず、かつての陸実自身も関係があった明治一二年（一八七九）頃の「弘前東奥義塾中の人士」による「国会請願の挙」について、「地方の人心兎角萎微として振はざりし」と評価し、やがて明治一六年（一八八三）に至ると「東奥義塾などの賛助」によって「東奥立憲政党」が結成されたことを記している。一方その反対運動として、結局陸実が参加しなかった「帝政党」系の政治運動があったことも記される。また、東奥義塾系の「東奥立憲政党」を「正党」とする一方、それに対抗した「帝政党」を「利己党」とし、東奥義塾系の政治運動を正統と評価している。そのため、「正党（＝東奥立憲政党）」に対して「利己党（＝帝政党）」の側が県会議場で「一名の多数を制するに至」ったものの、「利己党（＝帝政党）」に集った人々の実態については、「常に官辺の鼻息を窺ふ」ことを「定業と為せるもの」と酷評する。しかしながら、もう一方の「正党（＝東奥立憲政党）」の「有志」たちについても、県域をこえた北方地域の大同団結を志向して『秋田青森函館新報』[52]を発刊したが「中途にして廃絶に帰」し、まったく上手くいかなかった、という散々な結果が報告される。結局、この記事を掲載した『東京電報』は、明治一〇年代の青森県における政党活動全般について、「此類の党派は内実神変不可思議の活動を有する」ものでしかないのだと、まとめて否定する。東京で『東京電報』を創刊した陸実は、明治二一年時点に至るや、郷里の政治党争をこのように俯瞰してみせたのだ。

明けて明治二二年（一八八九）二月。陸実は『東京電報』を『日本』と改題し、再出発を果たしている。この年夏、彼が旧友の笹森儀助に津軽伯爵家の改革案を求められ、回答を示した書面の一節をみたい。

> 津軽家の改正は一点の私心あるべからす。此辺能く〳〵ご注意を願ふ。……小生は多用、迚も斯る事に尽力之余力無之、且つ天下全般之大事眼前にある今日、斯る小事に力を入れるは世間体も悪敷候故、是は大兄幷に地方の諸先輩に御任せ可申、併し意見如何と御尋有之候はゝ、充分勘考御答可仕候。（七月一三日）(53)

ここで陸は、「故郷」たる「津軽」、そしてかつて主君であった津軽家の問題を「斯る小事」といい放っている。それは、この時点でもなお解消してはいなかったであろう、「地方の諸先輩」たち（＝「津軽」の士族社会）によって表象された区々たる序列意識に対する拒絶反応であったように考えられる。彼はこの時、中央紙主筆の立場から「国民主義」を唱え、新聞紙上であるべき「日本」を追究するに多忙であった。陸羯南及び新聞『日本』最大の業績として知られる大隈外交反対キャンペーンである対外硬運動は、実にこの直前、明治二二年七月六日の『日本』社説「外交は内地より重し(54)」を嚆矢としている。「天下全般之大事眼前にある今日」とは、まさに陸の本音であったろう。

明治二〇年代に書かれた陸羯南の文章を概観してみると、かつての葛藤を色濃く反映した「故郷」無視の態度を認めることができる。とはいえ、それは陸と笹森との交流が継続していることからもうかがえるように、郷里やその場で生きる人々の全否定ではない。その内心は、例えば、やはり同郷の親友であった伊東重《しげる》（安政四〜大正一五年〈一八五七〜一九二六〉）に対して書き送った「貴兄に勧むる事は、大概にして一葦水を渡り函館迄出でよ、弘前、青森は貴兄武を用ゆるの地にあらす、御双親之思召も可有之候が、一奮発して函館か仙台に出て、再奮発して伯林に行け〔傍圏点原文通り〕(55)」という書簡の文面によくあらわれている。陸は、「御双親之思召」の束縛を受ける親友にも、かつての自分が体験した〝旧藩の超越〟を勧めていた。伊東重は、津軽藩で藩医を務めた家の長男として生まれているため、戸籍上次男だった中田実とは異なり、家業を放棄しての自家独立は困難だった。親友に送ったこの書面からは、既存秩序たる「家」の問題が介在していた明治期の現実と対面した、陸実の葛藤が垣間みえるだろう。その内心では、個人として尊重する相手に対して、原初的・自然発生的な共同体原理からの自由の獲得と独立の維持を促していた。

以上、陸羯南はかつて「故郷」たる「津軽」における政治党争に参加しながらも、その場から決定的に乖離した明治一〇年代の体験をもち、その上で彼自身の思想を形成したのだ、という事実を強調したい。そしてこのことは、即、士族による自由民権運動という既存政治運動の実態――必ずしも理念ではない――の相対化に連続していた。明治二〇年代の陸羯南の政論は、以上にみてきた明治一〇年代における彼の個人的体験に規定され、成立するのである。

六　おわりに

色川大吉は、その主著『明治精神史』の中で、「近代国家の創成期におけるナシオン観念の歴史的形成という点を、わが国に求めてみる場合、その内容にもっとも近いあらわれは、明治十年代の自由民権運動の過程で、全国の農民階級のなかにまで大規模に喚起された「国民」観念であったといわねばならない」とし、陸羯南の「国民主義」や「ネイション観念」について、「羯南が、このわが国独自の前史を見落とし」たことが、その論理の「「不徹底性の根拠」になっていた」のだ、と述べている。(56)

明治一〇年代の多摩地方における豪農民権運動の成果を重くみた色川は、該時期における陸実の事跡を顧みることなく、二〇年代の陸羯南が新聞紙上に発表した政論のみを根拠に、「わが国独自の前史を見落とし」たものと断じた。陸が多摩地方の歴史を知らなかったのは当然のことである。しかし、青年陸実の軌跡を辿った後には、陸に対する色川の評価をそのまま首肯することはできない。陸は、かつて「津軽」に生まれてその場を飛び出した彼自身の前史を踏まえた上で、そして、品川弥二郎に協力して「故郷」の自由民権運動と対決した彼独自の体験に基づき、その政論を構想したものといえるからだ。

陸羯南の政論を貫くもの、それは「故郷」たる旧藩との対決と超克――〝旧藩の超越〟――である。原初的・自然発生的共同体原理からの自由獲得と独立維持こそが、彼の思想を本質的に規定していたものだった。そして「故郷」からの自由は、即、該時期の自由民権運動という既存の政治運動、政治党争の相対化に連続していたのだ。かつての中田実は、士族という既存の身分意識のみでなく、旧藩という既存の社会秩序全般との対決を自覚することで独立個人としての主体性に目覚め、その上で新しい共同体原理を構想した。である以上、後の陸羯南が主唱した「国民主義」とは、まさに明治一〇年代自由民権運動の批判的継承であり、その直接の発展形態と位置づけることができるのである。これが本章の提示する結論ということになる。

＊　＊

以上、第三部第一章では、明治一〇年代における陸実の事跡を追うことに関心を集中したため、彼が明治二〇年代において「故郷」を語らなかった事実と、彼が自由党・立憲改進党などの既存政党に対して容赦のない批判を加えた事実については、それを前提に論じざるをえなかった。これらの事実そのものの実証と検証、彼の政論に即した具体的考察は、次章の課題として残されている。

原初的・自然発生的な共同体原理との対決を経た自律的個人が、新たに主体的に参加する――この結集原理において成立することが期待されたのが、陸のいう「日本」である。陸羯南における〝旧藩の超越〟の先にあったもの、すなわち、新たな「日本」を構想した明治二〇年代初頭の「国民主義」について、本書の最終章にあたる次章では、本書でこれまで論じてきた内容を踏まえつつ、その論理の特質を捉えてみたい。

（1）第一部第一章註（5）参照。

（2）第一部第一章註（9）参照。

（3）この点、高松亨明は「羯南の論説にも詩文にも郷土青森県や出生地弘前市に関するものは極めて少ない。蓋し眼中ただ天下国家あるのみで、一県一市に跼蹐《きょくせき》するのは潔しとするところではなかったからであろう」（「陸羯南全集月報一〇」『陸全集〈一〇〉』付録、七頁）と評している。

（4）このことは、「羯南」陸実と同世代の明治人たちの号を考えあわせてみると興味深い。明治ナショナリズムの担い手として著名な三宅雄二郎の「雪嶺」、志賀重昂の「矧川」、徳富猪一郎（文久三～昭和三二年〈一八六三～一九五七〉）の「蘇峰」が、それぞれ彼らの「故郷」を象徴する「金沢」の白山、「岡崎」の矢作川、「熊本」の阿蘇山を指すものであるに対して、陸実の号「羯南」は、彼の「故郷」である「津軽」の景観を直接象徴する語ではない。司法省法学校以来、陸実の親友であった国分豁、加藤恒忠、そして原敬の号も、「青厓」、「拓川」、「一山（逸山）」であり、それぞれ「仙台」の青葉山、「松山」の石手川、「南部」の岩手山を示していることをみると、「故郷」に対する意識において「羯南」と号した陸実の特異性が際立つ。

（5）前掲ルナン「国民とは何か」『国民とは何か』四七～四八頁。E・ルナンによって示された「歴史の忘却」は後に読み直され、B・アンダーソンが提唱したいわゆる「想像の共同体」論を支える重要なテーマとなったということは、本書第一部第一章の註（32）で述べた。

（6）陸羯南に関わるもっともまとまった研究成果として、前掲本田『国民・自由・憲政』、有山『陸羯南』、松田『陸羯南』を参照のこと。本田の単著に代表されるこれまでの政治思想研究分野の先行論では、陸の「故郷」が本格的に問題とされたことはない。本章註（3）引用文中にも「郷土青森県や出生地弘前市」とあり、また「東北出身」などと通称されている通り、陸の「故郷」は現在既定となっている地域の枠組において把握され、当時の実態を踏まえた理解はなされてこなかった。その後、有山・松田の評伝が上梓され、ここでは、陸羯南の津軽時代の事跡について時系列順に詳しく触れられている。

（7）以下、明治初年における青森県内の政治史については、主に『青森県総覧』東奥日報社、昭和三年（一九二八）、前掲『青森県史（旧版）』第五巻、『新編弘前市史』資料編四、新編弘前市史編纂委員会、一九九七年、『青森県史（新版）』資料編近現代一、青森県、二〇〇二年を参照。また概説については、小野久三『青森県政治史〈一〉明治前期編』東奥日報社、一九六五年、河西英通『近代日本の地域思想』窓社、一九九六年を参考にした。

（8）前掲『青森県史（旧版）』第五巻、六二〇～六二一頁。

（9）齋藤璉について、本文記載の略歴は、前掲小野『青森県政治史〈一〉』四八九頁、及び川村欽吾「伊東重と陸羯南」『東奥義塾研究紀要』第六集、一九七二年を参照。

（10）旧津軽藩校であった稽古館の伝統を引き継いだかたちで明治五年（一八七二）に開学。草創期の東奥義塾については、北原かな子『洋学受容と地方の近代――津軽東奥義塾を中心に』岩田書院、二〇〇二年を参照のこと。

（11）津幡敬正・工藤晃編『東奥日報百年史』東奥日報社、一九八八年、一九頁。斉藤は名目的な会長にすぎなかったようで、東奥共同会の実質的リーダーは前出の本多庸一及び菊池九郎であった。東奥共同会について、詳しくは本文で後述する。

（12）例えば、明治三七年（一九〇四）四月一九日付「伊東重宛陸羯南書簡」には、「今日も齋藤と同席……齋藤も此頃ハ心気よげに盃を手ニ致居候」（『陸全集〈一〇〉』一三～一四頁）とある。この「齋藤」こそ齋藤璉である。

（13）山崎有信『野辺地戦争記聞』明治四四年（一九一一）。同書は「津軽」「南部」問題の局外者によって、中立的立場から編著することを目指したものである。
（14）外崎覚については、前掲川村「外崎覚略伝」を参照。
（15）前掲山崎『野辺地戦争記聞』六頁。
（16）東奥義塾と旧藩「津軽」との連続性については、前掲北原『洋学受容と地方の近代』四〇～四二頁。
（17）第一部第一章註（23）では、このような旧藩を通じた結集原理についてエスニシティ概念を用いて理解してみた。
（18）弘前を出るまでの陸羯南は、まず明治四年に、本文記載通り工藤他山が主宰する漢学塾思斉堂に入塾し、その後明治六年（一八七三）には、旧津軽藩校稽古館の後進である東奥義塾に入学している。前掲川村「明治の津軽びと――陸羯南〈その二・三〉」を参考にすると、陸は両校で開明的な教育を受けたようである。特に東奥義塾はアメリカ人牧師を迎え入れた本格的な英学塾であり、この時期の地方学校としては異例の充実度を誇っていた。しかし、陸の在郷時点では、どちらの塾ともに、あくまでも旧津軽藩士のために開かれたものであって、青森県民のためのものではなかった。陸羯南の原「故郷」は、青森県ではなく、あくまでも「津軽」である。なお、この塾における陸の先輩・学友には、珍田捨巳（安政三～昭和四年〈一八五七～一九二九〉）や一戸兵衛（安政二～昭和六年〈一八五五～一九三一〉）など、後年明治政府の官僚や軍人として重きをなす人物がいたことをつけ加えておく。
（19）中田実が入学した官立宮城師範学校については『東北大学五十年史』下巻、東北大学、一九六〇年、一八〇七～一八一一頁を参照。第六学区（新潟・柏崎・置賜・酒田・若松・長野・相川・新川各県）及び第七学区（宮城・磐前・福島・山形・水沢・岩手・秋田・青森各県）から入学者を募集し、卒業の暁には地元県の小学校教員となるべく指導された。中田実個人の事情をいえば、明治七年当時青森県内に師範学校は設立されておらず、家計が苦しかった中田家の事情によって、とにかく学費の負担なく勉学のできる官立学校を探して宮城師範入学となったようである。だが、中田実は明治九年（一八七六）にこの学校を退学している。
（20）特に、第一部第三章註（30）・（31）参照。陸が対決した既存の共同体原理である「故郷」（＝旧藩「津軽」）には、士族的連帯という側面の他に血族的紐帯という側面がある。陸は前者を明らかに拒否した一方で、後者を完全に否定することができなかった。その葛藤の様子は、後述するように本章第五節註（55）の伊東重宛書簡などからうかがうことができる。

（21）前掲川村「明治の津軽びと――陸羯南〈その六〉」参照。同紙はやがて民権派の機関紙へと変貌するのだが、それは陸の離脱後のことである。詳しくは次節を参照。

（22）自由民権運動一般における士族的要素については、遠山茂樹「自由民権運動における士族的要素」一九四七年、坂根義久編『論集日本歴史〈一〇〉自由民権』有精堂、一九七三年、青森県の自由民権運動における士族的要素については、前掲河西『近代日本の地域思想』を参照。本多は後の青山学院校長として、菊池は青森県から第一回総選挙以来連続九回選出された初期の国会議員として有名である。

（23）詳しくは次節本文及び註（33）にゆずるが、この「義塾党」が後の東奥共同会となる。ただし、明治一三年の陸実在郷当時は東奥共同会の名はなく、青森新聞社との連携も確立していなかった。

（24）『青森新聞』一五八号、一～二面。

（25）出席委員は本多庸一・菊池九郎・今宗蔵・服部吉之丞・中市稲太郎ら青森県内各郡有志二一名。なお、この委員の内に陸実を含めることが研究史上の定説となっているが、本章で掲げた資料群が語るように、陸自身の主観は運動に対する何らのシンパシーをも有していない。

（26）今宗蔵「建白書」前掲『青森県総覧』四九～五〇頁。

（27）前掲陸実「中田敬太郎宛書簡」『陸全集〈一〇〉』八〇頁。

（28）第一部第三章の註（34）に前記した通り、この韓愈は、漢学的思考様式において「豪傑の士」として讃えられる人物である。

（29）陸実「加藤恒忠宛書簡」『陸全集〈一〇〉』一八頁。

（30）『青森新聞』一五五号、四面。次の［資料②］共々、讒謗律に触れた元々の記事の内容を確認することはできない。また、現在この「罰金五円」が誤記であることが研究史上の通説としてあるが、それは確定できないということを述べておく。先行研究では、中田家の戸籍に「明治一三年四月二十二日讒謗律第四条により罰金拾円」とあることが根拠となり、この二月八日の記事が誤植であるとされている。だが、二月と四月では間隔があり、［資料②］の存在が示しているように、

（31）『青森新聞』の筆禍事件は一度きりのものではない。『青森新聞』が四月にはまた別の筆禍事件を起こしていた可能性は高いのである。讒謗律第四条は「官吏の職務に関し讒毀する者は、禁獄十日以上二年以下、罰金十円以上五百円以下、誹謗する者は、禁獄五日以上一年以下、罰金五円以上三百円以下」であり、罰金五円の刑もあった。

（32）『青森新聞』二二二号、一面。

（33）次節註（42）のところの本文にも登場するが、明治一三年五月一六日に発生した弘前の大火災に関する報道では、「郡吏、戸長、警察官の救済に尽力して行届くところ少からざる故に頑愚の人民も始めて官の有難さを覚へ是迄の不平心も一時に解て真の遵奉家となりし者亦尠からず」（同前『青森新聞』二面）などとある。『青森新聞』は陸実の在社時に一貫して県官よりの姿勢をとっていた。

（34）前掲小野『青森県政治史〈一〉』、及び河西『近代日本の地域思想』参照。なお、両書ともに、共同会の成立を明治一三年のこととしているが、同会の正式な発足は現存『青森新聞』から明治一四年五月のことと断定できる（五月二九日号）。陸実在郷の時点では東奥義塾の有志が運動を推進していたというに過ぎず、共同会の名称はなかった。また、共同会＝青森新聞社のラインも確立しておらず、前述通り『青森新聞』はむしろ県当局よりであった。この違いは陸実の個人史に照らした時に無視できないものである。

（35）以下、本文における「弘前事件」の概略については、河西英通「弘前事件の再検討」『国史研究』第八九号、弘前大学国史研究会、一九九〇年、及び同論文を加筆修正した「北奥の自由民権運動」前掲河西『近代日本の地域思想』を基にまとめた。本項の論述はこれらの論考の示唆に因るところが大きい。両派の対立は戊辰戦争を淵源としており、津軽藩士族の派閥抗争に由来する感情的対立という側面が無視できないとされている。なお、民権派に対抗した大道寺・笹森らについて、先行研究は「保守派」と呼称してきたが、彼らは自らを「保守派」と認識しておらず、私見としても「保守派」という規定によって実態把握に齟齬が生じることが懸念される。ここでは河西「北奥の自由民権運動」での記載に倣って、彼らの名称を「反民権派」で統一する。また、従来指摘されている「民権派」側の「耶蘇的性格」について、ここではその事実を指摘するにとどめ、主たる問題とはしない。

（36）前掲河西『近代日本の地域思想』四四頁。

(36) 原田敢・乙部敢「旧藩臣某等叩頭泣血再び書く」前掲『青森県総覧』五六頁。請願書は「皇漢学塾再興に付き旧藩臣某等頓首して白す」(明治一五年九月)とあわせて少なくとも二度以上は提出されている。
(37) 共同会の解散は明治一六年(一八八三)四月、あるいは五月のこと。
(38) 前掲河西『近代日本の地域思想』五四頁。
(39) 同前五七頁。
(40) 陸実「笹森儀助宛書簡」『陸全集〈一〇〉』四六頁。
(41) 陸と笹森との交流については、沼田哲「「北方の人」の「南嶋」への視線——笹森儀助『南嶋探験』成立の前提」同編『「東北」の成立と展開——近世・近現代の地域形成と社会』岩田書院、二〇〇二年を参照。
(42) 以上、前掲『青森新聞』二二二号、一～二面。なお、当時の青森県における火災については、前掲牧原『客分と国民のあいだ』において、本書とは別の観点から考察されている。
(43) 陸実「品川弥二郎宛書簡」明治一五年四月一四日『陸全集〈一〇〉』五七～五八頁。
(44) 陸実「品川弥二郎宛書簡」同前六四頁。明治一五年七月(?)一五日。『陸全集〈一〇〉』では日付不詳となっていたが、文面と註(46)の書簡の存在から、明治一五年七月と算定した。また、ここで陸たちが問題としている「弘前旧城郭」の利用に関しては、前掲高木「桜とナショナリズム」を参照のこと。
(45) 品川弥二郎「陸実宛書簡」明治一五年四月一五日、同前一三七頁。
(46) 品川弥二郎「陸実宛書簡」明治一五年(?)七月一八日、同前一四〇頁。
(47) 陸と品川との連絡は、陸が官を辞し、新聞『日本』を主宰するようになった後も続くが、その関係は単純に評価することが難しい。詳しくはいずれ別稿にて考察する予定である。
(48) 陸実「加藤恒忠宛書簡」明治一五年(?)一二月二日、『陸全集〈一〇〉』二〇頁。
(49) 陸実「品川弥二郎宛書簡」明治一六年(?)(月不明)一二日、同前五七頁。
(50) 岡和田常忠「陸羯南とジョゼフ・ド・メーストル」『みすず』第一一二号、みすず書房、一九六八年、田所光男「翻訳の言葉と論説の言葉——ジョゼフ・ド・メストルの陸羯南への影響の序論的な検討」『福岡大学人文論叢』第一九巻第一号、一九八七年、同「フィロゾフ批判の転生――ジョゼフ・ド・メストルの陸羯南への影響」『福岡大学人文論叢』第一九巻第二号、一九八七年、同「日本の使命を説く思想を支え合う在来の言葉と外来の言葉――ジョゼフ・ド・メストルの陸羯南への影響」『福岡大学人文論叢』第一九巻第三号、一九八七年。

(51)『東京電報』五八八号、二面。この資料の解釈については、拙稿「「旧藩」の超越――明治一〇年代の陸羯南を題材として」『歴史』第一〇六輯、東北史学会、二〇〇六年で公表しているものを全面的に訂正し、大幅に書きあらためた。真辺将之氏の教示を受けてのものである。ここに明記して感謝の意を表したい。

(52) 前掲河西『東北』六九～七三頁参照。『秋田青森函館新報』は明治一七年（一八八四）七月に発刊され、わずか一二号で廃刊となってしまった新聞である。発行元の東北三州社本部は青森県内におかれたのだが、紙名からもうかがえるように、この新聞を発刊した政治結社は青森県域をこえた北日本三都市の団結を目指していたらしい。

(53) 陸実「笹森儀助宛書簡」『陸全集〈一〇〉』五五～五六頁。同書簡内で、陸は齋藤璉の津軽家家扶解任を主張したが、それは果たされなかった。なお、この書簡の日付については前掲河西「弘前事件の再検討」「北奥の自由民権運動」によって『全集』記載のものを訂正すべきことが指摘されている。本書もそれにしたがう。

(54)『陸全集〈二〉』一五九頁。

(55) 陸実「伊東重宛書簡」明治二四年（一八九一）三月四日『陸全集〈一〇〉』八～九頁。伊東は東京大学医学部を卒業し弘前で開業した医者で、陸実とは同年生れだった。伊東重の略歴と陸実との交友関係については、前掲川村「伊東重と陸羯南」を参照のこと。

(56) 色川大吉「明治二十年代の文化」『岩波講座日本歴史〈一七〉』一九六二年、二八九頁。前掲『明治精神史』下巻、三三四頁にも再録。

第二章 「国民主義」の誕生——その「東北」論から

一 はじめに

明治二〇年（一八八七）前後に勃興した日本ナショナリズムの担い手である「明治の青年」[1]たちにはある共通の合言葉があった。すなわち「藩閥打破」である。戊辰戦争の戦勝者たる「薩摩人」や「長州人」たちの意志によって、第一に「薩長藩閥」の利益が優先されるような事態は、「明治の青年」たちが断固拒否したものだった。国政を担当する者は、「薩摩」や「長州」といった特定地域ではなく、常に「日本」という全体領域の利益と発展を考えるべきであったからだ。この時点で、それは未だ実現のかなわない理想にすぎなかった。であればこそ、その理想に近づくために現状を打破せねばならず、改革の実現に向けて目前の藩閥に対抗するための手段を講じる必要があった。

しかし、実は「明治の青年」たちの背後にも、彼らの父祖及び幼少期の彼ら自身が属していた旧藩の影響があったことが考えられなければならない。そもそも、「明治の青年」たちが「薩摩」や「長州」などの藩閥勢力によって疎外されたのは、彼らがそれ以外の藩の出身者だったからである。「薩摩人」や「長州人」たち同様、「明治の青年」各個人にとっても出身藩はアイデンティティーの拠りどころだった。そうであるから、彼らの中では旧藩に対する愛憎の両感情が渦巻いており、深刻な葛藤が存在したことを察せられる。この葛藤こそ、彼らに新たな思想の形成を促す直接の契機となったものだ。「藩閥打破」を唱えた「明治の青年」は、地方出身者である自分自身の「故郷」である旧藩をいかに捉えており、自らの論理の内にどのように組み込んだのか。ここに、明治期の日本ナショナリズムにおける地方論を考察し、その位置づけを明確にすべき理由のあることを確認できるだろう。

明治二一年（一八八八）四月九日。太政官文書局、内閣官報局での官吏生活を経た陸実は、新聞『東京電報』の主筆を任されることになり、ここに「新聞記者陸羯南」が誕生する。この年、陸は三一歳。法学校の放校から数えて実に九年後のことである。この時の彼は、新聞や雑誌における言論の力に依頼して、具体的な政治主体についての議論を開始している。藩閥に対抗する勢力として陸羯南が期待した政治主体、政治的実力とは何か。それこそ「真正の政党」、あるいは「完全なる政党」(2)である。

本書の最終章では、新聞『日本』の前身である『東京電報』紙上を中心に展開し、確立をみた草創期の「国民主義」における陸羯南の地方論、及びそれと連動した政党論について検討する。(3)前章で追跡したように、陸はこの時すでに〝旧藩の超越〟を果たしていたために、藩閥勢力に対抗する「真性の政党」「完全なる政党」の理想を論じるにあたって、従来の旧藩的秩序をまったく否定した上で、きわめて先鋭的な地方概念再編論を掲げることができた。「故郷」たる「津軽」からの乖離に端を発して、陸はどのような地方論を生み出していたのか、そして、その地方論は彼の主唱する「国民主義」にどのような性格をもたせるものであったのか、注目してみたい。(4)

二　「東北」の創出と「津軽」の忘却

陸羯南は「故郷」を語らない思想家であった。高松亨明が、「羯南の論説にも詩文にも郷土青森県や出生地弘前市に関するものは極めて少ない。蓋し眼中ただ天下国家あるのみで、一県一市に跼蹐《きよくせき》するのは潔しとするところではなかったからであろう(5)」と指摘しているように、仮に陸羯南の論説を一通り読んだとしても、彼が「津軽人」であるいうことはなかなか判明しない。

だがその一方で、一連の先行研究は陸が「東北人」であるということを常に確認してきた。これは、陸が「東北」や「東北人」についてしばしば論述していた事実に基づくものである。例えば本田逸夫は、「羯南の「国民主義」の思想も、征服の精神への対抗という考えに鼓舞されたようにみえるのである。そこに「戦敗者」たる「東北人士」の一人としての体験があずかっているのは、いうまでもない(6)」と述べている。このような理解にもあらわれているように、これまでの研究では、「東北」は単に陸羯南の出身地を示す言葉であるとして、彼の本来の「故郷」を指す「津軽」という言葉と同一視されてきた。だが、前章で検討したことを踏まえて明治期の状況を考えれば、陸羯南がその論説において積極的に言挙げしていた「東北」と、彼の「故郷」である「津軽」とは、同じ性質をもつ固有名詞であるとして済ますことはできない。当然、陸自身も二つの用語にまったく別の意味をみていたはずである(7)。

それでは、本章での考察を開始するにあたって、まずは『東京電報』紙上の記事などにあらわれた、明治二一年（一八八八）頃における陸羯南の「東北」論の具体的内容について確認しておきたい。

酒田正敏の対外硬運動に関する先駆的研究(8)によって明治二〇年代の対外硬運動の第一人者として位置づけ

られて以来、陸羯南は新聞『日本』紙上において条約改正問題を華々しく論じた人物として広く認知されている。だがそのイメージとは異なり、陸が中央でまずはじめに関わった『東京電報』社説においては、対外問題が論じられたことはほとんどなかった。『東京電報』では国内問題が主な対象とされ、しかもさかんに地方のことが論じられたのである。[9]これは『東京電報』が元々は『商業電報』といい、「実業者の振興」という目的を多分にもっていたことに原因があるものと考えられる。「蓋し実業者と共に最強なる政治思想を涵養し、且学者の賛助を得て学理の応用を勉め、以て正当に実業進歩の障害を苅除するの主意に外ならず[10]」というのが『商業電報』から『東京電報』への改題の意図であった。[11]そして、日刊新聞上でさまざまな国内時事問題について論じてゆく中で、陸は自らが主唱する「国民主義」の屋台骨を体系化していたのである。[12]

『東京電報』が創刊された明治二一年は、国会開設を間近に控え、大同団結運動がピークを迎えていた年にあたる。陸が『東京電報』紙上においてはじめて「東北」という語を使用したのは、この運動を推進する後藤象二郎（天保九～明治三〇年〈一八三八～一八九七〉）が東北地方での遊説を行っていた最中の同年七月二四日『東京電報』社説、「東北人士の振興、後藤伯」においてであった。以下その内容を検討する。

「東北人」とは、重もに奥羽七州の人士を指すものゝ如く思惟すれども、時として白河以北、即ち奥羽五州を指称し、三陸二羽抔と呼ぶことあり。去りながら近来に至りて此東北人と云へる名称は、大に其区域を拡め、三陸二羽は勿論、岩代磐城の二国を始め、常総及両毛幷に越後をも包含するが如し。「東北人」の名称斯の如くに拡まりしは、即ち其勢力の加はりし一証と見做して可ならん歟。蓋し「東北人」の名称は最も新出の名称にして、昔日は只だ「奥羽」の名ありしに止まり、恰も一の未開地方の如く見做され、日本国地図の上には、蝦夷地と共に殆んど未詳地として算入せられたるが、近来「東北」抔云へる方角の区別を生じたるは、即ち奥羽を以て他の地方と同等の地位に置き、日本国の東北地方と汎称するを許したるの証と云ふべし。即ち奥羽地方は、明治時代に至り、一蹴して類似蝦夷の卑称を脱却し、他の地方と共に大日本国の一部と為れるものと云ふも可なり(13)。

この社説記事は、陸羯南のいう「東北」なる地域概念の性質を把握するにあたって実に重要なものである。ここでは四つのポイントについてまとめてみたのだが、以下、順を追って確認していこう。

まず第一に、「東北人」の語が「最も新出の名称」とされていることが注目される。陸自身もここで強調しているように、「東北」とは決して既存の地域概念ではなく、この時点において新たに想像＝創造されつつあった地域カテゴリーだった。「東北人」とは、普通「奥羽七州の人士」のことをいうが、時に「奥羽五州」あるいは「三陸二羽」のことを指し、また、「三陸二羽は勿論、岩代磐城の二国を始め、常総及両毛并に越後をも包含する」こともある。「東北」は、現在の東北六県を指す場合はもちろん、東北六県から福島県をのぞいた地域を指す場合、さらには東北六県に茨城県・群馬県・栃木県・新潟県を加えた地域を指す場合もあるように、流動的な地域概念であった。このように、明治二一年時点における「東北」は未だ境界が定まっておらず、その内実もよくわからないものだったのである。

第二に、彼が、「東北」という新しい名称の定着によって「奥羽」という古来の名称に込められていた中央からの蔑視が払拭されるのを期待していたことが判明する。他地域から「未開地方の如く見做され」てきた「奥羽」、さらには「蝦夷地と共に殆んど未詳地として算入」されていた「奥羽」――注目すべきは、「奥羽地方は、明治時代に至り、一蹴して類似蝦夷の卑称を脱却」したのだという言辞であろう。要するに、古来「奥羽」は「蝦夷」を含意する概念だったが、これが新たに「東北」という名にかわることによって「蝦夷」ではなくなる。そして「関東」「関西」「西南」などといった「他の地方と同等の地位」を獲得できるというという主張である。だが、それならば「東北」と区別された「蝦夷」はどうなるのだろうか。実は、その問題がこれ以後の陸羯南の政論において本格的に論じられることはない。つまり、彼の主唱する「国民主義」においては、かつての旧藩とともに「蝦夷」の存在も忘却されてゆくことになる。この点は、第二部第二章で確認した原敬の「アイヌ人」観と彼の「多民族国家」的日本観と対比してみた時にその違いが著しい、陸羯南ならではの認識の特徴といえるだろう。

　第三に、「奥羽」という伝統的固有名にかわって新しく用いられる「東北」という言葉が、そもそも固有の意味を包含しておらず、方角を意味する一般名詞に過ぎないことについて、むしろ積極的な評価がなされているのを確認できる。かつての「奥羽」が、「近来「東北」抔云へる方角の区別」によって名指されるようになったのは、この地域が「日本国の東北地方と汎称する」ことを許されたからである。ここでは、「奥羽」という個別地域の特立ではなく、「奥羽」が「奥羽」としての固有性を消失して「日本」の「東北」ないしは「大日本国の一部」となることが歓迎されている。陸はまさにこの意味において「東北」の名称を称揚しようとしていた。したがって、新しい名称のもとで新しい地方の構想が目論みられてゆくことも当然に予測されよう。

　最後第四に、「津軽」「南部」「庄内」「仙台」「会津」などといった旧藩の名のもとにバラバラだった諸地域、そして、「津軽人」「南部人」「庄内人」「仙台人」「会津人」の名のもとに個別のアイデンティティを保持してきた人々が、「東北」「東北人」として統合することによって大きな政治権力を獲得できる可能性が示唆されていることがわかる。陸が各々の旧藩を超越した「東北」という新領域の誕生を歓迎していた最大の理由は、おそらくここにある。後藤象二郎が主導した「東北」の大同団結運動に対して、この時以後の陸羯南は必ずしも主体的に関与してはいない。しかし、東京でこの運動の様子を伝え聞いた彼は、それを容認し応援すべく、中央紙主筆の立場からの地方論を次々に『東京電報』紙上に載せてゆく。

ただし、陸羯南本人についていえば、彼個人が「津軽人」であることをやめてただちに「東北」に帰属し、その上で「東北人」たる自己意識を確立させてゆく、というようなことはなかった。先述したように、陸が「東北」の新出を歓迎したのは、それがあくまでも全体にとっての部分であり、「日本」にとっての地方であるという点を重くみたからであった。「「東北」抔云へる方角の区別を生じたるは、即ち奥羽を以て他の地方と同等の地位に置き、日本国の東北地方と汎称するを許したるの証と云ふべし」「奥羽地方は……他の地方と共に大日本国の一部と為れるものと云ふも可なり」。これこそ、陸羯南が、彼にとってはもはや他者である「東北人」のために歓迎したことである。以下、この年の暮に仙台で創刊された雑誌『時論』に寄せた陸の論説をみてみたい。

此の「国民旨義」は、元と人情博愛義侠の心を抱く者なるを以て、凡そ世に不遇失望の者あれば、一国民なるも一地方なるも、一種族なるも一個人なるも、力の及ぶ丈之を救出せんことを一の任務と為す。東北人士も亦た其境遇経歴よりして必ず国民旨義と同感同情なるや明なり。東北人士と国民旨義と実に莫逆の朋友にして、互に相連結するの縁因あるは、吾輩の常に信ずる所なり(14)。

この資料からは、「国民旨義」（＝「国民主義」）を唱える中央紙主筆の陸羯南が、自分からみてすでに他者であった「東北人士」と相対する立場から論及していることがうかがえるかと思う。

以上に解読してきた「東北」論を掲げた明治二一年時点の陸羯南個人から、本節の最後に、「津軽」に対する帰属意識の欠如、というよりも、その実在を意識的に忘却し、隠蔽しようとしていた態度を読みとっておきたい。ちょうどこの時期、青森県下で「無神経事件」と呼ばれた騒動[15]が起きて全国的な話題となったのだが、それについて論じた同年八月一八日の『東京電報』社説において、陸は青森県のことをあえて「東北の一県」と表現している[16]。このような何気ない言葉づかいにも、大同団結運動に便乗して旧津軽藩や青森県をことさらに「東北」の一部とみなそうという彼の心理が作用しているように思われる。これ以後の陸は、全国的なニュースとなった場合をのぞき、旧津軽藩や青森県にゆかりのある論説、特にそれを称揚する意図に基づく論説をまったくなさなかった[17]。中央言論人としての陸羯南は「故郷」無視の姿勢を終生維持したのである。陸が「津軽」を語らないという事実はこの文脈においておさえておかなければならない。

以上みてきたように、陸羯南は自身が「津軽人」であったり「奥羽人」であったりする可能性を否定した上で「国民主義」の論客となっている[18]。ここからは、かつて〝士族の超越〟を果たした原敬が、士族としての即自的「名誉意識」からの自由を獲得しつつも、終生「南部人」「奥羽人」としての自己意識を忘却することができず、むしろその自負心を自らの発想や行動の根幹に据えていたのとはまったく異なる精神的位相がうかがえるであろう。陸羯南ならではの発想や行動の根幹にあったものは、〝士族の超越〟をよりラディカルにつきつめた〝旧藩の超越〟に他ならない。

三　草創期「国民主義」の地方論――「地方的団結＝真正の政党」の希求

1　地方概念再編論――「東北」と「西南」より

明治二一年（一八八八）当時の陸は、自身の郷里を包含する旧来の「奥羽」を称揚する目的から、その地域が、自今「東北」となって再製されることを言挙げたわけではなかった。それにしても、陸はなぜ、「津軽」や「奥羽」、そして「蝦夷」の実在をことさらに忘却・隠蔽しようとし、それにかわる「東北」の発生を歓迎していたのだろうか。

ここで考えたいのが、「東北」の反対に位置する「西南」という地方概念である。やや時代はくだるが、明治二五年（一八九二）三月の新聞『日本』紙上において三日間にわたって連載された陸の「東北及西南」という論説をみておこう[19]。この直前の二月には、品川弥二郎による選挙干渉で史上名高い第二回総選挙が行われている。その様子を観察した陸は、「吾輩は東北及西南の両地方に対して愛憎厚薄の情あるにあらず[20]」と前置きした上で、総選挙における行政の干渉が「九州及四国の辺に著しく影響せしにも拘らず、其の反対の方角に在る奥羽地方は殆んど行政干渉の有無をすら事実上に感ぜざる[21]」ようであったとして、「東北」と同じく新出の地域概念をあらわす「西南」という言葉を掲げ、次のようなことをいっている。

> 東北人の党争に淡泊洒落なることは西南人士之を視て士気不振の現象となすべく、其の功利の念に薄くして且つ堅忍の気に乏しきは、思ふに東北人特に奥羽人の短所として軽蔑せらるゝ所なるべし。幾分か軽蔑せらるべき短所なり。然りと雖ども是れ戦国武士の眼より観察する偏見なり。立憲良民として之を

視るときは豈に斯る貴ぶべき美風俗あらんや。(22)

思ふに東北人は封建の時にすら殆んど所謂る武士風の其の藩に固有なるものはなく、従つて維新後に至り帯刀を解くと同時に忽ち皆な能く平民と混和するを得たり。……若し之に悪評を加ふれば、東北地方は士気不振人心軽佻の謗を免るゝ能はざるべし。而して偶然にも立憲良民としては、反て夫の西南殺伐の俗に優ること幾等ぞ。(23)

一見、この議論は陸羯南本人を含む「東北人」を称揚し、その反面、自身とは縁のない「西南人」を卑下する目的のものであったかのようにも読める。だが留意するべきは、「西南人」に対して「東北人」が称賛されている、その理由の方である。未だに封建時代由来の「殺伐の俗」を残す「西南人士」と異なり、「東北人」は「維新後に至り帯刀を解くと同時に忽ち皆な能く平民と混和する」ことができた。確かに一般論としては、「党争に淡泊」な「東北人」は「士気不振人心軽佻の謗」りを免れるのは難しいであろう。しかし陸は、「西南人士」と比べた時、党派に別れての争いが苦手で他派と簡単に協調し融和することのできる「東北人」が、むしろ「立憲良民」としての美質を備えているのだという。(24) そして、「戦国武士の眼」「武士風の其の藩に固有なるもの」を重んじて「薩摩」や「長州」といった旧藩への所属意識を決して忘却することのない態度は、「殺伐の俗」に過ぎないとして批判され、克服してゆくべきものとされたのである。

前節で掲出した資料において、陸が「津軽」や「南部」といった旧藩がその固有性を消失して「日本の東北」、すなわち「大日本国の一部」として再製されつつあるのを歓迎していたことを確認した。それと同様、

「薩摩」「長州」「土佐」「肥前」もその固有性を消失して、「日本の西南」となるべきなのである。したがって、その地域に暮らす人々も「薩摩人」「長州人」「土佐人」「肥前人」ではなく「日本の西南人」としての自覚をもたねばならないのであった。

このような陸の目論みにしたがえば、「津軽」と「南部」との対立はその止揚を経て「東北」に、さらには、「奥羽」と「薩長」との間の葛藤も克服されて「東北」と「西南」という対等の関係に再編成され、それらは皆、最終的には「日本」に統合されてゆくことになるだろう。この論理的展開から考えるに、結局のところ陸は、「東北人」に限らない「西南人」についても、「津軽人」や「奥羽人」としての自意識を超越して「日本人」としての自己を確立した自分と同じくあるべきこと、〝旧藩の超越〟を果たして「国民主義」を抱懐することを要請していたのである。

そして、以下確認してゆくように、このような陸の地方概念の再編論は、彼の政党論にも直接してゆくことになる。

2　「地方的団結＝真正の政党」の希求

それでは彼は、「東北」や「西南」といった新出の言葉に表象された地方一般のあり方について、一体どのように考えていたのだろうか。まずは、明治二一年八月四日の『東京電報』社説「地方的団結の勢力」をみよう。

輿論の勢力をして一国政権の上に及ばしめんと欲せば、先づ人民の集合体を完全に組織せざるべからず。

何となれば知覚剛明にして、運動活溌なる人民の集合体は、実に強大健全なる輿論の母なればなり。……従来の輿論なるものは、多くは社会の上層に浮べる流動の輿論にして、其深く下層に沈める人民の固形体の輿論に遠かりしと謂はざるべからず。蓋し此の社会の下層に沈める人民の輿論を発揮し、之れ〔を〕して一国政治の原動力とならしむべきの機関は地方的団結にして、則ち地方的団結は各々其地方人民の意見を代表し、更らに他の地方の同志一味なる地方的団結と相連合し相団結して、遂に全国の大団結となるを得ば、是れ即ち吾輩が所謂完全たる集合体を形成するの時期決して遠きに非ざるべし。完全なる集合体とは何ぞや、真正の政党是れなり。(25)

これは、前節に掲げた『東京電報』社説「東北人士の振興、後藤伯」において「東北」の創出を試みた陸羯南が、地方一般について言及しているものである。

まず指摘したいのは、陸の地方論が前時代の伝統に由来する階層的断絶に対する批判から出発していることである。「従来の輿論なるものは、多くは社会の上層に浮べる流動の輿論」だったとされているように、「従来の輿論なるもの」は武士層、しかも家格の高い上士階層の政治的意向に限られていた。このような伝統は速やかに解消され、より広範囲の社会構成員、すなわち「社会の下層に沈める人民」が政治に参加し、その意見を「一国政治の原動力」として反映させなければならない。そうなるための政治的実力が要請されているのがわかるだろう。「社会の下層に沈める人民」とはむろん、前代の上士をのぞいた下士以下農工商ら庶民のことである。こうした議論の前提にあったのは、福沢諭吉らによって唱えられた明治啓蒙主義由来の認識といってよい。本書においてたびたび指摘してきたように、これは、原敬や司法省法学校「放廃社」

の面々など、この時すでに〝士族の超越〟を達成していた「明治の青年」たちに広く共有された認識である。陸が士族の属籍を放棄した明治一二年（一八七九）からは九年、そして、原の平民としての分家独立がなされた明治八年（一八七五）からは一三年が経過しており、この時点で士族の社会的身分は実態的な意味を急激に失いつつあった。そのような時代の共通認識に基づいて、陸は、階層的断絶の取り払われた人民を等しく「国民」と規定し、あえて旧来の階層間差別に言及しないことによって「日本人」を水平化し、統合するという日本ナショナリズムの作為を主導してゆくのである。

　一方、明治二〇年前後の時代状況に鑑みて、ここでいわれている「従来の輿論なるもの」についてはもう一つ別の解釈ができそうである。それは、陸が「地方的団結」の必要について強く論じていることからもうかがえるように、これから実現されるであろう「地方的団結」に現在相対している中央政府権力＝藩閥勢力の政治的意向のことである。「従来の輿論なるものは、多くは社会の上層に浮べる流動の輿論にして、其深く下層に沈める人民の固形体の輿論に遠かりしと謂はざるべからず」。これは、現行の藩閥政治のために先鋭化している地域的断絶に対する批判でもあった。「薩長」という戊辰の勝者によって「下層に沈め」られてしまった地方人民の意見こそ汲みあげられなければならず、そのための政治的実力として、現在の中央政府によって疎外されている「地方的団結」が要請されたのだ。

　このように、陸のいう「下層に沈める人民」とは、タイムスパンを長くとって歴史的課題に対応した議論とみれば、かつて上士によって疎外された下士以下農工商ら庶民のことであり、明治二一年現在の時事的課題に即応した提言とみれば、中央藩閥勢力によって疎外されている地方の人民のことでもあるという、二つの意味を読みとることができる。そして、この両者をあわせた「地方に暮らす、従来下士以下農工商であった人民」たちこそ、明治以後の新たな政治主体である「国民」として、現在「社会の上層」にある人々と完全に統合される必要があった。

前時代から引き続いた階層的断絶と地域的断絶の二つの異なるレベルにおける断絶を解消するものとして、陸は「地方的団結」の必要を説く。こうして、ある一つの「地方人民の意見」を「代表」したものは、「更らに他の地方の同志一味なる地方的団結と相連合し相団結」することが期待されたのであり、それは「遂に全国の大団結」として「完全たる集合体」「真正の政党」を形成してゆくことになる。

以上確認してきたように、陸のいう「地方的団結」は明治二一年時点では未だ現実のものとなってはいない、新しい性格が付与された概念だった。この論理は、陸羯南が主唱した「国民主義」にとってまさに屋台骨とよべるものとなる。「国民主義」は、さまざまな階層と地方の意見を汲み、政治に反映させるための政治的実力として「地方的団結＝真正の政党」が実現するべきことを要求したのである。

四　草創期「国民主義」の政党論——言論を根拠とした「理」的結合の要請

さて、全国各地に成立することになるさまざまな「地方的団結」は、その後、さらに集合して「全国の大団結」を実現し、「完全なる集合体」「真正の政党」を構成してゆかねばならなかった。それぞれの地方はいずれ「日本」という全体に収斂すべきものとされたが、ではそのような「地方的団結＝真正の政党」は、どうすれば達成できるのであろうか。『東京電報』発刊の翌明治二二年（一八八九）一月一五日、大日本帝国憲法の発布を間近に控えた時点で、陸は「英の保守改進両党に於けるが如く、米の合衆共和二派に於けるが如く、大団体を形成して至大なる国民的勢力を養成するより急なるは無かる可し[26]」と述べ、英米の二大政党に仮託して、地方的勢力が全国的政党として結合してゆくべきことを論じた。

「津軽」や「南部」、そして「長州」や「薩摩」などの旧藩は、前時代からの歴史的伝統に依存した原初的・自然発生的な連帯の根拠とみなされ、自藩以外の旧藩に対する対外特立的な側面が強い。旧藩は旧国とも近しい概念であり、それぞれの藩国家は他の藩国家に対する独立性を主張していた。本書第一部第一章や第三部第一章でも、齋藤璉や外崎覚を実例として、対外特立的な「津軽」の歴史的伝統を言挙げする「津軽人」たちの感情を把捉してきた。さらに、上級武士と下級武士との身分差、そして武士とそれ以外の農工商との身分差が内在しており、それは福沢諭吉がいっていたように、かつてはほとんど「天然の定則[27]」と認識されていた。

だが、これに対する「東北」は、明治二一〜二二年当時において何らの伝統も有しておらず、「明治の青年」たちの作為によって、まさにこれから成立してゆく新時代的な連帯となる。しかもその名称からうかがえる通り、「日本」の「東北」に位置する一地方であるに過ぎず、対外特立的側面もない。新時代の地域概念である「東北」は、旧時代の地域概念である旧藩に対しての本質的な意味における対抗概念だった。そのため「東北」の団結は、陸によって「薩長藩閥」にかわる新たな政治主体として期待されたわけである。繰り返しになるが、これは陸が、あくまでも国家にとっての地方という側面を重んじていたことを示すものだろう。彼が「奥羽」という語と区別して「東北」という語を用いるのはこのためであった。

だがそれだからこそ、将来の「東北」は「薩長藩閥」を駆逐した後に〝第二の藩閥〟と化してしまってはならなかった。陸のいう「東北人」は「日本の東北に暮らす平民」という内意を多分に含み、従来の地域的断絶と階層的断絶の双方を超克した人々のことをいう。この論理から推して、決して「東北人」としての対外的特立を主張したものではなかった。「東北」を論じるにあたって、陸はあくまでも「日本」全体を射程におさめており、その上で、あるべき地方一般についての議論を提起したのである。

明治二一年（一八八八）時点において、陸は、自分のいう「地方的団結」について、「藩閥」との違いから以下のように説明した。

近来地方的政治運動の漸く盛んなるや、世人或は、之れを見て藩閥の余弊又発すと嘆ずるものなしとせず。或は、之れを以て政治上の一大凶兆なりと恐るゝものあり。甚しきに至りては、之れが為めに国事上の警戒をなすものあり。是れ蓋し地方的団結と藩閥的勢力との間には、大なる経界の存することを忘却したるの過ちなり。試みに両者を把りて一々之れを比較せよ。藩閥主義は腕力を根拠とすれども、地方的運動は言論を以て根拠となす。藩閥主義は虚名の為めに結合すれども、地方的運動は実益の為めに団結す。藩閥主義は一二の人の力に依頼すれども、地方的運動は天下を公にするの目的を有す。藩閥の結合は旧士族より組織すれども、地方的運動は実業者より成立す。藩閥主義は其争ふ所常に政権の上に在れども、地方的運動は其競ふ所独り政権の上のみならず、又農工商業の上に在り。之を要するに、両者の相反する所は、一は武断世界の惰力にして、一は文明社会の元気たるに在り。(28)

「薩摩」や「長州」などの「藩閥」も地方領域であり、「ある種の地方的な団結」であることにかわりはない。しかしこれはあくまで、陸の主張する「地方的団結」とは区別される「藩閥的勢力」だった。「腕力を根拠」とする「藩閥的勢力」に対して、「言論を以て根拠」とするのが「地方的団結」である。ここに、戦いの勝者は勝者であるがゆえに権力を握るのが当然であり、それに不満があるのなら新たな戦いを起こしてそれに勝たねばならないという、いわゆる「武断社会」「武備社会」[29]の論理はまったく通じるものではないとされる。「地方的運動は実業者より成立」するのであり、「其競ふ所独り政権の上のみならず、又農工商業の上に在」る。この新しい「地方的運動」こそ、来たる「文明社会」を体現する政治主体であるべきだった。「藩閥的勢力」への対抗運動であることが約束された「地方的団結」の母体は、決して旧藩的なものであってはならなかった。陸羯南が自然発生的な旧藩を嫌い、それにかわるものとして「言論を以て根拠」とした理性的結合を重要視していたことがあらためて理解されよう。

ところで、この時点ではすでに、自由党や改進党、帝政党などの政党が成立していたはずである。しかし、陸はこれらの既存政党に対して、いたって冷ややかな観察をしていた。「我輩は彼数年前に起りたる某々党すら彼れ自ら政党とは称したるに拘らず一も完全なる政党とは認めず、只々之を政党の稚児と見做さんと欲するのみ[30]」とされたように、陸は既存の政党を一蹴する。前章で掲出したように、『東京電報』明治二一年八月一八日号雑報記事でも、青森県津軽地方の既存政党を実例に、「一種の利己党にして常に官辺の鼻息を窺ふ」ものでしかなく、地方政党一般についても「此類の党派は内実神変不可思議の活動を有する[31]」ものでしかないと、きわめて厳しい評価がなされていた。彼のいう「真正の政党」の成立は、あくまでもこれから達成しなければならない課題だった。実現されるべき「真正の政党」の本質は「言論を以て根拠」とした理性的結合にあるのであり、陸がみたところ、既存の政党はその本質をまったく有していなかった。

本節を結ぶにあたって、最後に、『東京電報』明治二一年九月二六日号の社説をみておきたい。

人生は理を以て処すべきものあり、情に由つて行ふべきものあり。理と情とは相離る可らざるものなれども、其間自ら主たる所なかる可らず。苟も然らざる時は社会の事皆其宜きを失ひ、粉々錯々収拾す可らざるに至るべし。凡そ人事の交渉に二種あり。一を政治的交渉と云ひ一を家族及社交的交渉と云ふ。政治なるものは各人理を行ふの場所なり。故に其交渉は理の制裁を主とせざる可らず。之に反して家族及社交なるものは情誼の串連する所なれば、其の交渉は情を主とせざる可らず。……我国を観るに、維新以後、家族的生活の要素を政治的生活の要素と分離し、民権自由の論起り、亦一意奉上の風を改めたり。政府の某部分に於ては、依然として家族的生活の要素を以て政治上に混入し、政府の大権も時ありて情実の纏ふ所となり、旧同藩或は旧門下生を庇保するが如き事体の行はるゝことなきに非ずと雖ども、之れが局外者たるものは皆政治的生活は人生の理性に基づくものなるを知り、道理を以て従来の情実を滅却せんことを務め、政治的問題は一々道理を以て之が制裁となすに至れり。是れ実に政治上の一進歩にして吾輩の最も熱心に主張する所なり。(32)

これは陸羯南が「理」と「情」という二項対立的な概念を用いた最初の論説である。ここでは、「政治的生活」は「理」によって、一方の「家族的生活」は「情」によって営まれるべきことがいわれている。陸は「情」を完全に否定せず、むしろ親子兄弟関係などの「家族的生活」は「情に由つて行ふべきもの」とする。だが、陸の主張の骨子は、「政治的生活」における「理」の重視と優位である。「情」的連帯は「家族的生活」では認められても、「政治的生活」であらわれてはならなかった。封建政治にかわる国民政治は「理性」に基づくべきであり、「情実」によって「旧同藩或は旧門下生を庇保するが如き事体」を回避しなければならない。「地方的団結＝真正の政党」も、「言論を以て根拠」を定めた「理」的連帯たるべきであった。

五　競争原理の否定――「党利心」批判を中心に

「理」と「情」に象徴される二項対立的な言辞を用い、対句を多用する漢学の論理形式に依拠して読者の説得にあたる――「西南」に「東北」を対置して「立憲良民」のあるべき姿を例示する、「藩閥的勢力」に「地方的運動」を対置して「真正の政党」のあるべき姿について提言する、「家族的生活」に「政治的生活」を対置して「真正の政党」がいかなる原理において結集すべきなのかを説明する――本章でみてきた論説にも顕著なように、漢学に由来する対句の論理形式は、陸羯南の政論において重要な特徴の一つである。かつて遠山茂樹が、「氷と火、絶対善と絶対悪、そうした極端と極端を比較することを排して、それぞれの中間をとりあげるという発想」が「国民主義」の根底にあると指摘した(33)ように、二項対立的な概念の融和と調和は陸羯南の思想に一貫していた。そしてこの点は、本書第二部第一章第三節で論じた通り、福沢諭吉や原敬に代表される明治の知識人に共通のものでもあった。

さて、福沢諭吉や原敬は、まさにこの対句の論理形式からの発想において、「改進主義（＝進歩主義）」と「保守主義」との間での「平穏」な競争が実現しているイギリス式の二大政党制と議院内閣制の美点を理解したのだった。そして将来的には、日本においてもこの政治体制が導入されなければならないことを確信していた。二つの主義が機会均等の場において競争すれば、どちらかの全勝全敗に終わることはなく、互いに一勝一敗を繰り返すはずである。この理論の信奉者であった原敬が「二党の交迭は、之を外より推測すれば は、徒らに党論に熱心にして愛国の至情に切ならさるものに似たりと雖も、殊に知らす、愛国の至情此より切なるものあらさるなり[34]」と述べていたように、競争原理のもとにある二つの政党は、反対党への同情や応援などを考える必要はなく、自党の勢力拡大にのみ邁進していればよかった。自党本意の発想や行動は国家全体をまるで顧慮していないようであるが、二つの政党の双方が相手に打ち勝たんとして死力を尽くす限り、自党と他党との均衡は必然的に実現し、それが国家全体の漸進を導くのである。競争原理に対するこうした信頼は、福沢の文明論に触れた多くの明治人の共感を集め、やがては近代以後の日本思想の底流にある認識の一つとして定着してゆく。要するに、「党利心」を即「愛国の至情」として、無前提に肯定する態度である。

陸羯南も、明治二三年（一八九〇）において、「蓋し国家は尽く進歩主義を以て支配すべきにあらず、又尽く保守主義を以て支配すべきにあらず[35]」と述べており、やはり対句の論理形式から、「進歩主義」と「保守主義」の併存が不可欠であるとの意見を明らかにしていた。さらに彼は、同じ主題の文章で「蓋し宗教に党派あり、以て其宗を争ひ、学芸に党派あり、以て其の道を争ひ、政事に党派あり、以て其の義を争ふ。教党相争ひて、而して其の法愈精し。学党相争ひて、而して其の旨愈闡かなり。政党相争ひて、而して其の理愈通ず。人智の開け世運の進むは、固より党派の争ひに因るものなしと云ふべからざるなり[36]」とも論じ、政党に限らない諸々の党派が互いに切磋琢磨することによって人間社会が進歩していくということを理解してもいた。

だが、陸はこの部分にすぐ、「然りと雖、其の争ふの目的にして、公明ならざるときは、恰暗中に乱戦を為すが如く、局外者をして、頗奇異の感を抱かしむること往々皆然り[37]」と続け、結局、党派間の競争のみならず、それが依拠する競争原理そのものについて、きわめて否定的に論じるようになる。

では、そのような陸の立論を以下順次確認してゆこう。まずは、陸羯南の政論としてはもっとも初期のものの一つに位置づけられる『東京電報』明治二一年（一八八八）九月三〇日号社説「政党の争を行政部に混入すべからず」からである。

政党の漸くに発達せんとする今日に当り、政党に伴ふ弊害の生ずるは、勢の免れざる所なるべし。欧米各国の経験に拠れば、政党なる者は頗る弊害の多きものにして、殊に尤もなるものは自党あるを知りて他あるを知らざること是なり。……而して今日各地方に碁布蜂起せる政党に伴へる顕著なる弊害は、政党の争を行政部内に混入せんとするの傾向是なり。或る地方に於ては、郡長が党派の為めに官権を濫用して、県会議員の撰挙に私したりと云ひ、或る地方の郡長は、郡役所の書記小使に至るまで必ず党員を用ゆると云ひ、甚しきは戸長役場までが政党の競争場となりたる地方ありと云ふ報道は、吾輩の耳朶に達する、独り一二のみに非ず。……原動あれば反動あり。既に勝を郡役所に制したるの郡長派あれば、敗を取りたるの反対党なかるべからず。而して勝を制したる党派の勢力盛んにして、反対党を圧すること愈甚しきに至れば、反対党が激して人民を煽動して勝者を攻撃するが如き奇変なしと謂ふべからず。政党の争を行政部に混入するの禍豈に大ならずや。(38)

以上の論旨に明らかなように、陸は、「欧米各国の経験」を反省して「政党なる者は頗る弊害の多きもの」との認識をもっていた。政党が「自党あるを知りて他あるを知らざる」せいで、「原動あれば反動あり」という状況が必然化する。「勝を制したる党派の勢力」が盛んになって反対党を圧倒してしまうと、今度はその「反対党が激して人民を煽動して勝者を攻撃する」ことになる。陸は、そのような事態を「奇変」と捉えたのである。だが、陸が「奇変」とした「勝を制したる党派」と「反対党」との争いこそ、本書第二部第一章でみたように、明治一二〜一三年（一八七九〜一八八〇）時点の福沢と原が積極的な評価を与えたイギリス流の二大政党制における最大の旨味に他ならない。

さらに陸は、この社説論文のタイトルにもあらわれているように、「政党の争を行政部に混入すべからず」との意見を表明していた。もともとこの論説は、明治二一年時点で表面化しつつあった県議会と郡役所・戸長役場との癒着を批判したものである。「戸長役場を以て新陳更代する英国の内閣に比するものにして、其愚は一笑に付すべし[39]」との付言から判明するように、陸のこの認識は、イギリス流の議院内閣制をそのまま日本に応用することに対する否定的評価からもたらされている。したがってこの点も、原敬が受け継いでいた福沢諭吉の政体構想への反対表明といってよい[40]。

政党同士の競争を批判する陸の主張は、翌明治二二年（一八八九）になって『東京電報』を改題し、新たに新聞『日本』を創刊してから後も基本的に変化しなかった。続いて、明治二二年六月時点で書かれた『日本』社説「政党の弊、国益と党利」を読んでいこう。

世の政党を組織する者、動もすれば輙ち曰く、英国は立憲政体の淵源なり、而して英国は政党の争最も多し、故に立憲政体を立てんと欲せば先づ政党を組織せざるべからずと。是に於て政党組織は憲法制定と共に政治社会の一大工事と為り、稍々臭味を同くするものは相合して主義綱領を作り、之を旗幟に掲げて以て党員を嘯集す。党員漸く集り首領始めて定まるや、乃ち党勢を張りて永く失墜せざらんことを

勉め、遂に党利心なるものを生ずるに至る。(41)

「英国は立憲政体の淵源」であり、「英国は政党の争最も多し」としつつ、「立憲政体を立てんと欲せば先づ政党を組織せざるべからず」との結論をくだす「世の政党を組織する者」のことを、陸は厳しく批判する。なぜならば、イギリスを範として組織された「政党」は「党勢を張りて永く失墜せざらんことを勉め」るためにに、ついに「党利心」を生み出すことになるからである。ではその「党利心」はいかなる弊害をよぶことになるのであろうか。

自党に関係ある事は則ち国民の利益を害するものも尚ほ之を保庇し、国家の体面を損するものも亦た之を回護す。若夫れ他党に関係ある事は則ち善悪是非皆な其の攻撃する所ならざるは莫し。同じく不公平の処置なり。而して他党之を行へば痛く之を非難し、自党之を行へば却て之を賛成す。同じく国権を損するの政略なり。而して自党之を行へば黙して論ぜず、他党之を行へば攻撃に口を極む。党利心の弊是に至る。吾輩は国家前途の為に深く之を悲しむなり。(42)

自党本位に基づけば、自党に関係のあることならばたとえ国民全体の利益にかなわなくてもそのすべてを保護し、他方、他党に関係のあることについては善悪の見境なくそのすべてを攻撃し、「不公平の処置」をなすようになる。「国家の体面」や「国民の利益」を顧慮しないからこそ、「党利心」は「国家前途」にとって弊害なのである。そして陸は、「吾輩は政党なるものを以て国民分裂の源と為さゞるを得ず。吾輩は政党なる者の我が日本に発達せざらんことを切望せざるを得ず」[43]といい切るまでに至る。これは、「日本国民」という全体の「分裂の源」となる党派的行動そのものの究極的な否定に他ならない。

社説「政党の弊、国益と党利」を結ぶにあたって、陸はどのような結論を提示したのか。

縦令ひ生平縁故あるの人なるも、若し其の所為又は意見にして国民一般の利益面目を傷くるものあらば、吾輩敢て攻撃することを憚らず。仮令ひ生平相合はざるの人なるも、其の所為又は意見にして国民全体の幸福に資するものあらば、断じて之に頌賛を呈することを吝まざるなり。要するに吾輩は党派の為に存在するにあらずして日本国民の為に存在するものたらんことを欲す。一政党の忠臣たらずして日本国の良民たらんことを欲するのみ。[44]

たとえ今まで同じ党派に属していた人間でも、その意見や行動が「国民一般の利益」にならない時は、その相手を批判しなければならず、その逆に、今まで違う党派に属していた人間でも、その意見や行動が「国民全体の幸福」につながる時は、その相手を称賛することをためらわない。[45] 陸本人は、「党派の為に存在」する「一政党の忠臣」ではなく、「日本国民の為に存在」する「日本国の良民」としてありたいとの意志を表明した。[46] その論理的展開は、本章第三節で捉えた「東北」と「西南」という地方概念再編論とも符合している。陸は、「東北人」に限らない「西南人」についても、「津軽人」や「奥羽人」としての自意識を超越して「日本人」としての自己意識を確立した自分と同じくあるべきこと、つまり〝旧藩の超越〟を果たすべきことを要請していた。「情実」に依存する藩閥勢力や政党組織の拘束を離れ、「理性」と「言論」を奉じて共同体の運営に参加する独立個人こそ、陸の「国民主義」が理想とした「国民」である。

とはいうものの、これは立憲政治において存在が自明とされつつあった政党そのものの否定ではなかった。先行研究がしばしば指摘してきたように、この頃の陸は、「吾輩は固より政党内閣を以て完全無瑕の政道なりと信ずるのみには非ざれども、第十九世紀の政治に注目すべきは国民が有機的の結合をなして政治の原動力となるの一事なり。而して此原動力を巧みに運用して政治の活動をなさしむるは、政事家をして政党を基礎とするの習慣を養成せざるべからず[47]」と論じており、「政事家」が「政党」を組織することを肯定するのみならず、長期的展望において藩閥内閣から政党内閣へと移行すべきことを認めていた[48]。そもそも陸は、「真正の政党」あるいは「完全なる政党」の実現を望んでいたのである。

ただ彼は、「其党派の競争上若くは其拡張上、公明正大なる手段を用ゐず」、「他事を以て反対党の羽翼を芟り、其れをして運動すること能はざらしめんと試み」、「国家公共の物を以て自党に与みする者のみに利益し、以て其勢力を盛大ならしめんとする」ような、他党の存在や国家全体の利益を顧みない自党本位について、「是れ即ち国家の最も弊害有る一の私党にして、目するに真正の政党を以てする能はず」と批難したのである[49]。「言論」に依拠した「理性」的結合体である「地域的団結＝真正の政党」の結成、そして、この「真正の政党」の運営を任せるに足る「国民」の発生を望むがゆえに、「情実」に依拠した「党利心」は徹底的に批判されなければならなかった。

つまり、陸の「国民主義」では、利己心や自党本位をむきだしにした党派が互いに競争すれば、最終的には両者の「平均」が実現するはずだという、競争原理を基礎とした文明論、原敬が継承した福沢諭吉の政治構想への信頼が完全に失われている。対立する二つの運動の「平均」、あるいは「中正の道」は、「国民」の一人ひとりが、その「理性」と「言論」を活用して実現しなければならなかった。

六　おわりに

ここまで、明治二二年（一八八九）七月以前、対外硬運動への本格的参入以前の陸羯南による地方論及び政党論を考察してきた。本章の考察で捉えたのは、草創期の日本ナショナリズムが意識せざるをえなかった「日本」と「日本人」の非自明性であり、その現状を踏まえて提起された、国内他者同士の協調と融和、共存を促すための論理である。

人間の帰属意識の問題として陸が「東北」を説く場合、その内側にある「津軽」や「南部」という地域観念は捨象されなければならないものだった。そして「日本」を説く際には、やはりその内側にある「奥羽」「九州」「四国」「中国」という地域観念も解消され、「日本の東北」あるいは「日本の西南」として再製されねばならないことになる。ここに、例えば、戦国期以来の「津軽」と「南部」との対立感情や、戊辰における「奥羽」と「薩長」との戦争、さらには上級武士と下級武士以下農工商との間にあった階層間差別など、さまざまな人間集団が互いに反目しあってきた歴史を意識的・作為的に忘却してみせるという、ナショナリズムに特徴的な手法が確認できる。

そして、地域的にも階層的にも分裂状態にあった各々の人間集団を有機的に結びつけて、「日本」という全体領域を確定させるための主体として陸が期待したものこそ、「地域的団結＝真正の政党」だった。陸は、この「真正の政党」の組織が「言論」と「理性」に依拠すべきことを説く。旧態依然とした「情実」による自然発生的な結託を排して、新たに「言論」と「理性」で交際するのであるから、その組織もそれをとり扱う精神も、すべて一から構築していかねばならない。

その展望を踏まえて、陸は、政党などの組織に依存した人間の自然な感情の発露、自党本位の利己心について、「党利心」と名指して徹底的に批判したのであった。「党利心」よって自党に関係のあることはすべて保護する一方、他党に関係のあることは善悪の見境もなくすべて攻撃するという事態は、国家や国民全体にとって害悪に他ならない。自党の意見のみならず他党の意見にも耳を傾け、もし国家や国民全体の利益にかなう意見が出されたのならば、自党他党の別に関係なく、その意見には賛成すべきなのである。

以上にまとめたような政治構想を明らかにしていた陸羯南の立ち位置について、次のページに掲げる図によって、原敬との比較から理解してみたい。

第二部第一章でみたように、福沢諭吉の政体構想を受け継いだ明治一五年（一八八二）の原敬は、極端な「改進主義」に一元化しつつあった「民」の反対者となって、「保守主義」を掲げた「官」の勢力にあえて加わるという「天邪鬼」的な戦略行動をとっていた（【図D】）。対句的思考様式では、二つの対立項がともに相対化され、その中間が「中正の道」「中道」として積極的に評価されるはずである。しかし原は、競争原理に依拠した文明論の正義を確信し、対立する二つの陣営を調停するような「中道」志向を形而上の理想・理念へと後景化させていた。自党と他党の力の均衡は、他党の主義主張への共感同情などではなく、あくまでも自党への執着によって必然的に導かれる。「政事家」となってからの原敬個人が遵守すべきは、常に他派・他党の打倒を試みる自派・自党本位であった。

　これに対して明治二一年（一八八八）の陸羯南の場合は、そもそも全体である「日本」の内部において党派の特立を認めない立場にあったといえる（【図E】）。むろん、現実には「進歩主義」対「保守主義」など、内部における意見の対立はあるだろう。だが、個人は常に「日本」全体の体面や利益を考えて政治参加すべきである。政治に参加する個人としての「政事家」は、ある局面においては「進歩主義」を採用しても、別の機会では反対の「保守主義」を主張してかまわない。政党参加についても、ある時ある議題に関しては「改進党」の一員として意見を述べたとしても、別の時また別の論点についてならば今度は「保守党」に所

【図D】政治家原敬の立ち位置

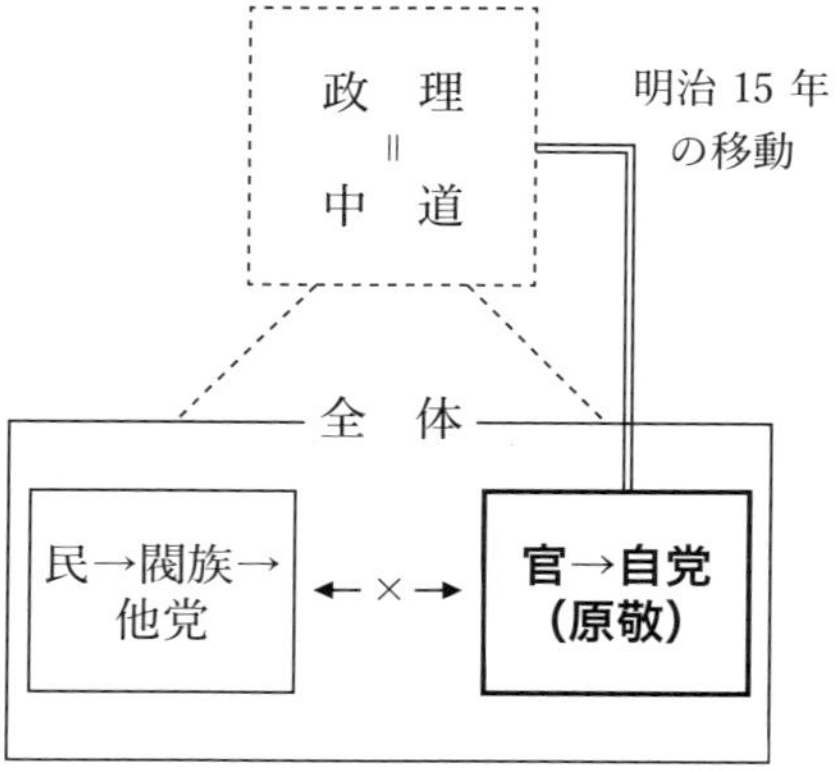

【図E】国民主義者陸羯南の立ち位置

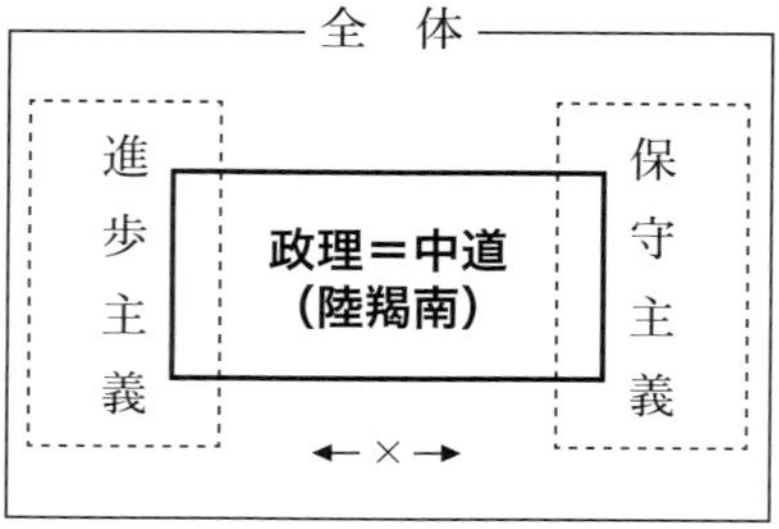

※点線＝抽象的理論世界
　実線＝具体的政治世界
　大枠＝国家全体、小枠＝部分たる党派

属して活動してもよい。そのような主体的判断をくだす「政事家」個人の内部にこそ、「政理」としての「中道」が確保されていなければならないということである。

そして、そのような主体的判断ができる個人こそ、あるべき「国民」であった。かくして、福沢や原によって一度は形而上の理想・理念へと後退させられた対句的二項対立的思考様式由来の「中道」は、政治に参加せんとする「国民」の一人ひとりが体現すべき徳目として、陸の「国民主義」における復活を果たしているのである。

こうしてみると、陸の「国民主義」の論理は、その誕生期において、対外的集団エゴイズムの発露というナショナリズムの否定的側面からは捉えきれず、歴史的文脈を踏まえれば、むしろその正反対の要求をなしていたことが明らかになる。「日本」という国家への帰属意識、あるいは「私は日本人である」という自己意識についても、理性的な手段によってはじめて獲得されるものであって、個人個人が生まれた瞬間に保持している自然の感情であるとは、決してみなされていなかった。

このような思想を根本で支えたのは、陸羯南という思想家個人の特殊的体験とそれを受けとめた彼独自の感性であった。陸が要求した〝旧藩の超越〟は、明治二一年時点において決して容易なものではなく、「情実」を克服した上で「理性」と「言論」に依拠して他者同士が団結する事態も、当時必ずしも一般にみられたものではなかった。だが、地縁や伝統に発した旧藩的共同体原理からの独立は、司法省法学校「放廃社」に拠ることで己の進路を切り開くことに成功した明治一〇年代の青年陸実本人が、すでに劇的なかたちで実行していたものに他ならない。そして、彼によって理想とされた個人の政党参加というのも、まさに明治一〇年代の陸実本人が、「放廃社」という党派に参加した時に体現していたものである。

明治初年の既存秩序に順応できず、社会的状況と対決した「明治の青年」たちの拠点として、彼ら一人ひとりが己の思想を形成するための〝家〟として、「放廃社」は重要な役割を果たした。この〝家〟の長兄役を務めた原敬の存在は実に偉大であった。これに対した次弟の陸羯南は、この「家族的社会」の「情実」に溺れることなく、「理性」に基づいて、長兄が信奉した日本国民観の対抗概念を構想し、確立するに至った。これこそ陸における「精神の独立」の本領発揮だったといえよう。

かくして、「文明の精神＝独立の気力」を具現した個人を輩出するという歴史的使命を担った「放廃社」は、その使命を終えた明治一一年より後においては、もはや一つの「学閥」として存続すべき理由がなく、速やかに解体してゆかなければならなかった。すなわち司法省法学校「放廃社」こそ、陸が想定していた「真正の政党」「完全なる政党」の標本である。

ここに、「明治の青年」の「知覚」「言論」「理性」に対して、それなりの理由をもって楽観的でいられた而立当時の陸羯南の姿を確認することができるだろう。

（1）「明治の青年」の用語は、徳富蘇峰の「天保の老人、明治の青年」『新日本之青年』明治二〇年による。現状打破と自己実現を目指す強烈な意志が前面に出された、若きナショナリストたちの自称といえるだろう。明治二〇年初頭における「青年」という言葉の定着の背景には、若者たちにおける「非政治的主体」の確立があったとされる（前掲木村『〈青年〉の誕生』）。社会文化史的手法に基づく木村の分析は鋭く、大変刺激的なものである。しかし、明治二〇年代初頭の若者のすべてをそのように一般化することはできない。序論の註（2）でも述べたが、本章に登場する「明治の青年」たちは、木村のいう〈青年〉とは性格を異にしており、「壮士」による暴力的な政治行動に対する嫌悪感は共有しながらも、「壮士」的実践とは異なる様式で濃厚な政治意識を有し、国家への能動的参加を望む「政治的主体」である。

（2）「真正の政党」は「地方的団結の勢力」『東京電報』明治二一年八月四日号社説『陸全集〈一〉』四六五頁、「完全なる政党」は「後藤伯出発、国民的運動の大勢」『東京電報』同一二月七日号社説『陸全集〈一〉』六一七頁における陸自身の用語。このような「政党」論を掲げる陸の旧友に、後の政党政治家である原敬が存在していることになる。

（3）本章での考察に関連する先行研究としては、特に前掲山田『明治政党論史』第三章、前掲本田『国民・自由・憲政』第一部第二章が重要であり、本書はこの両書から数多くの示唆を得ているということを記しておきたい。これら先行論では、ヨハン・カスパル・ブルンチュリ［Johann Caspar Bluntschli, 1808-1881］の政党論が、陸の政党論の形成に大きく影響した、ということが詳細に検討されている。これに対して、本書はここまで、西洋思想を受容するに先立ち、陸がいかなる体験をし、そこでいかなる実感を得ていたのかを追認するところに関心を集中させた。陸はそうした体験と実感を前提に、彼なりの必要からブルンチュリの理論に学んだのであり、無前提にそれに接したわけではない。

（4）前註にあげた、山田央子・本田逸夫をはじめとする法政治思想研究者の基本的な研究目的は、新聞『日本』主筆として活動した陸羯南が時局の推移とともに生み出した「立憲政治論」や「対外論」は、いかなる性格のものであったかを解析しようというもの、また、それぞれの論理がどのような位置関係にあるかを説明しようというものである。これに対して、本書の関心は、時局の推移とともに独自の「立憲政治論」や「対外論」をやがて生み出してゆくことになる陸羯南は、そもそもどういう発想から彼が主張する「国民主義」を確立したのかを明らかにしたいという点にあった。本書のここまでの分析で、原敬や陸羯南といった若き思想者の実体験や行動に着目してきたのは、彼らが生み出した論理の前提条件を理解することが必要不可欠との判断においてであった。そのような人物個々人に対する理解こそ、必ずしも論理には依拠しないナショナリズムを研究する際の視角として重要なものの一つと考えられる。そのため、本章では分析対象としての資料を明治二一〜二二年（一八八八〜一八八九）に成った陸羯南の論説文に限定して——ただし補助的に当該時期以後の文章を参照することもある——草創期「国民主義」の基本的性格を把捉する。この「草創期」とは、より具体的にいえば、明治二二年七月以後に本格化する陸羯南の対外硬運動へのコミット以前の時期を指す。本書においては、「国民主義」及びその「立憲政治論」や「対外論」の明治二二年以後における変遷過程については考察対象外であることを断っておく。

（5）前掲高松「陸羯南全集月報一〇」七頁。

（6）前掲本田『国民・自由・憲政』八四頁。

（7）近年、「東北」という地域概念が近代において作為されたことに論及する社会文化史研究が相次いで発表されている。前掲河西『「東北」以外では、難波信雄「日本近代史における「東北」の成立」東北学院大学史学科編『歴史のなかの東北――日本の東北・アジアの東北』河出書房新社、一九九八年を参照のこと。両者は、あくまでも「東北」の成立を近代におくという立場をとっており、前近代における該地域との間に距離をみている。

（8）酒田正敏『近代日本における対外硬運動の研究』東京大学出版会、一九七八年。

（9）本文で資料としてあげるもの以外の社説には、例えば「分権及自治の制度」明治二一年四月二九日、「市町村制に関する地方人士の注意」同五月九日、「市都と町村の関係」同五月一一日、「地方自治体の監督」同五月一七日、「藩閥的団結、鹿児嶋郷友会」同六月二三日、「地方経済、府県会の通弊」同八月一五、一六日、「町村の財産」同八月一七日、「大団結の結果如何」同八月二八日、「地方人民及び地方官」同九月一八日、「大同団結をなさんと欲せば大同団結する所以を知らざるべからず」同一〇月六日など多数ある。陸はこれらの論説で地方行政についてさまざまに自説を開陳している。陸の地方行政論の具体的内容については、前掲本田『国民・自由・憲政』の第一章第四節を参照のこと。

（10）陸羯南「実業者の政治思想及び改題の主意」『東京電報』明治二一年四月九日号社説『陸全集〈一〉』三二二頁。

（11）『東京電報』は、杉浦重剛・高橋健三ら若手知識人たち（「専門学者」）と既存の『商業電報』紙に出資していた「実業家」たちの二つのグループが支援していた。『東京電報』社説が「専門学者及実業家」と相談しながら意見をまとめていったとすれば、彼〔陸羯南〕の執筆だとしても厳密な意味では彼個人の意見とはいい難い。むしろ、『東京電報』社説は決して単色ではなく、あくまで二つの出資グループと陸羯南という三者の相互関係のなかで生みだされたものと見るべきであり、その葛藤を探る方が、羯南の実際に迫ることができるはずである」（前掲有山『陸羯南』九八頁）。

（12）序論註（25）で指摘したように、陸羯南が「国民主義」＝「ナショナリチー」という言葉をはじめて用いたのは、『東京電報』明治二一年六月九日号社説「日本文明進歩の岐路（一）」においてであった。

（13）陸羯南「東北人士の振興、後藤伯」『東京電報』明治二一年七月二四日号社説『陸全集〈一〉』四四九頁。

（14）陸羯南「国民旨義及び東北人士」『時論』第二号、明治二一年一二月一〇日『陸全集〈九〉』五九七〜五九八頁。

（15）中央から青森県庁に派遣された官吏によって県民が「無神経」と評された一文をめぐって県下に騒動が起きた事件。前掲『東奥日報百年史』を参照。

（16）陸羯南「無神経の人民」『東京電報』明治二一年八月一八日号社説。ここに該当箇所を抜粋しておく。「吾輩は我国人の智徳は既に高等の位に達し、欧州文明各国に比して決して恥づる所なき者と為す能はずと雖も、亦我国人の多数は無神経なるものと為すことを得ず。況や無神経の人民を以て一県を組成せるものありとするが如きは、吾輩の夢寐にだも感ぜざる所なり。然るに東北の一県に於て、其の県治の情況を管督庁に報告するに当り、本県の如き稍々無神経の人民なれども之を喜ぶものゝ如しとの文字を列したるより、其県下の有志者は、大いに憤懣して県庁に出頭し、其の書記官に対面して、之を面詰したりとの報に接せり。……豈思はん、東北の一県に於て、其地方官は単に治者は被治者より賢なりとするのみならず、有神経を以て県下五十万の人民を持たんとは」『陸全集〈一〉』四八七〜四八八頁。

（17）「無神経事件」に関連した論説をのぞくと、かなり後の時代の典型例として、明治三五年（一九〇二）一月二三日の青森歩兵第五連隊の遭難事件についてのものがある。『日本』社説は同年二月二日の「軍隊凍死に就き」（『陸全集〈七〉』三六五頁）及び、同五日の「凍死者の余栄」（『陸全集〈七〉』三六九頁）。いたって客観に徹した論説文であり、この場面においても陸が青森を称揚する気配は微塵も感じられない。

（18）ナショナリズム一般については、対外独立主義、ややもすると排他主義こそが、その思想の本質とされる場合も多い。むろん陸羯南の政論においても、明治二二年（一八八九）以後の展開を考えれば「対外論」は重要な論点であり、その「対外論」と「立憲政治論」との相互関係の究明が問題となることも論をまたない。陸の対外論の展開、及びその内政論との関わりを論じた先行研究として、前掲朴『陸羯南』、及び前掲山辺「陸羯南の交際論と政治像（上・下）」などを参照のこと。しかし、陸羯南が主唱した「国民主義」に関しては、ここまで本書の全体を通じて論じてきたように、むしろ国内のさまざまな勢力の水平化の希求がその思想の本質であり、対外的な議論は時系列的にいっても第二義的なものとして登場したものと考えるべきである。この点については、最近の研究においても、陸は「反欧化主義的な意味合いだけを念頭に「国民」といっているわけではなかった」（前掲松田『陸羯南』五六頁）と言及されていることを参照されたい。

(19) 『日本』明治二五年三月三日～五日号社説として発表された「東北及西南（一～三）」という論説は、「東北」の反対に位置するそれまでの「九州」「四国」「中国」地方について特に「西南」という枠組みで論じる。明治二一年において真新しいものであった「東北」論との連続性がうかがえる内容となっている。
(20) 陸羯南「東北及西南（一）」『日本』明治二五年三月三日号社説『陸全集〈三〉』四一九頁。
(21) 同前。
(22) 陸羯南「東北及西南（二）」『日本』明治二五年三月四日号社説『陸全集〈三〉』四二一頁。
(23) 陸羯南「東北及西南（三）」『日本』明治二五年三月五日号社説『陸全集〈三〉』四二二頁。
(24) むろん、こうした「東北」と「西南」に対する陸の評価が果たしてどこまで現実を反映しているかについては異論が噴出するに違いない。そもそも、前章で追跡してきた通り、「津軽」の士族間の党争は激しいもので、彼自身それを目撃していたはずである。だが、ここではそれについては問題としない。本書は、東北地方や九州・四国・中国地方といった地方の実態を問題としているのではなく、「国民主義」を主唱した陸羯南がどういった理想を抱き、その「東北」観と「西南」観に仮託して何を論じていたのかという、彼の論理を問題としているからである。そしてこの論理にも、ナショナリズムに特徴的な「歴史の忘却」という側面を指摘できるだろう。
(25) 前掲「地方的団結の勢力」『陸全集〈一〉』四六五頁。
(26) 陸羯南「官民準備の最終年」『東京電報』明治二二年一月一五日号社説『陸全集〈一〉』六五八頁。
(27) 前掲福沢『旧藩情』『福全集〈七〉』二六六頁。
(28) 陸羯南「地方的運動と藩閥との関係」『東京電報』明治二一年六月六日号社説『陸全集〈一〉』三九〇頁。
(29) よく知られているように、「武備社会」の用語は、徳富蘇峰の「武備社会から生産社会へ」『新日本之青年』にもみられる。陸羯南の論説の端々にもこれと同じような意味内容があり、陸羯南・徳富蘇峰を代表者とする明治期の日本ナショナリズムにおいてもっとも重要な観点の一つといえる。
(30) 陸羯南「後藤伯出発、国民的運動の大勢」『東京電報』明治二一年一二月七日号社説『陸全集〈一〉』六一七頁。
(31) 前掲『東京電報』五八八号、二面。

(32) 陸羯南「家族的生活及び政治的生活」『東京電報』明治二一年九月二六日号社説『陸全集〈一〉』五三七～五三九頁。

(33) 遠山茂樹「福沢諭吉の啓蒙主義と陸羯南の歴史主義」野原四郎他編『近代日本における歴史学の発達』上巻、青木書店、一九七六年、一二二頁。

(34) 前掲原「治安策」『原文書〈四〉』七一頁。

(35) 陸羯南「党派の主義（下）」『文』第四巻第二号、明治二三年一月三一日『陸全集〈九〉』六一四頁。

(36) 陸羯南「党派の主義（上）」『文』第四巻第一号、明治二三年一月一五日『陸全集〈九〉』六一〇頁。

(37) 同前。

(38) 陸羯南「政党の争を行政部に混入すべからず」『東京電報』明治二一年九月三〇日号社説『陸全集〈一〉』五四四頁。

(39) 同前。

(40) やがて陸は、日本においては行政府と議会とは別個の勢力によって運営されるべきだと結論するに至る。やや時代はくだるが、以下は、イギリス流の政党政治を日本に導入すべきことを主張する「進歩主義者」に対する陸羯南の批判の要点である。「進歩主義者は此の国（英国）の政治を皮相的に見て直ちに議院政治又は党派政治と思ひ、之に倣ひて内閣をば議院の多数党に帰せしめんと欲するらし。然りと雖ども国の状況全く相ひ異なるのみならず、吾国の如く朝野の政事家等が二十年来人類を動物視して肉と棒とのみを政界の道具と為したる今日には、容易に行はるべくもあらざるなり。……吾輩は今日の如く動物的慾望のみを誘起力とする政界には、政府議院の一致を好まず、寧ろ双方少しく相反することを欲するなり」陸羯南「英国政治と進歩主義」『日本』明治二六年（一八九三）三月一三日号社説、後、単行本『原政及国際論』同年八月出版に所収『陸全集〈一〉』一三七頁。

(41) 陸羯南「政党の弊、国益と党利（一）」『日本』明治二二年六月二八日号社説『陸全集〈二〉』一五一頁。

(42) 同前。

(43) 同前。

(44) 陸羯南「政党の弊、国益と党利（二）」『日本』明治二二年六月三〇日号社説『陸全集〈二〉』一五三頁。

(45) この点に関連して、山田央子は、新聞『日本』明治二四年（一八九一）一月二一日号社説「武断党派」における陸羯南の用語「一離一合」に依拠しながら、「羯南にとって「議会」とは、議員一人一人の「独立自由の思想」を前提とし、彼らが「国民全体の利害」をそれぞれ独自に講究した結果を討論という形でぶつけあう場であり、……「政党」とは、そうした討論の過程で形成される「一離一合」の結果としてのみ存在するものであった」（前掲山田『明治政党論史』一六一頁）と評価している。

（46）以上にみた陸の立場は、これ以後しばらく繰り返し表明されることになる。「自党の所為たるを以て善悪共に之を褒庇するは諛言なり。他党の所為たるを以て善悪共に之を貶斥するは酷評なり。諛言と酷評とは皆な其の正を失ふものにして取るに足らざるなり。……諛言と酷評とは共に私心に出づるものにして、識者の甚だ取らざる所にあらずや。今の条約改正を論ずるものは各々此の流弊に陥落して自ら知らざるなり。吾輩は改進党に対しても大同団結派に対しても其の勝敗を懸念することは甚だ薄すきものなり。故に此の問題を利用して大同派の勢力を増さんと欲するにもあらず、改進党の勢力を殺がんと欲するにもあらず。去りとて又た改進党の盛大に赴くを祝するにもあらず、大同派の衰替に陥るを歓ぶにもあらず。此の点に付て何れにも甚だ淡泊なるものなり。蓋し吾輩は単に改進党の才力によりて日本帝国を維持せんと期するの念なく、又た単に大同派の運動によりて日本帝国を盛大にせんと欲するの志なし。吾輩の眼中には日本国民ありて、此の国民的精神の能く我が帝国を支持するものと信ずればなり。是の故に条約改正の問題に付ても只だ日本国民の前途を慮りて、其の賛すべきは之を賛するに吝ならず。其の難ずべきは之を難ずるに憚からず」（陸羯南「諛言と酷評、党利心の弊」『日本』明治二二年八月一日号社説『陸全集〈二〉』一九二～一九三頁）。このように、明治二二年時点で目撃した大同団結派対改進党の政治党争において、陸は「吾輩の眼中には日本国民あり」と述べている。陸は条約改正問題において反改進党の急先鋒を演じたにもかかわらず、片方の党派に参加することについては「其の正を失ふもの」として拒絶した。

（47）陸羯南「政党内閣、改進党と大隈伯との関係に就て」『日本』明治二二年三月五日号社説『陸全集〈二〉』二九頁。

（48）前掲本田『国民・自由・憲政』第二部第一章第三節の三六五～三六八頁、前掲山田『明治政党論史』第三章冒頭部分の一四九～一五一頁を参照のこと。

（49）陸羯南「政事家の公徳」『東京電報』明治二二年二月三日号社説『陸全集〈一〉』六七八頁。

第三部　総括

以上、本論第三部では、陸羯南の思想形成の過程を二つの章で論じた。

司法省法学校の放校後に結成した「放廃社」に拠ることで共感と同情を得た原と陸だが、やがて二人は異なる進路を選択してゆく。そのため「放廃社」は分裂し、結社として無名に終わる。その前提条件として、陸の帰郷体験はきわめて重要なものだった。明治一二年（一八七九）の放校後、東京で新聞記者になるための就職活動に失敗した陸は、この年の秋、失意の内に郷里の青森県に帰り、新たに創刊されたばかりの『青森新聞』に編輯長として迎えられた。彼が郷里に帰っていた明治一三年（一八八〇）当時、青森県では「津軽」地方を中心に自由民権運動が非常な盛りあがりをみせていた。だが、陸本人はその運動に積極的参加をみせることはなく一年足らずで出郷してしまう。まもなく、「津軽」の士族同士の政治党争が激しくなる中、再び上京した陸は、政府による「津軽」の自由民権運動弾圧に能動的に加わることになる。郷里で結成された政党に参加することを拒絶した彼は、明治一六年（一八八三）、中央政府の官僚となる道を選択する。陸羯南は、かつて「故郷」である「津軽」の政治党争を目撃しながらも、その場から決定的に乖離した明治一〇年代の体験をもち、それを踏まえて自身の思想を形成した。明治二〇年代の陸の政論は、明治一〇年代における彼の個人的体験、〝旧藩の超越〟に規定されて成立するのである。（第一章）

陸羯南の〝旧藩の超越〟とは、原敬によって実行されていた〝士族の超越〟の、よりラディカルな形態だった。陸は、彼独自の体験に基づいて自らの進路を定め、それと同時に「国民主義」の理論を体系化した。

明治二一年（一八八八）、官を辞し、新聞『東京電報』の主筆としての活動を開始した陸は、国会の開設を間近に控え、同年ピークを迎えていた大同団結運動を横目に眺めつつ、地方再編論とそれに連動した政党論を公表した。それらを読むと、陸は、「津軽」や「南部」といった旧藩が固有性を消失して「日本の東北」「大日本国の一部」として再製されなければならないと考えたことがわかる。「奥羽」と「薩長」との間の葛藤も、「東北」と「西南」というかたちに再編成され、それらは皆、最終的に「日本」という全体に統合されるべきだった。こうした地方概念の再編論は、陸が掲げた政党論に直接した。前時代由来の旧藩的連帯は、地域的断絶と階層的断絶という二つのレベルにおける断絶を生み出す元凶である。そのような既存秩序を離脱した個人が、新たに「地方的団結」を実行しなければならない。この「地方的団結」を生む母体集団こそ「真正の政党」である。従来の旧藩的連帯との対決が期待された「地方的団結＝真正の政党」は、旧藩的な「情」を結集原理とすべきでなく、陸はそれにかわるものとして「言論を以て根拠」とした「理」的結合を訴えた。さらに彼は、政党活動における自党本位を「党利心」と呼んで批判する。そして、機会均等の場を前提とした競争が実現すれば、敵対する二つの政党、相反する二つの理念が「平均」されるはずだという競争原理に依拠した文明論についても否定した。つまり陸は、イギリス流の二大政党制と議院内閣制の導入論を主張した福沢諭吉、その構想を受け継いだ原敬とはまるで正反対の意見を表明したのである。これが、明治二二年（一八八八）七月の対外硬運動参入以前において、陸羯南が主唱していた草創期「国民主義」の要点ということになる。（第二章）

以上のように、明治一二年から明治二二年までの青年時代における陸羯南の遍歴を追ってみると、第二部でみてきた原敬の場合と同様に、その思想形成には、明治啓蒙主義、特に福沢諭吉の思想が非常に大きく影響したことが判明する。

明治啓蒙主義に由来する「文明の精神＝独立の気力」の具体化であった〞士族の超越〞は、原敬という実例を媒介にして、司法省法学校「放廃社」に集った青年たちの心を確実に捉えていた。原敬の存在が陸羯南の思想形成にとって所与の前提条件であり、青年期の陸にとってもっとも重要な周囲環境の一つだったという本書の構想は、明治一二年における平民陸実としての分家独立は、彼の同期生である原敬を媒介にした明治啓蒙主義の波及であるとみたところを出発点としている。こうした行動としての思想の具現化において、原敬と陸羯南両名の、明治啓蒙主義に対する共鳴を感じ取ることは充分に可能であろう。したがって、陸の思想形成は、彼よりも一歳年長であった原敬に遅れて開始され、原がその時点ですでに形成していた思想によっても大きく規定されていたことを指摘できる。

だがここで、〞士族の超越〞の実行において発揮された明治啓蒙主義の思想的真髄である「文明の精神＝独立の気力」が、「天爵」「恭敬」「衆酔独醒」「豪傑」といった用語に表象される漢学的美意識との共鳴の結果確立したものだったことを考えあわせる必要がある。一見、ある個人が「文明の精神＝独立の気力」を発揮していたかのようにみえても、その言動や行動が単に先人や先輩のものを真似た流行の後追いでしかないのならば、それが即、その個人において「精神の独立」が達成されたことの証拠とはならない。「放廃社」に拠ったばかりの頃の陸羯南は、同社のリーダー格だった原敬のことを意識せざるをえなかった。原の言動や行動に共感し、時には敬意を表しつつも、しかし陸はこの友人と同じ考えをもつことはできなかったし、行動を共にしていればそれでよい、ということにもならなかった。あえて友人とは異なる意見をもってそれを周囲にも明示し、またその意見が正義であることを実際に行動で示してゆく道を歩むことこそ、自分自身の「精神の独立」を証明する唯一の手段である。

結局、原敬のような秀才との交流と共感同情のためにこそ、陸も「天邪鬼」を演じなければならなかったということになるだろう。こうして陸羯南は、友人であり、ライバルでもあった原敬によって触発された思想形成を、彼独自の方向に追求していく。

明治一二〜一三年に「故郷」の「津軽」に帰郷していた陸羯南は、自分を否定した藩閥権力（＝「官」の勢力）に相対する主体としての意識をもちつつも、地方の自由民権運動（＝「民」の勢力）には加わらず、郷里「津軽」の政治党争を全面的に否定し、その場から離脱する決断をくだしている。つまり、原敬が自身の「故郷」である「南部」との関係を、実際的行動の上でも抽象的理論の上でも断ち切ることがなかった一方で、陸は士族という既存の身分意識のみならず、旧藩という既存の社会秩序との対決を自覚するにまで至ったのである。ここにはおそらく、郷里の旧藩秩序において上士階層の出自を誇ることができた原に対して、下士出身であるために郷里の上士たちを前に萎縮せざるをえなかった陸の属性が大きく影響したことだろう。陸羯南の政論を貫くもの、それは己の「故郷」である旧藩「津軽」との対決と超克、すなわち〝旧藩の超越〟である。原初的・自然発生的共同体原理からの自由獲得こそ、彼の思想を本質で規定したものの正体だった。

かくして、明治二〇年代において展開する陸の「国民主義」は、他の何者のものでもない、彼独自の体験が踏まえられた彼独自の思想となる。「国民主義」は、既存の藩閥政治を否定したのみならず、明治一〇年代の自由民権運動やその運動を推進した既存の政治結社についても批判し、さらには、明治ゼロ年代以後鼓吹された明治啓蒙主義由来の文明論に対する反論をも提起してゆく。

「改進主義」対「保守主義」のような二項対立によって生じる競争に高い価値を置き、二つの理念の併存を「中正の道」として高く評価したこと。それぞれの政治理念を「官」対「民」のような上下の序列から解放して、機会均等の場において競争させるべきだと考えたこと。そのような機会均等の原則が担保された競争原理に依拠することではじめて文明化が達成できると信じたこと。福沢諭吉によって示された文明論に共感した原敬は、「日本」という全体の内にさまざまなレベルで複数の人間集団が特立・併存することを承認し、そのような集団間の「平穏」な競争を積極的に評価していた。第二部総括においてまとめたように、原は、「保守党」と「改進党」のような複数党派の特立とそれらの競争を奨励した。さらには、「南部人」と「津軽人」、「奥羽人」と「九州人／四国人／中国人」、そして「和人」と「アイヌ人」のような重層的複数の「人種」ないし「民族」が、競争関係の内に共生していくという「多元的日本国民観」を抱懐した。そのような国民国家にあって、各個人はプレイヤーとして対抗関係にあるどちらか一方の「極」に参加し、その場での奮戦・奮闘を通じて全体の発展に貢献しなければならない存在だった。

だが、陸はこうした明治啓蒙主義由来の認識の枠組みを根本から否定し、その将来展望とは正反対となる国民国家構想を提出したのである。伝統的人間関係を離脱した独立個人が、「言論」と「理性」を手段として、新たに「地方的団結＝真正の政党」を結成する。その上で、「日本」という国家全体の体面と利益を一人ひとりが自分の頭で画策する。かくして陸の「国民主義」では、かつて確かに実在した、「津軽人」対「南部人」、「奥羽人」対「九州人／四国人／中国人」、「和人」対「蝦夷」のような地域間対立の歴史は、意識的に隠蔽・忘却される。上士対下士、武士対農工商のような階層間対立の歴史についても同様である。これらの地域的・階層的断絶のすべてが取り払われた一元的「日本人」が作為され、「国民」として定位される。すなわち、全体としての「日本」や「日本人」の分裂に結びつく党派や人間集団の特立を否定した「一元的日本国民観」こそ、陸羯南の主唱した「国民主義」が示した、あるべき「日本」と「日本人」のビジョンだったのだ。それこそが彼の思想の原形だった。

＊　　＊

以上で本論第三部を終えるとして、最後に、本書の結論を提示することにしたい。

結論

われわれの行為や関係の意味というものを、その結果として手に入る「成果」のみからみていくかぎり、人生と人類の全歴史との帰結は死であり、宇宙の永劫の暗闇のうちに白々と照りはえるいくつかの星の軌道を、せいぜい攪乱しうるにすぎない。いっさいの宗教による自己欺瞞なしにこのニヒリズムを超克する唯一の道は、このような認識の透徹そのもののかなたにしかない。

すなわちわれわれの生が刹那であるゆえにこそ、また人類の全歴史が刹那であるゆえにこそ、今、ここにある一つ一つの行為や関係の身におびる鮮烈ないとおしさへの感覚を、豊饒にとりもどすことにしかない。

――真木悠介『気流の鳴る音――交響するコミューン』一九七七年(1)

一　社会文化史研究の功罪

本論では、原敬と陸羯南という明治二〇年代以後の活躍によって知られる歴史的個人の、青年期、無名時代における思想形成に焦点をあわせて、ここまで論述を進めてきた。そしてその論述においては、一九六〇年代における民衆史研究の勃興以後、現在まで蓄積された数多くの社会文化史研究の成果を、随時参照してきた。

新聞や雑誌といった明治初年のニュー・メディア、そしてその投書欄。これらニュー・メディア固有の文体だった漢文訓読体の論理形式と、その論理形式を生み出す母体だった「故郷」としての旧藩共同体、あるいは伝統的士族社会。家族と己の「名誉意識」を充たしてくれた在京官立学校、そしてそのような学校の同期生によって結ばれた自発的結社。都市知識人の結社とは異なる性格を有した地方政治結社——以上、本書が論及した明治前半期の社会的状況の数々については、これまでの社会文化史研究がすでに個別具体的に論じたことのあるものばかりである。

個人は、彼や彼女が生きた当時社会に無前提に参加させられているのであり、まずその社会に適合する思考様式を獲得し、ついで当時社会のさらなる発展に貢献する（と信じられた）思想を体得してゆく。個人は自らを取り巻く社会とまったく隔絶したところで己の思想を形成するのではない。本書が確認してきたように、そのような思想形成の過程は、後にいわゆる「有名政治家」「頂点思想家」となる原敬や陸羯南の場合でも決して例外ではなかった。そうである以上、社会文化史研究の成果をまったく無視して、ただ「有名政治家」と「頂点思想家」の書いた文章の論理構造を思弁的に追究するような思想史研究のみでは、その時代の思想全体や社会風潮を明らかにすることのみならず、その文章を書いた個人の内面深くに接近することも難しいのである。

だが、従来の社会文化史研究の一つひとつにおいては、現代という歴史的一時代を生きる研究者がクローズアップした特定の社会的条件に関心が向くあまり、ある一つの事項のみが特権的に扱われ、それが無前提に一般化されてしまう傾向にあったことが否めない。そして、そのような分析が行われる際、あらかじめ特定の社会学的な理論や分析概念が設定され、その理論に適合する史料だけが現代の研究者の恣意で、あるいは無自覚の内に抜粋され、解釈される場面があった。[2] 確かに、社会文化史研究のおかげで、唯物論的世界史観は修正を余儀なくされ、「大きな物語」の虚構性も暴露され、国民国家批判が進展するなど、めざましい成果があがっている。だがまさにこのために、歴史の全体像を描出することの不可能性が強調される一方、個人の具体像を摘出する視座も欠落し、思想の主体を論じることは幻想と化しつつある。

これは、おそるべき〝人間不在〟の歴史といってよいのではないだろうか。

この現状に対してささやかな異議申し立てをなすべく、明治期における日本ナショナリズムの作為に能動的に参画していった個人の具体像にアプローチしてみたい――こうして本書においては、明治の世を生きた青年時代の原敬と陸羯南の遍歴を辿ることになったのである。

二 〝過程の追認〟という方法について

その際、本書が採用した方法は、個人がその思想を形成する過程それ自体を追跡してゆくことであった。周囲環境からの影響を受けた青年たちが、己の立ち位置はここと決断するに至るまでの歩みにこそ、現代の我々が過去を振り返って汲みとるべき、現代の我々によって思想史として把握されるべき、過去の人間の知的営みが存在している。彼らがくだした結論のみではなく、その結論に至るまでの過程そのものを、まるごと理解してゆく作業が重要なのである。

個人の思想形成の契機や背景とは、書物を通じて先学の理念を受け継ぐ読書経験のみにあるのではない。また、ある時点において整備されたインフラストラクチャーや、ある一時期の流行といった社会的状況、ある日時に発生した歴史的大事件など、特定の現象として一般化できるものごとだけでもない。むしろ、新聞などには載るはずもない、家庭や郷里社会や仲間内での、小さいかもしれないが当人にとっては深刻な出来事を凝視することによって、あらためてみえてくるものがある。例えば、進学や就職といった人生の転機を迎えての昂揚、真の知己を得た時の喜び、放校や左遷による挫折を味わっての苦しみ、親友との別れに伴う寂しさ、望みを思い通り実現できない時のいらだち、権威や大勢を前に自分の無力を思い知ったことで沸きあがる怒り、旅行で異郷に赴き未知と遭遇した時の驚き、ライバルの成功を目のあたりにしての妬みなど、ある個人の一生において本質的な、まさに今、ここ、という刹那の思いが、その人物の一生を方向づけることがある。

原敬と陸羯南の場合も、確かに、彼らは明治初年当時の社会的状況の支配下にあり、その影響を受けたといえる。だが、二人の履歴を個々に辿ってみると、そこにさまざまなドラマがあったこともわかる。原も陸もその青年期に、当時社会においては必ずしも一般化できない劇的というべき個人的体験をしていた。ここであらためて強調しておきたいのは、「南部」と「津軽」という本来の敵国同士に生を受けた二人の人間が、進学した東京の学校において同期生として出会ってしまった宿命である。

「南部人」と「津軽人」にとってはあまりにも自明なこの問題について、二人は文章として一切書き残していない。とはいえ、そうやって出会ってしまった者同士、おそらくは抜き差しならない葛藤の日々だったはずである。特に陸羯南にとって、原敬は常に己の理想を先んじて実現してしまう、手に負えない、厄介な相手だった。そもそも司法省法学校の在学時において、原は陸よりも数段優等生だった。しかも、その時点ですでに〝士族の超越〟を達成し、明治の新しい政治主体として目覚めていたのは、上士階層出身の原の方である。下士階層出身の陸ではない。やがて、放校処分を受け、ともに立身出世の展望を見失った直後、中央紙の記者に採用されて「民」の立場から国政に関わる進路を開拓できたのは原のみである。対する陸は郷里に出戻らざるをえなかった。その後、中央政府に職を得た時点においても、ともに「官」の地位を回復したとはいえ、奏任官としてさらなる出世が可能だったのは原のみである。対する陸は判任官であり、スタートで大幅に出遅れた。つまり陸は、よりにもよって宿敵の「南部人」によって、常に挫折を味わわされていたことになる。同じ道を進んでいると、必ず先を、上を走られてしまう――「南部人」にだけは絶対に遅れをとるわけにはいかない、という感情が魂に刻印されている「津軽人」でなければ決して実感できない、屈辱、羨望、そして焦燥が、そこにはあったに違いない。もちろん、そうした陸のまなざしを、原の方も敏感に感じ取ったことだろう。だからこそ、原は陸に先をこされるような事態だけは絶対に避けなければならなかった。競争原理に基礎づけられた文明論を信奉していただけに、現にそうあるための努力を彼は惜しまなかったはずである。

　ただしこうした状況こそ、陸が原とは異なる理想を追求し、異なる進路を模索しなければならない前提条件になったのだ。やがて「官」を辞して「民」の新聞業者として自立し、ついに迎えることになった原との決別の瞬間、陸ははじめて自らの「精神の独立」の可能性を信じることができるようになったのではないだろうか。この自立直後に、陸が「国民主義」を掲げて「東北」という地域概念の新規創出に向けて能動的に動いたのも、自分が劣等感にさいなまれるそもそもの原因である世の中の成り立ちを、すっかり、まるごと書き直すためであったようにも思える。その際、「情」を克服して「理」に依拠するべきことを訴えたのも、競争原理に基づく文明論を否定したかったのも、同様の理由からであろう。しかもそれは確かに、時代の流れを先取りする正論であった。かくして、一度〝旧藩の超越〟を実行した陸は、その完遂のために「津軽」

を無視せざるをえなかったのである。

以上は、本書で概観してきた状況からの論及である。陸が残した文書に基づいての実証は難しい。だが、ここまで繰り返し述べてきたように、そこにあるべき「郷土愛」の不自然な欠如こそ、陸が理論化した「国民主義」の大きな特徴なのである。このあまりにも意図的な「歴史の忘却」の背景には、「津軽」の士族社会が体現していた区々たる地域観念や階層観念への拒否反応のみならず、「南部人」原敬への対抗意識があったということについては、必ずしも言及不可能ではないものと考える。ライバルとして対等に渡りあうためには、その相手とは異なる自分自身の主義主張をもたねばならない。一度言論として表に出してしまった主義主張は、ライバルの目がある手前、行動でも示し続ける必要がある。原敬のみならず、原と相対した陸羯南の場合も、自分の体験と実感を確かな根拠としながら、自らの主義主張を文章にあらわした。そして、自ら文章として公表したところの思想を己の本懐としつつ、その本懐を自身の行動として具現化していたのだ。こうした第三者からはみえにくい、個人的な体験と実感によって裏付けられて生じた信念が、限界点を含めて、彼の思想内容を決定づけることになる。そしてそれゆえにこそ、彼の主義主張には、生きた人間の血が通い、肉がそなわり、同じような問題に直面していた同時代の読者の共感を生むだけの力強い説得力を得たのではなかろうか。

つまり、陸羯南における「国民主義」の体系化とは、彼が個を確立するための手段であり、日本におけるナショナリズムの発生には、そうした個人的事情が大きく影響していた。彼は本質的に「国民主義者」だったのではない。その逆である。あくまでも行きがかり上、「国民主義者」になっていったのである。文書としては必ずしもあらわれない思想形成の過程そのものを探ることによって、生きた人間実存をこのように描き出すことができるものと考える。

三 「精神の独立」の証明——言論と行動の一貫・西洋近代と東洋伝統の共鳴

明治ゼロ年代から明治一〇年代にかけて、福沢諭吉ら啓蒙思想家たちは、西洋由来の近代的メディアと東洋由来の伝統的な漢学の論理形式に依拠しつつ、読者に対して、「官」か「民」か、「東洋伝統」か「西洋近代」か、はたまた「保守主義」か「進歩主義」かの二者択一を迫っていた。そこでは、「官＝東洋伝統＝保守主義」対「民＝西洋近代＝進歩主義」の二元論的理解が一般的であり、実際に官僚となることができた、あるいはその可能性があったごく少数の人々をのぞけば、前者に相対する後者の立場にあって、自由民権運動という時代の流行に参加してゆくことがわかりやすい道だった。「官」に相対する「民」の活動に主観的同情を寄せた後世の民衆史研究者たちが、やはり後者の立場にあった人々に対して積極的評価を加えたのも、またわかりやすいものの見方である。

とはいうものの、実際には、このような二項対立の論法を用いた福沢自身が、常に「民＝西洋近代＝進歩主義」の側に立っていたわけではなかった。彼が重視した「文明の精神＝独立の気力」の発揮も、「民＝西洋近代＝進歩主義」の立場さえ維持していれば必ず実行できるなどという安易な決めつけを断じて許さなかった。福沢の影響を受けた青年期の原敬と陸羯南の場合、本書でみてきたように、ある時点においては「民」の位地にあったが、別の時点では「官」の一員に加わっている。また、「西洋的近代的進歩主義」の純粋な信奉者になったのではなく、依然、「東洋的伝統的保守主義」の思考様式を維持した。

もちろん、だからといって原と陸の「近代性」は不徹底であり、彼らは「精神の独立」を果たせなかったのだ、などという断罪は成立しない。彼らは単純な二元論的図式では決して把握できない独自の道を歩んでいた、というだけのことである。「文明の精神＝独立の気力」とは、精神面においてのみならず、その前提として経済面での自立を必要とし、そうあることによって自由を獲得していなければならない。単に言論でなく、行動によって自らの独立が果たされていることを証明する必要もある。言論の分析のみでは、ある個人における「精神の独立」を確認することはできない。さらには、理論と実践、理想と現実という二面性をもつナショナリズムの思想的内実に接近することも難しい。

本書で描写してきた明治ゼロ年代から明治一〇年代にかけての思想形成と、それが行動としてどう表現されたかの要点について、まず原敬から、時系列的に書き出してみよう。①明治維新直後の急激に変化する社会を目撃した彼は、それに適合すべく新しく整備されたメディアを積極的に活用し、自身の経済的・精神的独立を画策する。②その過程において、自らの内にあった伝統的階層意識・特権意識を自覚し、速やかに捨て去る。③難関の在京官立学校の入学試験を突破し、自身の能力に対する信頼を深めながらも、放校処分を受けてしまったことによって、その卒業生としての旨味は味わえない。④しかしながら、放校後速やかに第二の進路を切り開き、中央紙の新聞記者となる。⑤「官」に相対する「民」の立場にありながらも、「官」の「保守主義」と「民」の「改進主義」、どちらか一方の立場に与するのではなく、両者を俯瞰する視点を獲得する。⑥単に文字情報のみに頼るのではなく旅行を通じた実地見聞も重視し、その体験によって、己の内にあった「人種」コンプレックスを克服しつつ、思想の骨格部分を形成する。⑦やがて民間の新聞社を辞して中央政府の上級官僚へと転身し、その場での立身出世を目標に定める。そしてそのことによって、思想形成期の自分がもっとも感銘を受け、影響された知識人とは正反対の職業的地位・政治的立場を、あえて選択する。

続いて、明治一〇年代以後明治二〇年代初頭に至るまでの、陸羯南の思想形成と行動の要点である。①経済的自立の術を求めて上京した彼は、官立学校の入学試験を突破し、中央政府の官僚候補生となったことで自身の名誉意識を満足させる。②その場で出会った同期生たちと親しく交わることによって、自己形成を開始する。③放校によって政府官僚としての出世コースから脱落する挫折を味わいつつも、境遇を同じくする若者同士で結党し、その場での共感・同情に依頼しつつ捲土重来をはかる。④反「官」・反権力の精神を維持しつつも、メディアによって過度にもてはやされた「民」の側の反政府闘争からは距離をとる。⑤それと同時に、この闘争を主導した郷里の士族社会を旧態然としたものと決めつけて背を向け、無前提に愛すべきであったのかもしれない郷里から決定的に乖離してゆく。⑥権力による恣意の渋味を知りつつも、自らの理想実現のためにはこれに接近し利用しなければならないと考え、それを実行、中央政府の官僚へと転身する。⑦だが間もなく官を辞し、民間の新聞業者として自立する進路に舵を切る。そしてそのことによって、思想形成期の自分が苦楽を共にし、その存在をもっとも強く意識してきた同期生とは正反対の職業的地位・政治的立場を、あえて選択する。

このように、原と陸の進路選択のポイントを、それぞれ①〜⑦と列挙してみれば、これはまさに、世間の大勢やグループ内主流派の意向にわざわざ反対し、時には状況に屈伏させられながらも、実は本心では決して服従していないという「天邪鬼」を地で行く若者の所業であったといえる。このような「天邪鬼」的な思考と、その結果としての行動こそ、啓蒙思想家福沢諭吉が唱えた「文明の精神＝独立の気力」の具体的発現といいかえることができるものだ。

さらに、明治啓蒙主義由来の「文明の精神＝独立の気力」に対する共感の前提には、「天爵」「恭敬」「衆酔独醒」「豪傑」といった言葉の数々によって象徴される、東洋由来の理想と美意識があった。「精神の独立」とは、明治の青年たちが西洋由来の思想に学ぶことによってはじめて認知されたものではない。それは漢籍の論理形式において最初から備わっていた。「文明の精神＝独立の気力」という近代的思考様式の具現化は、この伝統的思考様式に接ぎ木されることによってはじめて完成をみたのである。それは西洋近代と東洋伝統との思想的共鳴の結果だった。

言論と行動の一貫に心がけ、西洋近代と東洋伝統の双方から学びつつ、ついに民間の新聞業者として自立し、それによって己の進むべき進路を切り開いた陸羯南の遍歴を辿り終えた今、次のことだけはいえるだろう。すなわち、日本におけるナショナリズムの発生時点にあったのは、権力や秩序、大勢や流行への付和雷同ではない。その逆である。「国民主義」とは、既存の権力秩序に対する無前提な順応を唾棄し、現前の大勢流行との安易な同調を嫌悪し、何よりも「精神の独立」を己に課した青年が唱えたものだった。したがって、基本単位である一人ひとりの「国民」にも、「情実」を克服した上で「理性」と「言論」によって「日本」全体の利益を考え画策する「精神の独立」が要求されたのは当然である。

四　近代日本における日本国民観の二つの潮流――「多元」と「一元」

原敬と陸羯南――「精神の独立」の体現を目指すこの二人の青年においてまず共感されたのは、従来の階層差別を解消した「平民」という族籍に拠る自己意識であり、あえて「平民」となった自分たちこそ国政に参加するべき政治主体であるという自負心だった。幕藩体制由来の階層的断絶が忘却され、人々が同じ「日本人」として水平化され、統合される日本ナショナリズムの成果は、明治初期に青年時代を過ごした人々の、こうした自負心に支えられて出発したといってよい。

だがそれを踏まえた上で、陸は、原とは真逆の日本国民観を提示することになる。

福沢諭吉の思想に由来する歴史展望を継承していた原敬の場合は、政党にせよ、人種や民族にせよ、「日本」の国内に複数の人間集団が併存している現実をまず認め、その上で、人々がこうした集団に拠って互いに競争すれば全体としての「日本人」が進歩してゆくはずだという文明論を信奉していた。その原と対決した陸羯南の場合は、政党にせよ、人種や民族にせよ、「日本」の国内に複数の人間集団が存在している現実を否定し、党派的対立を克服した人々が「日本人」という一つの全体集団として統合されるべきことを、「国民主義」すなわち日本ナショナリズムの名のもとに主張する。(3)

原敬と陸羯南の二人が明治二〇年代において体現していた相反する思想的態度は、そのまま、近代日本における二つの思想潮流——「多元的日本国民観」と「一元的日本国民観」——を象徴するものだった。明治一〇年代の福沢諭吉は、二項対立的な図式に基づいて、「保守主義」もしくは「進歩主義」を掲げる二つの政党の間における「平穏」な競争を、日本の政治社会に根付かせることを企図した。だが皮肉なことに、こうした党争を是とする政治思想を否定し、党争のみならず、それが拠って立つところの競争原理そのものを認めない政治思想を呼び起こしたことになる。かくして、競争原理と党争を認める「多元的日本国民観」と、それを認めない「一元的日本国民観」という二項対立が、明治二〇年代以後の日本の政治社会における伝統となってゆく。原敬において典型的な前者の理念は、「政党政治」を実現しよう、あるいは「多民族国家」としての「日本」を運営してゆこうという際に依拠すべきものとなる。一方、陸羯南において典型的な後者の理念は、「挙国一致体制」を構築しよう、あるいは「単一民族国家」としての「日本」を維持してゆこうという場合に準拠すべきものとなった。「日本」は「政党政治」であるべきか、「挙国一致体制」であるべきか。「日本人」は「多民族」なのか、「単一民族」なのか。目指すべきは「大日本」か、それとも「小日本」か——これらいずれの理念も、明治二〇年代以後の個々の政治状況においては、「官」と「民」どちらの立場からも主張され、一定の勢力を維持する。

以上のようにまとめてみると、明治二〇年代に鼓吹される陸羯南の「国民主義」にせよ、明治期後半の潜伏を経て大正期に花開くことになる原敬の「政党政治」にせよ、その発想の根本は、彼らに先行した啓蒙主義者たちの思想——そこで紹介された西洋由来の政体構想と伝統的な漢学の思考様式——によって方向づけられており、その枠組みの範囲内での議論であったことが明らかとなる。そうである以上、原と陸両名の思想的営為から何らかの独創を探るのは難しいというべきなのかもしれない。

加えて、彼ら二人が青年期に確立し、表明したところの「日本」と「日本人」のビジョンは、結局そのどちらも、理論通りには実現しなかった[4]。特に陸の場合、その理想と現実との乖離は悲劇的ですらあった。『東京電報』を廃刊して新たに新聞『日本』を興し、国会開設以後の政局を観察した陸は、そこで繰り広げられた政治党争を眼前にし、失望を禁じえなかった。そのため彼は、「政事家」の「理性」による政党と国家の運営という当初の理念から大きく後退させた、「感情」による「国民」統合の必要を訴えるようになる。やがて日清・日露の両戦争を経て、多分に「感情」的な統合を実現してしまった「国民国家日本」は、他ならぬその「国民感情」の総意として植民地獲得競争へと没入してゆく。「優勝劣敗」「弱肉強食」を原則とする国際社会に参加していった「日本」と伴走した「国民主義」は変質を余儀なくされ、陸の政治思想は様変わりした。そして、この望まない後退戦を強いられた陸本人は、そのことに猛烈な不満を抱えつつ晩年を過ごしたのである。一方その間の原は、敏腕の少壮官僚、あるいは力の政党政治家として活躍の場を広げ、周囲の政治勢力や政治的個人との関わりが増す中、競争原理を思想的背景とした「妥協」の政治技術を磨きあげていた。結果、若かりし彼が福沢から受け継いだところの抽象的理念が、そのままに現実化することはなかったのである。立憲政友会に拠ることで日本史上初の本格的政党内閣を現出させたが、二大政党制についてては即時的実現を否定し、原の政治思想は変化した。この時〝政友会の一人勝ち〟ともいうべき状況をつくり出してしまった原は、競争原理の機能不全を自ら証明してしまう。そして、そうした勝ちっ放しを許容できなかった世論の僻みと恨みを象徴する者の手にかかり、彼は斃れた。

二人の死後、第二次世界大戦の敗戦と帝国日本の崩壊という結末を迎え、二つの「日本」は完全な破綻に至る。その間、青年記者原敬が訴えた「教育の機会均等」に基づく複数の人種・民族の多元的な共存はもちろん、若き新聞主筆陸羯南が唱えた「理性」に基づく「日本人」の一元的な融合も、ほとんど実現しなかった。むしろ、原に典型的な「多元的日本国民観」によって、帝国日本が「台湾人」と「朝鮮人」を支配することがまったく当然視されていた一方で、陸に典型的な「一元的日本国民観」においては、「アイヌ人」や「琉球人」の存在がすっかり忘れられたのである。そこには明らかな蔑視と差別があり、日本ナショナリズムは、アジアの各地域に今も残るあまりにも大きな傷跡を残した。しかも、「日本人」たちの〝「人種」コンプレックス〟は完全な過去のものとなっていない。「東北」や「アイヌ」に対する蔑視は、彼らを他者とする関東以南の人々の内心に、長く、深く残り、現在においてすら時に漏出の場面がある。「朝鮮人」や「韓国人」に対する「日本人」の差別感情などいうに及ばずのことであろう。こうした現実をよく知る後世の歴史研究者が、青年期における原と陸の思想的営為に何らかの決定的な成果を認めるのは不可能かもしれない。

　だが、後の挫折や転回を知る現代の我々だからこそ、明治二〇年代の初頭時点で、競争原理に基礎づけられた「多元的日本国民観」と対決し、日本ナショナリズムを生み落とした奥羽出身の青年を正しく理解する必要があるのだ。若かりし陸羯南は、そもそもどのような社会的状況に直面し、そこにどのような問題意識を感じ、いかに解決しようとしたのか。そこにあったのは、他者を支配し、他者を抑圧せんとの独善的欲望の発露では決してなかった。その逆である。明治初年当時における何層にも渡る自他の対立構造を認識し、それと格闘し、結果生み出された言論は、確かに、そのさまざまなレベルにおける自己と他者の協調と融和という理想を高らかに謳いあげていた。そして陸個人は、行動においてもその理想実現の魁となるべく、父祖伝来の津軽武士としての即自的プライドをまったく否定し、忘却してしまうこと――〝士族・旧藩の超越〟――を厭わなかった。そうすることによってはじめて実現した「わたしは日本人である」という自己意識の獲得と共有は、最終目標などではなく、自他共存のための最初の段階として捉えられていた。

　陸羯南の構想になる「一元的日本国民観」の原形に立ち返ることによって、日本ナショナリズムという思想の基礎構造に、実は自他共生の理想があったことを発見できるはずである。そしてその発見と同時に、やはり競争原理を奉じる二一世紀現在の国際社会にあって、「日本人」たちが引き続き立ち向かっているこの課題にきちんとした正解を出し、それを言論と行動において示してゆくのはきわめて困難な作業なのだということを思い知らなければならない。

（1）真木悠介『気流の鳴る音――交響するコミューン』筑摩書房、一九七七年。引用は『定本真木悠介著作集〈一〉気流の鳴る音』岩波書店、二〇一二年より。一八六～一八七頁。

（2）例えば、同じ街、同じ村出身の住人の全員が、同郷人としての強固な団結心を感じるなどということはありえない。むしろ、毎日のように道で顔をつきあわせる中で深刻な葛藤が生じ、互いを毛嫌いするようになる事態が当然にあったはずである。同様に、同じ学校の同学年だからといって、皆が等しく親友となるはずがない。むしろ教室で毎日会わざるをえないために深刻な対立が生じ、互いを憎むようになったこともままあったように思われる。そしてそうした負の感情がそのままに表出した文書は、史料として必ずしも後世に残るわけではない。むしろあえて残さないという選択がなされる場合が往々にある。他方、事実を報じる目的ではなく、対立や葛藤を糊塗する目的で書かれた文章も数多いことだろう。このような想定をしてみても、ある一つの社会的条件や分析概念を安易に一般化してしまうことの危険性は明らかである。通則や一般的事例を踏まえつつも、それぞれの場合や場面に即した、個人の体験を解析することが必要である。

（3）時代的に明治二二年（一八八九）七月以前に限って考察した本書では詳しく論じることはできなかったが、新聞『日本』による福沢批判、三田学派批判は激しいものがあった。この点は先行研究においてすでに詳細に論じられている。例えば、前掲本田『国民・自由・憲政』第一部第三章付論「陸羯南と福沢諭吉――当年の条約論等を通して観た」を参照のこと。

（4）本書がここまで論及してきたのは、明治ゼロ年代から明治一〇年代を経て、明治二二年七月までと限界を設けた原敬と陸羯南各々の思想形成過程である。壮年となった原敬と陸羯南、それぞれの明治二〇年代以後における思想遍歴については、それぞれまた別の出来事に着目した別の観点からの考察が必要である。さしあたり、本文においては現時点からの簡単な展望のみ述べる。

おわりに　エピローグ――「東北人」に

私が東北地方の中心都市である仙台市にやってきて新しい生活をはじめたのは、一九九六年の三月、つまり、もう一八年も前のことになる。静岡県のある田舎町で生まれ育った私は、東北に何らかのルーツがあったわけではなかった。親戚が住んでいたわけでもなく、知人の一人もいない。私にとってそこはまさに未知の土地だった。

今振り返ってみると大した理由があったわけではないのだが、高校時代の私は、とにかく、郷里を出なければならないと考えていた。大学進学を控えた同級生たちの多くは、地元に残るのでなければ、東京か名古屋、あるいは京都に向かうとのことで、好きこのんで東北だの仙台だのという、特に縁があるわけでもない遠方の街を選ぶような者は、皆無……ではなかったはずだが、とにかく少なかった。そんな同級生たちの進路志望を耳にして、それゆえに私は、名古屋、京都、そして何より東京の大学には、絶対に進学したくないと思っていた。生来なのか、育ち方のせいか、私はへそまがりだからである。

静岡に生まれ育った人間は東北地方のことなどよくわかっていない。むろん、マスメディアを通じてその情報に触れることはあったものの、一か月や二か月ばかり都会化された東北の中心都市に暮らしたぐらいでは、東北地方そのものについて、やはりまだまだよくわからないままでいるものである。

だが、もう少し長く住んでみればだんだん話も変わってくる。

私が大学入学とほぼ同時に入部し、その後四年間所属した剣道部での生活には数々の忘れがたい思い出がある。同期生Mの話をしよう。

自分は「津軽」の人間だから、「津軽」の言葉をしゃべるのが当然である。自分がしゃべる「津軽」の言葉については今から一々お前たちに教えてゆく。だから、お前たちは自分のいうことをきちんと理解しなければいけない。

と、このような主張をした青森市出身のMによって、我々剣道部一九九六年入部組は全員、Mが自分の言葉を自由にしゃべり続けるために開いた「津軽弁講座」に強制入会させられたのだった。半分以上「やれやれ、なんという面倒なヤツだ」とあきれかえりながらも、しかし、同じ剣道場で毎日のようにMの話を聞いていれば、自然と「津軽弁」のボキャブラリーも増える。

そして私はあらためて、「なるほど。仙台と青森とでは言葉が違うのもあたりまえか。そういえば、山形のヤツも全然違う言葉をしゃべっていた。よくいわれる「東北弁」などというものはないのだな」と実感させられたのだった。

季節は巡り、夏から秋へ。そして雪のちらつく季節が訪れた頃の私は、すっかり仙台での生活に馴染んでいた。

まだ一年生だったそんなある冬の日のこと。私は、新しく知りあいになった応援団員の同期生Cと立ち話をしていた。ああ。君は八戸の人か。知ってるか？　ウチの部にも青森出身のヤツがいるんだ——確か、そういう話をしていたちょうどその時に、先の「津軽」出身の剣道部員Mがあらわれた。

「おいM。ちょっとこっち来いよ」

「なんずな？」

「応援団のCだ」

「ああ知っちゅう。同じ工学部だはんで」

「お前と同じ青森だと」

「は？」

「八戸だってさ…」

と、私がここまでいったところでMの顔つきは一変した。そして、彼は何ともいえない表情でこちらをみつめ返していたのである。

実に微妙な空気が我々三人を包んでいた。

さすがにMとCとが、その場でいい争いや喧嘩をはじめたわけではない。だが、せっかく同郷の人間を紹介してあげたという気になっていた私は、その後の話があまりにも盛りさがり、また、突然に変化してしまった場の空気を前に、すっかり面食らったのだった。

今ならば、あの時Mの顔にとっさに浮かんだ表情の意味がわかる。

いいか。お前のような〝他所モン〟にはよくわからんだろうが、青森と八戸というのは決して「同じ青森」じゃあないんだ。

と、こういうことだろう。「故郷」を出て仙台に来てもあえて「津軽弁」で押し通そうとしていた根っからの「津軽人」Mに対して、本来「南部弁」を母語としているはずの「南部人」Cを「お前と同じ青森人だろうが」といって紹介したら、「それは違う！」と思わず叫びたくなるというものだ。いやあ、まったく知らなかったからとはいえ、あの時は無神経なことをいって悪かった……。

こういった仙台での私の個人史的体験の一つひとつも、今回、このような書がまとめられるにあたっての大切な前提になっているのだと思う。私自身も仙台という街において、静岡の片田舎で暮らしていたそれまでの自分では絶対に気づくことがなかっただろう、さまざまな発見をしたのであるから。

以上、この「あとがき」を書こうという段になって、懐かしい仙台での思い出がふと頭をよぎったため、あえて旧友たちに登場を願った次第である。

＊　＊

本書の各章は、次に掲げるような既成論文、及び二〇一〇年一二月に東北大学大学院文学研究科に提出した博士論文をもとにしている。本書をまとめるにあたって、相当に手直しをした箇所があり、また新たにつけ加えた記述もかなりある。

序　論　新稿
第一部　明治初年の社会的状況と青年たち
第一章　「日本ナショナリズムと旧藩――「津軽」と「南部」を中心に」『日本思想史研究』第四三号、東北大学大学院文学研究科日本思想史学研究室、二〇一一年
第二章　「青年原敬における明治啓蒙主義の内面化――「士族の超越」を中心に」『日本歴史』第七二四号、日本歴史学会、二〇〇八年
第三章　「司法省法学校「放廃社」にみる個人と結社――陸羯南と原敬を中心に」『日本思想史学』第三六号、日本思想史学会、二〇〇四年
第二部　原敬の思想形成――あるいは「多元的日本国民観」の成立
第一章　「近代日本の政体構想と漢学的思考様式――福沢諭吉と原敬を中心に」『日語日文学』第五〇輯、大韓日語日文学会、二〇一一年
第二章　「近代日本における「多民族国家」的日本観の起源――原敬を中心に」『次世代人文社会研究』第六号、日韓次世代学術フォーラム、二〇一〇年
第三部　陸羯南の思想形成――あるいは「一元的日本国民観」の成立
第一章　「「旧藩」の超越――明治一〇年代の陸羯南を題材として」『歴史』第一〇六輯、東北史学会、二〇〇六年
第二章　博士論文第六章
結　論　新稿

陸羯南、ついで原敬の研究に取りかかり、最初の研究論文を公表してから、ちょうど一〇年の月日が流れた。また、二〇〇八年三月に韓国釜山市の大学に赴任してから、すでに七年目を迎えた。本書のもとになっている既発表論文の半分は、私が韓国に渡った後に書かれたものであり、その内のいくつかは韓国の学術雑誌に掲載されている。そのため、日本国内ではほとんど知られない状態にあった。その現状を惜しんでくださった旧知の方々の勧めに応えるかたちで、このたび、一冊にまとめて公刊するはこびとなった。

本書の執筆は、もとになる博士論文の作成以来、釜山市内の職場、自室、街中のコーヒーショップなどでなされている。一〇年以前と比べて、種々の社会文化史研究のみならず、原敬研究・陸羯南研究ともにめざましく進展している。また、特に二〇一一年を境として、ナショナリズムにまつわる議論にも相当な変化が起きているように感じる。一人海外にあり、遠くその様子を眺めながら、自分自身の研究と向きあっていた。その間、最新の研究や思想史的な話題について語りあえる師友を欠き、何ともいえない、やりきれなさを感じた日もあった。みたい時、読みたい時、ただちに当該資料や参考文献を入手できない状況での執筆は遅々として進まず、苦しく、もどかしかった。こうして何とかまとめることができたとはいえ、先学の研究成果から充分に学びきれていない部分がきっと数多いことだろう。本書がまだまだ成熟の余地を残していることについては、誰よりも著者である私自身が承知している。読者諸賢には厳しいご意見とご批判をお願いしたい。

*　*

東北大学入学以前、つまり仙台移住以前から、進学したらきっと日本思想史研究室に入ろうと決めていた私は、学部入学以後実に一五年間の長きにわたって、東北大学文学部・文学研究科日本思想史研究室から並々ならぬ学恩をこうむりました。

まず、私が学部に入学した時に研究室の主任教授であられた玉懸博之先生に謝意を捧げます。二〇〇一年冬、先生が東北大学を退官される直前、最後の大学院演習で研究発表をしたのは、当時マスター一年の私でした。発表後、普段温厚な先生が突然お怒りになり、「私にはわかりません！」と大きな声をあげられたことを今に記憶しております。その後、研究室をお訪ねして個人指導を仰いだ際には、今度はいつもの穏やかな表情に戻られつつも、しかし先生は私に、「君は自分に甘いところがある」と諭されました。先生からいただいたこの言葉は、私にとって大切な箴言の一つです。

続いて、学部入学以来、一五年間一貫してご指導を仰いだ佐藤弘夫先生に感謝申しあげます。時代も分野も異なるとはいえ、先生の日蓮論や法然論こそ、大学院進学後に研究生活をはじめた私が第一にお手本とさせていただいた思想史研究であり、人物理解の方法でした。ご多忙の先生から、大学院演習や論文指導の折々にかけていただいた「鉈でぶった切ったような論を」「ストーリー性のある展開を」といったアドバイスの一つひとつは、今もなお、私が論文執筆に取り組む際の基本的な指針となっています。今回の出版に向けてさまざまに便宜をはかってくださったのも先生でした。重ねて感謝いたします。

そして、私が大学院の博士課程に進学した後、研究室に着任された片岡龍先生に御礼申しあげます。私の執筆した投稿用論文に対して、投稿前に毎回、懇切なコメントを付していただきました。さらには、韓国の大学へと赴任する道を最初に紹介してくださったのも先生でした。新たに移住した韓国釜山の地で、日々新たな出会いに恵まれ、また日々新たな発見があるも、先生のお導きあってこそと感じております。その他、一人ひとりお名前を記すことは控えますが、研究室で出会った先輩、同輩、そして後輩の皆さまにも、ぜひ御礼の言葉を述べたく思います。長い間、ありがとうございました。

国文学研究室の佐藤伸宏先生には、本書のもととなった博士論文の審査にあたっていただきました。「専攻分野が違う人間だが」との前置きから開始された口頭試問の席上では、私にとってはまさに目から鱗となる、新しい着眼点や参考資料のご教示を賜りました。それに加えて、試問が終わり、挨拶のため先生の研究室をお邪魔した際にも、この日のために韓国から参じた私を気づかった、あたたかい励ましのお言葉をいただきました。あの二〇一一年から丸三年以上、ようやく完成した本書が、あの時の先生のありがたいお言葉に対する、せめてもの報恩になればと願っております。

本書に引用した写真は、陸羯南ご遺族の最上義雄氏、正岡子規ご遺族の正岡明氏の提供を受けてのものです。掲載の快諾をいただき大変な光栄を感じております。その間、青森県近代文学館の竹浪直人先生に仲介の労をとっていただきました。また、福島大学人間発達文化学類の高橋由貴先生には、資料調査において散々お手間をとらせてしまいました。国文学と日本思想史、所属した研究室こそ違えども、学部・マスター時代の同期だった竹浪君、ドクター時代に同期だった高橋さん、お二人の協力のもとで、ようやく本書の公刊にまで漕ぎつけられました。本当にありがとう。

「東北」の想像に関係した陸羯南、「東北帝国大学」の創設に参画した原敬、この二人についての書を、このたび東北大学出版会から出していただけることになりました。この必然の流れには感慨もひとしおです。東北大学出版会、特に編集担当の小林直之氏には多大なご助力を賜りました。あらためて感謝申しあげます。

海外在住の執筆者との仕事ということで、余計なご苦労をおかけしたように思います。やりとりの中でいただいた激励に応えつつ手直しを繰り返したことにより、提出当初の原稿と比べ、ここに完成した本書の質は格段に向上したものと信じます。

最後に、へそまがり半生の結果報告として、この書を父母に捧げます。

二〇一四年　七月一七日　　擱筆

釜山のコーヒーショップにて

参考文献（五〇音順で記載）

1　単著・論集

青木保・川本三郎・筒井清忠・御厨貴・山折哲雄編『近代日本文化論〈一〉近代日本への視角』岩波書店、一九九九年
浅野豊美『帝国日本の植民地法制――法域統合と帝国秩序』名古屋大学出版会、二〇〇八年
有山輝雄『陸羯南』吉川弘文館、二〇〇七年
B・アンダーソン（白石さや・白石隆訳）『増補　想像の共同体――ナショナリズムの起源と流行』NTT出版、一九九七年
伊藤之雄『大正デモクラシーと政党政治』山川出版社、一九八七年
稲田雅洋『自由民権の文化史――新しい政治文化の誕生』筑摩書房、二〇〇〇年
稲葉克夫『青森県の近代精神』北の街社、一九九二年
――――『陸羯南の津軽』陸羯南生誕百五十年没後百年記念事業実行委員会、二〇〇七年
色川大吉『明治精神史』上・下巻、講談社学術文庫、一九七六年
小熊英二『単一民族神話の起源――〈日本人〉の自画像の系譜』新曜社、一九九五年
――――『〈日本人〉の境界――沖縄・アイヌ・台湾・朝鮮　植民地支配から復帰運動まで』新曜社、一九九八年
長志珠絵『近代日本と国語ナショナリズム』吉川弘文館、一九九八年
小野久三『青森県政治史〈一〉明治前期編』東奥日報社、一九六五年

E・H・カー（清水幾太郎訳）『歴史とは何か』岩波新書、一九六二年
加藤周一『日本文学史序説』上・下巻、ちくま学芸文庫、一九九九年
金谷　治『中国思想を考える――未来を開く伝統』中公新書、一九九三年
鹿野政直『大正デモクラシーの底流――〝土俗〟的精神への回帰』日本放送出版協会、一九七三年
神島二郎『近代日本の精神構造』岩波書店、一九六一年
川田　稔『原敬　転換期の国家構想――国際社会と日本』未来社、一九九五年
――『原敬と山県有朋――国家構想をめぐる外交と内政』中公新書、一九九八年
河西英通『近代日本の地域思想』窓社、一九九六年
――『東北――つくられた異境』中公新書、二〇〇一年
北原かな子『洋学受容と地方の近代――津軽東奥義塾を中心に』岩田書院、二〇〇二年
木村直恵『〈青年〉の誕生――明治日本における政治的実践の転換』新曜社、一九九八年
金原左門『大正期の政党と国民――原敬内閣下の政治過程』塙書房、一九七三年
河野本道『「アイヌ」――その再認識　歴史人類学的考察』北海道出版企画センター、一九九九年
小山文雄『陸羯南――「国民」の創出』みすず書房、一九九〇年
齋藤希史『漢文脈の近代――清末＝明治の文学圏』名古屋大学出版会、二〇〇五年
――『漢文脈と近代日本――もう一つのことばの世界』日本放送出版協会、二〇〇七年
酒田正敏『近代日本における対外硬運動の研究』東京大学出版会、一九七八年
坂野　徹『帝国日本と人類学者――一八八四～一九五二年』勁草書房、二〇〇五年

坂本多加雄『市場・道徳・秩序』ちくま学芸文庫、二〇〇七年
佐々木克『戊辰戦争――敗者の明治維新』中公新書、一九七七年
佐々木隆『日本の近代〈一四〉メディアと権力』中央公論新社、一九九九年
佐藤能丸『明治ナショナリズムの研究――政教社の成立とその周辺』芙蓉書房出版、一九九八年
澤　大洋『都市民権派の形成』吉川弘文館、一九九八年
塩川伸明『民族とネイション――ナショナリズムという難問』岩波新書、二〇〇八年
渋谷　浩『保守政治の論理』北樹出版、一九九四年
季武嘉也『大正期の政治構造』吉川弘文館、一九九八年
――『原敬――日本政党政治の原点』山川出版社、二〇一〇年
テッサ・モーリス＝鈴木（大川正彦訳）『辺境から眺める――アイヌが経験する近代』みすず書房、二〇〇〇年
A・D・スミス（巣山靖司・高城和義他訳）『ネイションとエスニシティ――歴史社会学的考察』名古屋大学出版会、一九九九年
園田英弘・濱名篤・廣田照幸『士族の歴史社会学的研究――武士の近代』名古屋大学出版会、一九九五年
高松亨明『陸羯南詩通釈』津軽書房、一九八一年
竹村英二『幕末期武士／士族の思想と行為――武人性と儒学の相生的素養とその転回』御茶の水書房、二〇〇八年
玉井　清『原敬と立憲政友会』慶應義塾大学出版会、一九九九年
津田左右吉『文学に現はれたる我が国民思想の研究』第一～八巻、岩波文庫、一九七七～一九七八年
津幡敬正・工藤晃編『東奥日報百年史』東奥日報社、一九八八年

東京大学百年史編集委員会『東京大学百年史』通史一、東京大学出版会、一九八四年
東北大学五十年史編集委員会『東北大学五十年史』下巻、東北大学、一九六〇年
中野目徹『政教社の研究』思文閣出版、一九九三年
永嶺重敏『雑誌と読者の近代』日本エディタースクール出版部、一九九七年
テツオ・ナジタ『原敬――政治技術の巨匠』読売選書、一九七四年
奈良岡聰智『加藤高明と政党政治――二大政党制への道』山川出版社、二〇〇六年
成田龍一『「故郷」という物語――都市空間の歴史学』吉川弘文館、一九九八年
西川長夫『国境の越え方――比較文化論序説』筑摩書房、一九九二年
――――『地球時代の民族＝文化理論――脱「国民文化」のために』新曜社、一九九五年
日本史研究会編『講座日本文化史』第七巻、三一書房、一九六二年
朴　羊信『陸羯南――政治認識と対外論』岩波書店、二〇〇八年
橋川文三『ナショナリズム』紀伊国屋新書、一九六八年
服部之総『明治の政治家たち――原敬につらなる人々』上巻、岩波新書、一九五〇年
原奎一郎『ふだん着の原敬』毎日新聞社、一九七一年
原奎一郎・山本四郎『原敬をめぐる人々』日本放送出版協会、一九八一年
――――『続原敬をめぐる人々』日本放送出版協会、一九八二年
原　武史『可視化された帝国――近代日本の行幸啓』みすず書房、二〇〇一年
坂野潤治『近代日本の国家構想――一八七一―一九三六』岩波書店、一九九六年

広瀬玲子『国粋主義者の国際認識と国家構想――福本日南を中心として』芙蓉書房出版、二〇〇四年
古田敬一『中国文学における対句と対句論』風間書房、一九八二年
E・J・ホブズボーム（浜林正夫・嶋田耕也・庄司信訳）『ナショナリズムの歴史と現在』大月書店、二〇〇一年
E・J・ホブズボーム／T・レンジャー編（前川啓治・梶原景昭訳）『創られた伝統』紀伊国屋書店、一九九二年
堀切　実『俳文史研究序説』早稲田大学出版部、一九九〇年
本田逸夫『国民・自由・憲政――陸羯南の政治思想』木鐸社、一九九四年
前田蓮山『原敬伝』上・下巻、高山書店、昭和一八年（一九四三）
真木悠介『気流の鳴る音――交響するコミューン』『定本真木悠介著作集〈一〉気流の鳴る音』岩波書店、二〇一二年
牧原憲夫『明治七年の大論争――建白書から見た近代国家と民衆』日本経済評論社、一九九〇年
――『客分と国民のあいだ――近代民衆の政治意識』吉川弘文館、一九九八年
牧原憲夫編『〈私〉にとっての国民国家論――歴史研究者の井戸端談義』日本経済評論社、二〇〇三年
升味準之輔『日本政党史論』第四巻、東京大学出版会、一九六八年
松田宏一郎『陸羯南――自由に公論を代表す』ミネルヴァ書房、二〇〇八年
松本健一『原敬の大正』毎日新聞社、二〇一三年
松本三之介『明治思想における伝統と近代』東京大学出版会、一九九六年
丸山眞男『増補版　現代政治の思想と行動』未来社、一九六四年
――『「文明論之概略」を読む』上・中・下巻、岩波新書、一九八六年
K・マンハイム（高橋徹・徳永恂訳）『イデオロギーとユートピア』『世界の名著〈五六〉マンハイム・オルテガ』中央公

論社、一九七一年
三谷太一郎『日本政党政治の形成――原敬の政治指導の展開』東京大学出版会、一九六七年
村井良太『政党内閣制の成立――一九一八～二七年』有斐閣、二〇〇五年
村山吉廣『漢学者はいかに生きたか――近代日本と漢学』大修館書店、一九九九年
安丸良夫『日本の近代化と民衆思想』青木書店、一九七四年
柳田国男『明治大正史　世相篇』講談社学術文庫、一九九三年
山田央子『明治政党論史』創文社、一九九九年
山室信一『法制官僚の時代――国家の設計と知の歴程』木鐸社、一九八四年
――『近代日本の知と政治――井上毅から大衆演芸まで』木鐸社、一九八五年
山本四郎『評伝原敬』上・下巻、東京創元社、一九九七年
――『原敬――政党政治のあけぼの』清水新書、一九八四年
山本武利『新聞と民衆――日本型新聞の形成過程』紀伊国屋書店、一九七三年
E・ルナン（鵜飼哲訳）『国民とは何か』インスクリプト、一九九七年
渡辺和靖『明治思想史――儒教的伝統と近代認識論』ぺりかん社、一九七八年

2　論文

相沢文蔵「陸羯南」『郷土の先人を語る〈一〉』弘前市立弘前図書館、一九六七年
有泉貞夫「原敬と自由民権――鷲山樵夫論説考」『明治政治史の基礎過程――地方政治状況史論』吉川弘文館、一九八〇

年

伊藤之雄「初期政友会の政策と組織の確立——原敬の主導権の形成」『法学論叢』第一三六巻第四・五・六号、一九九五年

——「原敬内閣と立憲君主制——近代君主制の日英比較（一〜四）」『法学論叢』第一四三巻第四・五・六号、第一四四巻第一号、一九九八年

——「若き原敬の動向と国家観・自由民権観——郵便報知新聞記者の明治十四年政変」『法学論叢』第一七〇巻第四・五・六号、二〇一二年

——「若き原敬の国制観・外交観——『大東日報』主筆の壬午事変」曽我部真裕・赤坂幸一編『大石眞先生還暦記念 憲法改革の理念と展開』下巻、信山社、二〇一二年

植手通有「平民主義と国民主義」『岩波講座日本歴史〈一六〉近代三』岩波書店、一九七六年

岡和田常忠「陸羯南とジョゼフ・ド・メーストル」『みすず』第一一二号、みすず書房、一九六八年

岡安儀之「「平民」民権家・福地源一郎の「国民」形成論——士族平民民権論争を中心に」『歴史』第一一〇輯、東北史学会、二〇〇八年

——「福地源一郎における「輿論」と「国民」——華士族をめぐる論争を題材に」『メディア史研究』三四号、メディア史研究会、二〇一三年

荻生茂博「安積艮斎の思想——幕末官学派における俗と超俗」『近代・アジア・陽明学』ぺりかん社、二〇〇八年

海保洋子「「異域」の内国化と統合——蝦夷地から北海道へ」田中彰・松尾正人・宮地正人編『幕末維新論集〈九〉蝦夷地と琉球』吉川弘文館、二〇〇一年

片山慶隆「陸羯南研究の現状と課題――対外論・立憲主義・ナショナリズム」『一橋法学』第六巻第一号、二〇〇七年
鹿野政直「ナショナリストたちの肖像」『日本の名著〈三七〉陸羯南・三宅雪嶺』中央公論社、一九七一年
河西英通「弘前事件の再検討」『国史研究』第八九号、弘前大学国史研究会、一九九〇年
――「地域の意識――〈津軽対南部〉をめぐって」長谷川成一監修、浪川健治・河西英通編『地域ネットワークと社会変容――創造される歴史像』岩田書院、二〇〇八年
川村欽吾「伊東重と陸羯南」『東奥義塾研究紀要』第六集、一九七二年
――「外崎覚略伝――明治の津軽びと〈二〉」『東奥義塾研究紀要』第九集、一九七六年
――「明治の津軽びと――陸羯南〈その一~一五〉」『れぢおん青森』青森地域社会研究所、一九八一年一月号~一九八二年三月号
今野　敏「津軽藩」豊田武編『東北の歴史』中巻、吉川弘文館、一九七三年
澤　大洋「士族選挙権論争と自由民権運動昂揚期の選挙制度論の進展」『日本思想史学』第二二号、日本思想史学会、一九九〇年
高木博志「桜とナショナリズム――日清戦争以後のソメイヨシノの植樹」西川長夫・渡辺公三編『世紀転換期の国際秩序と国民文化の形成』柏書房、一九九九年
――「「郷土愛」と「愛国心」をつなぐもの――近代における「旧藩」の顕彰」『歴史評論』第六五九号、校倉書房、二〇〇五年
高松亨明「陸羯南全集月報一〇」『陸羯南全集』第一〇巻付録、みすず書房、一九八五年
竹村英二「福沢諭吉の言説に顕われたる「士族の気風」――心的自律、抵抗精神、胆力の自生的基底として」比較法史学

会編『比較法史研究――思想・制度社会〈一一〉法生活と文明史』未来社、二〇〇三年
田所光男「翻訳の言葉と論説の言葉――ジョゼフ・ド・メストルの陸羯南への影響の序論的な検討」『福岡大学人文論叢』第一九巻第一号、一九八七年
――「フィロゾフ批判の転生――ジョゼフ・ド・メストルの陸羯南への影響」『福岡大学人文論叢』第一九巻第二号、一九八七年
――「日本の使命を説く思想を支え合う在来の言葉と外来の言葉――ジョゼフ・ド・メストルの陸羯南への影響」『福岡大学人文論叢』第一九巻第三号、一九八七年
手塚　豊「司法省法学校小史」『手塚豊著作集〈九〉明治法学教育史の研究』慶應義塾大学出版会、一九八八年
暉峻康人「天皇制国家造出過程における一東北出身青年のあゆみ――原敬を追って」『民衆史研究』第九号、民衆史研究会、一九七一年
遠山茂樹「自由民権運動における士族的要素」一九四七年、坂根義久編『論集日本歴史〈一〇〉自由民権』有精堂、一九七三年
――「福沢諭吉の啓蒙主義と陸羯南の歴史主義」野原四郎・松本新八郎・江口朴郎編『近代日本における歴史学の発達』上巻、青木書店、一九七六年
難波信雄「日本近代史における「東北」の成立」東北学院大学史学科編『歴史のなかの東北――日本の東北・アジアの東北』河出書房新社、一九九八年
沼田　哲「「北方の人」の「南嶋」への視線――笹森儀助『南嶋探験』成立の前提」同編『「東北」の成立と展開――近世・近現代の地域形成と社会』岩田書院、二〇〇二年

鳥居龍蔵「日本人類学の発達」『鳥居龍蔵全集』第一巻、朝日新聞社、一九七五年
長谷川成一「近世東北大名の自己意識――北奥と南奥の比較から」渡辺信夫編『東北の歴史再発見――国際化の時代をみつめて』河出書房新社、一九九七年
春山明哲「近代日本の植民地統治と原敬」春山明哲・若林正丈『日本植民地主義の政治的展開――一八九五―一九四三年その統治体制と台湾の民族運動』アジア政経学会、一九八〇年
平石直昭「近世日本の〈職業〉観」東京大学社会科学研究所編『現代日本社会〈四〉歴史的前提』東京大学出版会、一九九一年
広瀬玲子「福本日南の思想形成――明治一〇年代ナショナリズムの一側面」『日本史研究』第二一四号、日本史研究会、一九八〇年
前田　勉「漢文訓読体と敬語」中村春作・市來津由彦・田尻祐一郎・前田勉編『「訓読」論――東アジア世界と日本語』勉誠出版、二〇〇八年
――――「明治前期の訓読体――言路洞開から公議輿論へ」『続「訓読」論――東アジア漢文世界の形成』勉誠出版、二〇一〇年
松田宏一郎「『近時政論考』考――陸羯南における〈政論〉の方法（一・二）」『東京都立大学法学会雑誌』第三三巻第一号・第二号、一九九二年
真辺将之「明治期「旧藩士」の意識と社会的結合――旧下総佐倉藩士を中心に」『史学雑誌』第一一四編第一号、史学会、二〇〇五年
丸山眞男「陸羯南――人と思想」『中央公論』一九四七年二月号

――「忠誠と反逆」『近代日本思想史講座』第六巻、筑摩書房、一九六〇年
――「福沢諭吉の哲学」松沢弘陽編『福沢諭吉の哲学』岩波文庫、二〇〇一年
源　了圓「幕末・維新期における「豪傑」的人間像の形成――変動期の人間観と人間像の問題をめぐって」『東北大学日本文化研究所研究報告』第一九集、一九八三年
安田　浩「近代日本における「民族」観念の形成――国民・臣民・民族」唯物論研究協会編『思想と現代』三一号、白石書房、一九九二年
山辺春彦「陸羯南の交際論と政治像（上・下）」『東京都立大学法学会雑誌』第四三巻第二号・第四四巻第一号、二〇〇三年
山本隆基「陸羯南における国民主義の制度構想（一～一〇）」『福岡大学法学論叢』第四八巻第三・四号～第五六巻第二・三号、二〇〇四～二〇一一年
横山俊夫「「藩」国家への道――諸国風教触と旅人」林屋辰三郎編『化政文化の研究』岩波書店、一九七六年
吉崎祥司「エスニシティとしての民族」唯物論研究協会編『思想と現代』三一号、白石書房、一九九二年
與那覇潤「近代日本における「人種」観念の変容――坪井正五郎の「人類学」との関わりを中心に」『民族学研究』六八巻一号、日本民族学会、二〇〇三年
米田佐代子「色川大吉著『明治精神史』を読んで」『歴史評論』第一七三号、一九六五年

なお、本書の入稿と前後して、中野目徹『明治の青年とナショナリズム――政教社・日本新聞社の群像』（岩波書店、二〇一四年）、伊藤之雄編著『原敬と政党政治の確立』（千倉書房、二〇一四年）が上梓された。

著者略歴

鈴木《すずき》　啓孝《ひろたか》

1977年、静岡県生まれ。東北大学大学院文学研究科博士課程後期三年の課程修了。博士（文学）。
現在、東義大学校（韓国）人文大学日語日文学科助教授。

原敬と陸羯南　―明治青年の思想形成と日本ナショナリズム
Hara Takashi and Kuga Katsunan:
Thought Formation of Meiji Youth and Japanese Nationalism
©SUZUKI Hirotaka, 2015

2015年3月1日　初版第1刷発行
2016年11月1日　初版第2刷発行

著　者／鈴　木　啓　孝
発行者／久　道　　茂
発行所／東北大学出版会
〒980-8577　仙台市青葉区片平2-1-1
Tel: 022-214-2777　Fax: 022-214-2778
http://www.tups.jp　E-mail: info@tups.jp
印　刷／東北大学生活協同組合
〒980-8577　仙台市青葉区片平2-1-1
Tel: 022-262-8022

ISBN978-4-86163-253-2　C3010
定価はカバーに表示してあります。
乱丁、落丁はおとりかえします。